CRIANDO FILHOS GÊMEOS

CRIANDO FILHOS GÊMEOS

PATRICIA MAXWELL MALMSTROM

JANET POLAND

M. BOOKS

M. Books do Brasil Editora Ltda.

Rua Jorge Americano, 61 - Alto da Lapa
05083-130 - São Paulo - SP - Telefones: (11) 3645-0409/(11) 3645-0410
Fax: (11) 3832-0335 - e-mail: vendas@mbooks.com.br

Dados de Catalogação na Publicação

Malmstrom, Patricia Maxwell e Poland, Janet
Criando Filhos Gêmeos / Patricia Maxwell Malmstrom e Janet Poland
2004 – São Paulo – M.Books do Brasil Editora Ltda.
1. Pais e Filhos 2. Psicologia 3. Relacionamento

ISBN: 85-89384-53-5

EDITOR
Milton Mira de Assumpção Filho

Produção Editorial
Salete Del Guerra

Tradução
Cássia Maria Nasser

Revisão de Texto
Vera Lucia Ayres da Costa
Lucrécia Barros de Freitas

Capa
Design: Min Choi / ERJ
Foto de capa: The Copyright Group / Stock Photos

Editoração e Fotolitos
ERJ Composição Editorial

2004
1ª edição

À memória de minha mãe e melhor amiga, Jean Maxwell, à memória de Sheryl McInnes, diretora vitalícia da Parents of Multiple Births Association do Canadá, e minha generosa orientadora, à minha família, Carolyn, Diana, Krista, Kelda, Ed, Craig, Dave, Robb e Erik pelo apoio e incentivo constantes, e a Kris Matarrese, Presidente do Board of Twin Services, Inc., desde 1990, pela liderança constante.

Patricia Maxwell Malmstrom

Ao meu marido, Gary Blackburn, pela paciência e apoio...

E aos meus filhos, James e Jordan, que me mantêm sempre alerta... e que me lembram todo dia que ter uma família é uma arte, e não uma ciência.

Janet Poland

SUMÁRIO

PARTE 2: CRESCENDO JUNTOS

AGRADECIMENTOS

Sou profundamente grata aos milhares de pais de gêmeos e trigêmeos que, durante os últimos vinte anos, ao compartilharem comigo e com os demais na Twin Services, Inc., os riscos de saúde e desafios enfrentados, me ensinaram o escopo de suas necessidades especiais. Com eles também aprendi muito sobre o heroísmo cotidiano de pais que continuam, passo a passo, a cuidar bem de seus múltiplos diante de dificuldades, às vezes, surpreendentes.

Nós estendemos agradecimentos especiais aos múltiplos e aos pais que entrevistamos, que generosamente compartilharam idéias e experiências, enriquecendo o manuscrito.

Nunca há espaço suficiente para agradecer a todos que contribuíram, mas gostaria de citar grupos de maior importância. Nós devemos muito aos especialistas da nossa equipe de orientação e encaminhamento na TWINLINE®, que durante seus muitos anos de operação ajudaram a elucidar questões sobre gêmeos e a desenvolver estratégias de adaptação e apoio às situações para pais: Rachel Biale, Jean Crooks, Elinor Davis, Teresa Ebel, Julie Ferris, Nancy Flaxman, Maureen Frainey, Catherine Girardeau, Celina Hernandez-Ramirez, Jean-Marie Knudsen, Jean

Kotcher, Christine Leiverman, Karen Riebel, Karen Rouse, Sue Rulli, Jeanette Staley Caro del Castillo, Dianne Thomas, Yolanda Thompson, Valerie Veza, Jennifer Wachter, Paula Wagner, Marilyn Wedge, Patt Young... e a nossa contadora, Michele Simon, e nossas gerentes Michele Mowry e Sue Rulli, que mantiveram todo o sistema em funcionamento, as malas diretas, os computadores e tudo mais – enquanto atendiam os telefonemas de pais desesperados.

As idéias, a ajuda e o incentivo de membros da diretoria consultiva da Twin Services e California Twin Services Networks contribuíram para o desenvolvimento da base de informações, programas e publicações da Twin Services: Myles Abbott, Marcia Alessi, Susan Alt, Laura Baker, Tom Bates, Rose Bemis Hayes, Lilian Black, Janet Bleyl, Wendy Block, Gail Brohner, Albert Brooks, Beverly Brutzkus, Surry Bunnell, Cerise Cameron, Daychin Campbell, Sean Casey, Kay Cassill, Piera Cirillo, Beverly Clark, Betty Cohen, Barbara Cohn, Bari Cornet, Betty Crews, Robert Derom, Susanna Distefano, Muriel Dulberg, Pat Erickson, Bill Evans, Susan Evans, Diana Friedman, Lois Gallmeyer, Claudette Garner, Jane Greer, Clarence Grim, Elmer Grossman, Marianna Grossman-Keller, Lila Gruzen, Erica Gunderson, Debra Habor, Helen Harrison, Ruth Hass, Karen Henry, Calvin Hobel, Katie Hoekstra, Francie Hornstein, Debbie Isumizaki, Don Johnson, Patsy Jones, Ellie Journey, Hatsue Katsura, Michael Katz, Don Keith, Louis Keith, Marshall Klaus, Phyllis Klaus, Lisa Kleppel, Jean Kollantai, Kathy Kneer, Jean Knote, Donna Launslager, David Lee, Neil Levy, Susan Lockwood, Stuart Lovett, Mary Lynch, Geoffrey Machin, JoAnn Madigan, Adam Matheny, Sheryl McInnes, Mona Mena, Marion Meyer, Susan Millar, Nancy Miller, Bridget Moran, Helen Mortensen, Marjorie Moser, Susan Munoz, Barbara Murphy, Charlotte Newhart, Elizabeth Noble, Roberta O'Grady, Amy Osterholm, Cecelia Ozaki, Ron Parker, Ruth Parker, Betsy Partridge, Isabel Perez-Yanez, Sharon Pollack, Bruce Raskin, Helen Reid, William Rhea, Susie Robertson, Judith Rosenberg, Dan Safran, Nancy Segal, Robin Sewitz, Susan Ford Shaw, Marilyn Silva, Julie Strauss, Dani Taylor, Diana Taylor, Ellen Tempkins, Mildred Thompson, Gloria Thornton, Stacey Trujillo, Barbara

Unell, Neils Waller, Ann Watkins, Elaine Westendorf, Lori Williams, Steve Wolan, Bob Zimmerman, Caroline Zlotnik, Pat Zook.

Muitas fundações e doadores desempenharam um papel vital para tornar os programas da Twin Services disponíveis aos pais e provedores. Sou profundamente grata por seu apoio. Agradecimentos especiais às duas organizações que ajudaram a lançar nossos programas: BANANAS Childcare Information and Referral, o patrocinador fiscal inicial; e a Morris Stulsaft Foundation pela doação de fundos para o início do nosso projeto. Bay Area Chapter de March of Dimes, California Wellness Foundation, Goldman Foundation, James Irvine Foundation e San Francisco Foundation proporcionaram o apoio necessário durante muitos anos. O California Department of Health, Maternal and Child Health Branch, apoiou nosso serviço TWINLINE durante doze anos. O U.S. Department of Health and Human Services, Maternal, Infant, Child and Adolescent Health Bureau apoiaram o desenvolvimento dos nossos serviços de treinamento. Nossos programas se beneficiaram muito da sua generosidade e da boa orientação de sua equipe. Além disso, sempre pude contar com as orientações, informações e o apoio da National Organization of Mothers of Twins Clubs (EUA), Parents of Multiple Births Organization (Canadá), e das inúmeras organizações de nascimentos múltiplos participando do Council of Multiple Births Organizations, uma entidade internacional.

Nada disso teria sido possível sem a dedicação de uma longa lista de gêmeos, pais de múltiplos, profissionais de saúde e participantes dedicados da comunidade empresarial que atuaram na Twin Services, Inc., Diretoria: Terry Pink Alexander, Arnold Blustein, Lori Breunig, Albert Brooks, Margaret Burdge, Robin Calo, Dick Daum, Yvonne Dotson, Barbara Dunlap, Pam Gill, Gigi Greenhouse, Denise Harter, Nancy Hilton, Alan Houser, Cheryl Jacques, Ellen Keeshan, Stella Ling, Carolyn Lund, Phil McGough, Sally McGough, Clinton Monroe, Maggie Owens, Eileen Pearlman, Laura Perloff, Stephanie Rivera, Cornelia St. John, Frances Sturgess, Tom Waite, Mary Wieland, Diane Wyatt e Priscilla Wrubel. Agradecimentos especiais à nossa atual diretoria – presidente

Kris Matarrese, Pam Gill, Laura Perloff e Frances Sturges – por me encorajar a tirar licença-prêmio para escrever este livro e por sua permissão para incorporar dados e citações dos registros da Twin Services.

Nós somos sobretudo gratas a Meg Schneider e Lynn Sonberg, da Skylight Press, que foram fundamentais no desenvolvimento deste projeto. Além de reunirem nós duas, formando uma equipe produtiva e mutuamente solidária, essas pessoas também ofereceram dicas valiosas e editaram minuciosamente nosso texto. E gostaríamos também de agradecer a Elisa Wares, nossa editora na Ballantine, que deu os retoques finais.

Patrícia Maxwell Malmstrom

INTRODUÇÃO

Há seis anos, duas de nossas filhas estavam grávidas. No início de sua gravidez, Cam se submeteu a uma ultra-sonografia e nos telefonou do consultório médico: "Vamos ter gêmeos!", ela disse, com a voz trêmula. "Venham nos visitar hoje à noite. Nós precisamos conversar!" Algumas horas depois, minha mulher e eu chegávamos à casa de Cam e Steve. Estavam sentados no sofá, lado a lado, em silêncio total, pálidos e confusos. Como Pat Malmstrom e Janet Poland diriam, o casal estava sofrendo o choque de ter gêmeos, uma condição bastante familiar a todas as leitoras deste livro, mães de gêmeos.

Várias semanas depois, nossa outra filha grávida submeteu se à ultra-sonografia. "Oh!", disse o médico. "Há dois!"

"Não!", disse Marianna. "É minha irmã que está esperando gêmeos."

Malmstrom e Poland provavelmente diriam que ela também sofreu o choque de saber que teria gêmeos, um ótimo exemplo de "isto não pode estar acontecendo comigo".

Bem, os estudos ultra-sonográficos estavam corretos. Tanto Cam quanto Marianna estavam esperando gêmeos, e, quando deram à luz, com a diferença de dois dias uma da outra, nossas filhas tiveram gêmeas idênticas. Quando Léia, nossa neta de 3 anos de idade, soube da notícia, disse: "Algumas pessoas têm apenas um bebê de cada vez".

É prático para a família ter um avô pediatra, e logo comecei a ouvir perguntas sobre os bebês. Após quase quatro décadas de prática e magistério de pediatria, pensei que seria capaz de entender muito bem qualquer problema clínico ou de desenvolvimento que surgisse. Mas, apesar de eu ter cuidado de gêmeos em meu consultório, havia muitas coisas práticas que não aprendi. Todos nós teríamos sido mais felizes se tivéssemos este livro para consultar.

Criando Filhos Gêmeos é o produto da imersão, por mais de duas décadas, de Pat Malmstrom no mundo dos gêmeos e outros nascimentos múltiplos e suas famílias. Seu treinamento acadêmico em educação da primeira infância e sua experiência como mãe de quatro, incluindo as gêmeas, resultaram em seu trabalho na maravilhosa instituição de Berkeley chamada BANANAS. Trata-se de um centro de encaminhamento e informações sobre cuidados infantis, administrado por pais, que atua como ponto de referência para moradores preocupados com quase todos os aspectos da vida familiar. Em BANANAS, Pat Malmstrom fundou TWINLINE, um serviço que leva informações precisas e apoio necessário a famílias que esteja enfrentando os inúmeros desafios que surgem com os nascimentos múltiplos.

TWINLINE cresceu e transformou-se em uma organização independente chamada Twin Services, Inc., pioneira no desenvolvimento de recursos e serviços de apoio aos nascimentos múltiplos. Atualmente, a Twin Services, Inc., proporciona uma variedade de materiais educativos aos pais, lidando com questões relacionadas aos gêmeos, e oferece aos profissionais treinamento para o cuidado de múltiplos e de suas famílias.

No decorrer dos anos, literalmente, milhares de pais de gêmeos e outros múltiplos consultaram Pat Malmstrom e sua equipe na Twin Services. Essa experiência resultou na continuação de seus estudos de desenvolvimento de gêmeos, que foram publicados tanto em revistas populares quanto acadêmicas, levando-a a se tornar líder na International Society for Twin Studies, consultora para Mothers of Twins Clubs regionais e nacionais em todo o mundo, professora e palestrante sempre muito solicitada.

Enquanto Pat Malmstrom se concentrava em múltiplos, a outra autora, Janet Poland, seguia carreira como jornalista, escritora e editora, ao mesmo tempo em que educava dois filhos adolescentes. Há muito tempo Poland se interessa por questões de saúde e desenvolvimento infantil. Ela escreveu cinco livros e inúmeros artigos em jornais e revistas para pais.

Criando Filhos Gêmeos representa uma fusão de suas aptidões e experiência. Malmstrom e Poland nos apresentam aos grandes desafios de cuidar de gêmeos, às questões abrangentes enfrentadas pelos pais, como, por exemplo, as complexidades da relação entre gêmeos, as dificuldades de adaptação escolar (colocá-los na mesma sala de aula ou em salas separadas¿), o relacionamento dos gêmeos com os amigos, e controle dos estresses da vida familiar com gêmeos. Neste livro claramente focado, as autoras nos mostram dezenas de detalhes sobre o cuidado com gêmeos (e trigêmeos e outros múltiplos) que diferem do cuidado com nascimentos únicos. Elas sabiamente limitam o assunto às questões especiais de crianças resultantes de nascimentos múltiplos e suas famílias. Ainda será necessário aos pais um livro geral sobre bebês para assuntos como doenças, alergias, acidentes, nutrição, vacinas e outros aspectos da criação de filhos que todos os pais enfrentam. Mas este livro é um guia indispensável para os desafios e possibilidades de ter gêmeos, e uma introdução ao mundo complexo da vida familiar com nascimentos múltiplos.

Tenho a impressão de que esse livro apresenta várias características especiais. Primeiro, ele se baseia no entendimento minucioso do estudo científico do desenvolvimento e crescimento infantil, assim como nos aspectos clínicos do nascimento múltiplo. Os padrões especiais de desenvolvimento de múltiplos são explicados detalhadamente, as discussões da gestação e do parto de múltiplos são claras e precisas, e os problemas potenciais dos recém-nascidos são delineados cuidadosamente em linguagem popular, e não no jargão médico. A experiência de escritora de Janet Poland ajudou este livro a se tornar extremamente acessível.

Segundo, o livro é essencialmente prático porque se baseia na profundidade da experiência cotidiana com as vidas de inúmeros gêmeos, trigêmeos e outros múltiplos. Ele representa os conhecimentos condensados de Pat Malmstrom e sua equipe de consultores da TWINLINE, e de pais que enfrentaram os desafios, reconheceram as possibilidades e se beneficiaram das soluções.

Terceiro, o livro alerta os pais quanto às armadilhas de ter gêmeos, incluindo sobretudo os mitos poderosos e enganosos que pairam sobre os nascimentos múltiplos. Assim que a gestação de gêmeos é anunciada, a mulher passa a ser bombardeada com conselhos errôneos, inúteis e indesejados. Quase todo mundo que ela encontra sabe muitas coisas sobre gêmeos que não são verdadeiras, e sem pestanejar despeja essas informações absurdas. Ler *Criando Filhos Gêmeos* ajudará você a se proteger. O livro é uma referência excelente para nós encontrarmos respostas confiáveis.

Seis anos se passaram desde os exames de ultra-sonografia que abriram as portas do mundo dos gêmeos à nossa família. Nossas filhas estavam imensas quando deram à luz. Até aquele momento, as mães, os pais e avós tinham passado por todas as etapas do choque da existência de gêmeos, e mal podiam esperar a chegada dos quatro bebês. Eles chegaram, todos em perfeitas condições, e nós fomos invadidos pela maravilhosa realidade, o esforço infinito, as chuvas de fraldas, as incontáveis mamadas, o piscar de flashes fotográficos (como as pessoas conseguiam ter bebês antes da invenção da fotografia¿), e o exército de amigos e vizinhos trazendo comida para que os pais não morressem de inanição. Observar o crescimento dessas garotinhas foi uma experiência realmente fascinante. O surgimento rápido de diferenças temperamentais óbvias à medida que cada uma expressava sua individualidade, as complexidades dos relacionamentos entre os gêmeos e as variações no desenvolvimento físico e intelectual são apenas alguns dos aspectos que prendem nossa atenção. Porém, não se deixe enganar, gêmeos dão muito trabalho, mas também trazem enormes alegrias.

Se você estiver grávida de gêmeos quando for ler este livro, saiba que essa é uma grande aventura para você e sua família. Se você tem gêmeos, sua jornada já começou, com todos os prazeres, as preocupações, a exaustão e animação. A todos aqueles que já são pais – e aos que talvez venham a sê-lo – de gêmeos, trigêmeos e até mesmo de famílias ainda maiores com múltiplos, parabéns, e boa viagem!

Elmer R. Grossman, M.D.
Professor de Pediatria Clínica, Emérito
Faculdade de Medicina, Universidade da Califórnia em São Francisco
Autor de *Everyday Pediatrics for Parents*

Parte 1

No Começo

CAPÍTULO 1

O MILAGRE DE MÚLTIPLOS

O Que Precisamos Saber sobre Gêmeos

Oitava semana: Kelda percebeu Krista no berço. Ela virou a cabeça e arregalou os olhos, surpresa. Kelda sorriu, e Krista também, encantada.

Encontrei essas anotações em um velho caderno que eu usava como diário quando minhas filhas eram bebês. Elas me trazem à lembrança o prazer de testemunhar os sinais de conexão entre minhas gêmeas recém-nascidas. Embora com o sono atrasado, e às vezes me sentindo sobrecarregada, havia sempre uma sensação de encantamento me sustentando no dia-a-dia. Não pode existir trabalho melhor, nem desafio maior, do que criar gêmeos, trigêmeos ou mais.

É mais difícil do que criar "um filho de cada vez". Mas também é diferente. Não é apenas uma questão de trabalho dobrado (ou triplicado ou aumentado em mais vezes). Criar múltiplos significa que os pais precisam enxergar os filhos, a dinâmica familiar e a si mesmos de uma perspectiva totalmente nova. É necessário saber o que é bom, o que é difícil, o que esperar e como curtir ao máximo essa aventura maravilhosa.

Eu sei. Sou mãe de quatro filhas, incluindo as gêmeas. Durante mais de 20 anos, como fundadora e diretora de uma organização de defesa e consultoria, sem fins lucrativos, chamada Twin Services, Inc.®, oriento pais de gêmeos, faço pesquisas sobre desenvolvimento de gêmeos e preparo materiais para os pais sobre vários assuntos, desde sinais do parto prematuro até a vida social de adolescentes.

Várias vezes, durante esses anos, mães desesperadas me telefonavam e diziam: "Ninguém me disse que seria assim". As palavras saíam com uma mistura de alegria e pânico, euforia e exaustão, fascínio e perplexidade. E eu as ouvi de pais de gêmeos, trigêmeos e quadrigêmeos; de pais que estavam lutando a cada etapa da experiência – desde antes do nascimento até a vida adulta dos múltiplos.

Agora, mais do que nunca, existe uma necessidade real dessas informações porque, nos últimos 20 anos, os nascimentos múltiplos aumentaram dramaticamente. Os carrinhos duplos nos shoppings, as fotos nos jornais de quadrigêmeos minúsculos abraçados por pais estupefatos, o fascínio mundial com o nascimento de séptuplos em Iowa e óctuplos no Texas – tudo isso faz parte de uma tendência comovente. Desde 1975, o número de gêmeos aumentou em 50%. O aumento em nascimento de múltiplos é ainda mais comovente. Em um ano, 1996, o número de trigêmeos e outros múltiplos aumentou 19%. Naquele ano, mais de 100 mil bebês nasceram como gêmeos, 5.298 como trigêmeos, 560 como quádruplos e 81 como quíntuplos ou mais.

As causas desse aumento estão relacionadas ao fato de as mulheres demorarem mais para ter filhos. Mulheres na faixa dos 30 anos de idade têm maior probabilidade de conceber naturalmente gêmeos dizigóticos ("fraternos") do que mulheres na faixa dos 20 anos. E mulheres mais velhas, que têm maior probabilidade de apresentar problemas na concepção, buscam tratamentos para a infertilidade, aumentando assim a probabilidade de múltiplos.

De acordo com um estudo nos Estados Unidos, o aumento no número de gêmeos igualou-se àquele de bebês únicos de 1960 a 1973, e o número de trigêmeos permaneceu quase constante. Depois de 1973, surgiu a tecnologia reprodutiva assistida – incluindo-se drogas estimulantes da ovulação –, e mais mulheres começavam a formar uma família em idade mais avançada. Entre aquele ano e 1990, o número de nascimentos simples aumentou 32%, o de gêmeos, 65%, e o de trigêmeos e outros aumentou mais de 220%.

É interessante considerar que, para todos os gêmeos que nascem, as pesquisas sugerem que muitos mais são concebidos. Às vezes, uma concepção múltipla resulta na perda espontânea de um ou mais embriões e há a sobrevivência de apenas um bebê; o embrião perdido é chamado de "gêmeo desaparecido".

O geneticista Charles Boklage acredita que a maioria das gestações humanas se perde antes de ser diagnosticada. Portanto, não é de surpreender que a maioria das concepções de gêmeos produza o nascimento de um só bebê. Ele calcula que, para cada par de gêmeos que nascem vivos, existem 11 bebês únicos, sobreviventes de uma concepção dupla.

Qualquer que seja a causa do aumento nos números, cada vez mais pais se vêem embarcando na aventura mais desafiadora de suas vidas: ter, criar e amar bebês múltiplos. E eles precisam de informações específicas. Como certa mãe me disse: "Conversar com pessoas que têm um filho de cada vez não responde às minhas perguntas. Quero contato com pais de gêmeos."

Criar gêmeos e outros múltiplos é uma combinação de trabalho árduo e devoção que exige os recursos mais profundos de amor, inspiração, conhecimentos e pura energia. Mas muitas vezes os pais começam esta aventura despreparados. Talvez eles não tenham informações exatas sobre como lidar com os desafios emocionais ou logísticos. Ou talvez eles se sintam sobrecarregados com mitos e imagens românticas que encobrem os verdadeiros problemas da existência de gêmeos e as necessidades reais de seus filhos. Segundo uma determinada mãe: "Eu esperava que meus gêmeos fossem um par perfeito, como dois pequenos suportes para livros. É tão maravilhoso descobrir as diferenças entre eles."

Por meio do meu trabalho, muitas vezes vi como é importante para pais de múltiplos obterem o máximo possível de informações práticas, psicológicas e intelectuais. Informações, tenho certeza, são a única maneira para os pais lidarem com as ansiedades e conceitos errôneos inevitáveis e se prepararem para a aventura de ter gêmeos.

As preocupações e dúvidas começam com a antecipação do nascimento, e continuam nos primeiros meses de vida, no período pré-escolar, na idade escolar, na adolescência – e assim por diante. Elas me comovem com sua urgência e pungência:

☆ Se eu amamentar meus trigêmeos, posso ter a certeza de que cada um receberá a quantidade suficiente?

☆ Como posso criar vínculos com tantos bebês?

☆ Sou capaz de observar com segurança todos os meus filhos durante uma caminhada no parque?

☆ Como posso ajudar um dos trigêmeos que é extremamente tímido, enquanto os outros dois não são?

☆ Como tirar férias e viajar com a família toda?

☆ Será que terei um jantar romântico com meu marido novamente, livre de quaisquer preocupações?

Muitas das famílias que procuraram a Twin Services fizeram o contato inicial quando descobriram que teriam gêmeos, e mantiveram o contato enquanto os filhos cresciam – durante aqueles dias difíceis da primeira infância, quando as crianças entraram na escola, na adolescência e, depois, quando foram para a faculdade. Quando relembro a história dessas famílias, vejo que os pais mais bem-sucedidos, aqueles cujos filhos prosperam, possuem muitas qualidades em comum.

Aqui está, na minha opinião, do que necessitamos para embarcar nessa aventura.

☆ *Uma base sólida de informações.* Nós precisamos saber o que é singular – tanto problemático quanto satisfatório – em relação a ser pais de gêmeos. Necessitamos de informações minuciosas e atualizadas sobre as quais possamos basear as decisões mais importantes de nossa vida e da vida de nossos filhos. É preciso saber o que causa a formação de gêmeos e que tipo de múltiplos teremos – monozigóticos, dizigóticos ou talvez (em múltiplos de ordem superior) uma combinação.

Nós temos que saber quais as implicações dos nascimentos múltiplos para a amamentação, que a maioria dos gêmeos apresenta desenvolvimento normal, e que, quando ocorrem atrasos no desenvolvimento, eles geralmente são atribuídos à prematuridade e não à existência de gêmeos. Precisamos conhecer as pesquisas mais recentes sobre gêmeos e múltiplos de todas as faixas etárias, orientações médicas para uma gestação saudável e como cuidar de bebês prematuros, além de informações sobre o desenvolvimento emocional e social de gêmeos e outros múltiplos.

✰ *Compreender e tranqüilizar.* Nós precisamos nos permitir saborear a experiência de criar e amar filhos múltiplos, e reconhecer todas as nossas emoções – do desespero à euforia.

As famílias bem-sucedidas procuram ajuda, ouvem e compartilham o que aprenderam com outras. Quando a situação se complica, elas sabem que não estão sozinhas. Às vezes, nós estamos tão cansados que percebemos depois que demos banho no mesmo bebê duas vezes – ou tão exaustos que sonhamos em fugir, sumir do mapa. Quaisquer que sejam os problemas, encontraremos conforto em saber que muitos outros tiveram as mesmas experiências e sobreviveram.

Na maioria das vezes, pais que acabaram de chegar em casa com os gêmeos recém-nascidos, vindos do hospital, perguntam: "O que nós estamos fazendo errado? Por que é tão difícil?" Quando explico que todos os pais que lidam com gêmeos com quatro dias de vida se sentem dessa maneira, eles suspiram aliviados.

✰ *Aptidões de defesa.* Educar gêmeos não é apenas uma questão de lidar com noites em claro ou com tantas bocas para alimentar. Também nos vemos lutando por aquilo de que nossos filhos necessitam em um mundo que nem sempre entende o que é melhor para eles.

A equipe de profissionais que nos assiste no parto talvez saiba tudo sobre cuidados pré-natais específicos para gêmeos e prevenção de parto prematuro, ou talvez não.

Os profissionais de saúde, principalmente aqueles que estão trabalhando diretamente em hospitais, talvez sejam sensíveis sobre o relacionamento entre os recém-nascidos, ou talvez não.

Às vezes, nós somos encorajadas a amamentar, ou talvez tenhamos que convencer o médico de que podemos amamentar os trigêmeos com êxito.

Os amigos de nossos filhos talvez entendam a necessidade de gêmeos na idade pré-escolar serem incluídos juntos em convites para eventos sociais, talvez não.

E assim por diante, até a política da escola em relação a colocar os gêmeos juntos ou separados no jardim de infância. Nesses momentos, nós precisamos de todos os nossos conhecimentos e recursos, e de nossa criatividade para garantir os melhores resultados para os filhos.

OS PAIS PRECISAM DE ESTRATÉGIAS SINGULARES À MEDIDA QUE OS GÊMEOS CRESCEM

Criar gêmeos não é uma experiência estática – os problemas e desafios mudam a cada ano. Cada etapa, da lactância à adolescência, exige estratégias específicas.

LACTÂNCIA

Essa é a fase mais difícil para os pais de gêmeos pela simples questão de logística que envolve lidar com mais de um bebê – e fazê-lo após uma gravidez que quase sempre deixa a mãe exausta. Entre as preocupações práticas estão a capacidade de distinguir bebês "idênticos", amamentar dois ou mais bebês, lidar com prematuros, desenvolver estratégias para cuidar da casa, e encontrar os melhores equipamentos e suprimentos. Nessa fase, os pais precisam de aptidões de sobrevivência – e um incentivo de vez em quando para ajudá-los a visualizar um caminho mais simples à frente.

Uma mãe de trigêmeos, por exemplo, tinha vergonha de solicitar ajuda. Ela sempre evitava os amigos e vizinhos que desejavam visitar os bebês porque não sentia vontade de receber ninguém. Finalmente ela teve uma idéia: "Convidá-los no horário do banho! Eles verão os bebês e eu terei mãos extras para ajudar a banhar meus pequenos escorregadios."

BEBÊS ENTRE 1 E 3 ANOS DE IDADE

Nessa fase, os gêmeos começam a aceitar a condição de "par" e a construir a base de um relacionamento vitalício. No Capítulo 10, discutirei como os gêmeos ajudam uns aos outros a entender o mundo, como ficar de olho em dois ou mais bebês nessa faixa etária, como encorajar o desenvolvimento da linguagem, e por que é essencial evitar rotular os gêmeos ("o tímido, o mandão").

OS ANOS PRÉ-ESCOLARES

Durante os dias atarefados com filhos de 3 e 4 anos de idade, o relacionamento de gêmeos começa a estabilizar-se, e as crianças passam a lidar com relacionamentos fora do círculo familiar. À medida que os gêmeos – tanto como indivíduos quanto como parte de um grupo – conhecem outras crianças e adultos, eles reforçam as aptidões nas quais vão se apoiar durante a idade escolar. O Capítulo 11 ajudará os pais a orientarem o desenvolvimento social inicial dos gêmeos e a prepará-los para o sucesso escolar.

IDADE ESCOLAR

Durante essa fase, os filhos darão grandes passos no desenvolvimento social e escolar. Eles vão adquirir novas habilidades, farão novas amizades e – inevitavelmente – serão comparados um ao outro. Os pais tomarão a decisão de colocá-los na mesma sala de aula (e o que fazer quando a escola não aprova essa escolha), como ajudá-los a lidar com pressões sociais e escolares, como lidar com a competição entre eles, e como ajudá-los a trilharem o novo caminho de relacionamentos com os colegas.

ADOLESCÊNCIA

Para todas as crianças, a adolescência é o período em que elas se separam dos pais. Gêmeos e múltiplos têm uma tarefa adicional: separar-se, até certo ponto, um do outro. Os pais precisam ver o processo da adolescência de novas maneiras à medida que ajudam os filhos a lidar com questões de independência, privilégios, limites e sexualidade.

EM QUE CRIAR E EDUCAR MÚLTIPLOS É DIFERENTE

Quando pais têm gêmeos, precisam lidar com um conjunto de atitudes, expectativas e imagens românticas que podem interferir em seu objetivo.

AS EXPECTATIVAS DOS PAIS TALVEZ ESTEJAM FORA DA REALIDADE

Visto que a maioria dos pais de gêmeos não são gêmeos, a notícia de que seus filhos serão múltiplos pode causar ansiedade neles. Alguns otimistas acham que a experiência será perfeitamente controlável, mas muitos pais sentem-se simplesmente aterrorizados. Nós podemos constatar que a situação traz à tona pensamentos profundos e, às vezes, problemáticos – pensamentos sobre identidade, individualidade e intimidade. O que nos diferencia uns dos outros? O que nos torna singulares? Até que ponto somos iguais? Até que ponto as pessoas devem se separar ou permanecer unidas?

O sonho da proximidade entre mãe e filho pode ser afastado pelo vínculo ativo entre gêmeos, excluindo-a.

Ou outro ideal do trio perfeito na hora de dormir tem que se adaptar à realidade. Certa mãe sentia-se tão ligada à imagem dos dois filhos em seu colo, ouvindo histórias na hora de dormir, que ela até tentava organizar a rotina noturna dessa forma, embora os gêmeos dizigóticos tivessem idéias bem distintas sobre como deveria ser essa rotina. Um garotinho se abraçava à mãe para ouvir a história, enquanto o outro só queria correr.

"Finalmente acordei e percebi que eu estava criando um problema onde não havia nenhum", ela disse. "Agora meu marido fica com um dos meninos, enquanto leio para o outro."

Todas as expectativas, grandes e pequenas, podem falhar. A mãe que planejou levar o bebê para o escritório de advocacia quando retornasse ao trabalho ficou surpresa ao saber que teria gêmeos. "Mas dois bebês não caberão sob minha escrivaninha!", ela exclamou.

PAIS TÊM DIFICULDADE EM CONCILIAR OS MITOS COM A REALIDADE

Sinto que a sociedade menospreza os gêmeos quando romantiza ou mistifica a idéia de gêmeos e outros múltiplos. Usamos gêmeos simbolicamente, para finalidades próprias. Ao fazê-lo, nós os despersonalizamos. Uma mãe, por exemplo, disse à Twin Services: "A televisão dá a impressão de que ter gêmeos é um conto de fadas. A realidade é muito diferente. Nos três primeiros meses, não sabíamos se era dia ou noite – quando eles dormiam, nós dormíamos. Não mostram isso na televisão."

À medida que você e seus múltiplos crescem e se desenvolvem, você "desaprende" muitos desses mitos. Constatamos que os gêmeos podem brincar juntos muito bem, ou competir intensamente, que a sabedoria convencional sobre "desenvolver" a individualidade deles é quase sempre simplificada.

Mas é melhor estar preparada para as expectativas da sociedade, e suas, em relação aos gêmeos. No Capítulo 3 deste livro, analisaremos com maiores detalhes as suposições que outros fazem sobre nossos filhos, as que nós fazemos e como a realidade ajuda mais nossa família do que o mito.

PAIS RECEBEM CONSELHOS DEMAIS

Ter gêmeos e múltiplos dará a você e a sua família o brilho da fama, quer queira, quer não queira. Parte da preparação para adquirir experiência com os filhos gêmeos é saber o que esperar dos amigos, familiares e de estranhos.

Estranhos podem parar você na rua para perguntar como concebeu seus filhos (uma pergunta que geralmente não é feita aos outros pais). Os vizinhos sempre colocarão os gêmeos em destaque, comparando-os constantemente entre si. "Qual é o bonzinho? Qual é o mais inteligente?" Amigos darão conselhos: "Seria melhor colocá-los em times de futebol distintos ou haverá problemas!" (Ou: "Seria melhor colocá-los no *mesmo* time de futebol!")

É preciso usar estratégias para evitar comentários e perguntas indesejadas. Quando uma mãe que levava os gêmeos ao supermercado em um carrinho se cansou de responder às perguntas e ouvir comentários intermináveis, colocou sacolas de compras vazias na frente do carrinho para que os bebês ficassem protegidos de olhares curiosos.

À medida que os filhos crescem, os pais têm que tomar o cuidado de responder de uma maneira que ensine aos gêmeos coisas positivas sobre eles. Quando alguém disser coisas como "Puxa! Gêmeos! Ainda bem que não são meus!", as crianças terão necessidade de ouvir uma resposta positiva: "Ainda bem que são meus!"

Uma mãe de trigêmeos sempre ouve a mesma pergunta de conhecidos: "Como você *consegue?*"

"Com alegria", ela responde.

A BIOLOGIA DA GESTAÇÃO DE GÊMEOS

É importante nós analisarmos os tipos de gêmeos, os termos usados para descrevê-los e a biologia da gestação de gêmeos.

Existem duas categorias básicas de gêmeos: monozigóticos, que são comumente, mas erroneamente, chamados de "idênticos", e dizigóticos, que são comumente, mas erroneamente, chamados de "fraternos". Trigêmeos e múltiplos de ordem superior podem ser polizigóticos (cada um desenvolvendo-se de um ovo fecundado distinto), monozigóticos ou uma combinação.

Gêmeos monozigóticos resultam da divisão de um ovo fecundado, ou zigoto. Por isso eles têm a mesma carga genética, mas não são "idênticos" no sentido estrito da palavra.

Cerca de um terço dos gêmeos é monozigótico. Eles são sempre do mesmo sexo e com aparência bastante semelhante, embora possam existir leves diferenças na cor dos cabelos e formato do rosto, e talvez tenham marcas de nascimento distintas. Contudo, se houver grande discrepância no peso de nascimento, gêmeos monozigóticos talvez tenham aparências bem diferentes ao nascerem. Além disso, um pode ter graves problemas de saúde e o outro, não. A não ser que as diferenças de saúde e peso de nascimento sejam grandes, não obstante, esses gêmeos crescem bastante parecidos.

Como é possível que gêmeos monozigóticos, que compartilham a mesma herança genética, tenham essas diferenças? O ovo fecundado do qual eles resultam divide-se 14 dias após a ovulação. Se a divisão ocorrer 5 dias após a fecundação, cada feto terá placenta e córion próprios e o próprio saco amniótico, ou membrana interna. Isso é válido para cerca de um terço dos gêmeos monozigóticos.

A maioria, para os quais a divisão ocorre entre o quinto e o sétimo dias, compartilha uma placenta e possui sacos amnióticos distintos. Em 2% de gêmeos monozigóticos, a divisão ocorre após o oitavo dia, e, nesse caso, eles compartilham a placenta, o córion e o saco amniótico. Esses embriões, que se desenvolvem lado a lado em um saco amniótico, correm grande risco, com 50% de chance de sobrevivência.

Cerca de 25% de gêmeos monozigóticos são gêmeos "espelhados", com características físicas similares, mas opostas. Eles podem ter as pontas dos cabelos viradas em direções opostas. Talvez um seja destro e o outro, canhoto. Às vezes, até mesmo órgãos internos como o apêndice encontram-se em lados opostos. Essas diferenças estão associadas à divisão tardia do zigoto.

Os gêmeos monozigóticos (cerca de 66%) que compartilham a mesma placenta podem não ter acesso igual à nutrição que ela proporciona. Um bebê pode estar ligado à placenta em posição favorável, próximo ao centro, enquanto o outro talvez esteja em uma das extremidades. Também é possível que seus sistemas circulatórios se interconectem até certo ponto. Quando a interconexão envolve veias e artérias importantes, eles correm o risco de ter problemas graves, como a síndrome da transfusão feto–fetal e o retardo no crescimento.

Sabe-se que gêmeos dizigóticos ocorrem quando a mãe produz dois óvulos durante o mesmo ciclo ovulatório, que são, então, fecundados por dois espermatozóides distintos. Dois terços dos gêmeos são dizigóticos. Não é correto chamá-los de "fraternos", porque apenas um quarto deles é do sexo masculino, ou irmãos. Outro quarto é do sexo feminino. Metade desses gêmeos é um menino e uma menina.

Por sempre possuírem placenta própria, os gêmeos dizigóticos têm maior probabilidade de apresentar pesos semelhantes ao nascerem do que os monozigóticos. Contudo, após o nascimento, o peso dos gêmeos dizigóticos difere rapidamente, enquanto o dos monozigóticos logo se torna mais semelhante. Os gêmeos monozigóticos com placentas distintas têm maior probabilidade de ter peso semelhante ao nascerem do que os monozigóticos que compartilham a placenta e podem ter acesso desigual à nutrição oferecida.

Será que existe um terceiro tipo de gêmeos, meio idênticos? Há uma teoria que diz que, após a primeira divisão celular do ovo, tanto ele quanto seu corpo polar (a menor unidade que ainda contém o número apropriado de cromossomos) podem ser fecundados por dois espermatozóides, de forma que a contribuição genética da mãe é idêntica, mas não a do pai. Essa possibilidade é proposta como explicação para diferenças em gêmeos monozigóticos. Até agora, essa teoria não foi comprovada na prática. Contudo, diferenças comuns em gêmeos monozigóticos podem ser mais facilmente explicadas pelas diferenças na maneira como eles se prendem à placenta e experiências pré-natais no útero.

Existe outra teoria para explicar essas diferenças. Charles Boklage, geneticista, questiona a suposição comum de que os gêmeos dizigóticos não são diferentes de outros bebês. Charles sugere que eles talvez resultem de um óvulo que se divide antes da fecundação e, depois, é fecundado por dois espermatozóides.

Além da genética e da placenta, existem outros aspectos do ambiente pré-natal que afetam o crescimento e o desenvolvimento de múltiplos. A posição no útero, a liberdade de movimentos, a ordem de nascimento e o parto são fatores ambientais que contribuem para a sua aparência, saúde e personalidade.

Embora os termos *monozigóticos* e *dizigóticos* pareçam um pouco intimidantes a princípio, acredito que são importantes. Eles são precisos, e nos mantêm focados no que é verdadeiro sobre gêmeos, e não naquilo que é comumente suposto. Gêmeos monozigóticos não são idênticos no sentido de serem réplicas um do outro. Eles são indivíduos inteiramente distintos que compartilham um vínculo forte e têm muito em comum. Mas o termo *idêntico* pode levar a mal-entendidos. Uma mãe de gêmeos monozigóticos certa vez me disse: "As minhas filhas não são gêmeas idênticas – eu consigo distingui-las facilmente!"

O QUE CAUSA A FORMAÇÃO DE GÊMEOS?

Ainda há muito que nós desconhecemos sobre a biologia da formação de gêmeos. O que faz o óvulo fecundado se dividir em gêmeos monozigóticos ainda permanece, em parte, um mistério.

Porém, nós sabemos um pouco mais sobre os gêmeos dizigóticos. A idade materna é um fator. A chance de a mulher ter gêmeos dizigóticos aumenta entre os 35 e 39 anos de idade; nascimentos gemelares para mulheres nessa faixa etária ocorrem três vezes mais do que entre aquelas com menos de 35 anos. Se, por um acaso, a mãe for gêmea dizigótica, suas chances de ter gêmeos são quase duas vezes maiores do que a da população em geral.

Mães de gêmeos dizigóticos costumam ter maior estatura, mais peso e mais idade do que mulheres que concebem apenas um bebê de cada vez ou gêmeos monozigóticos.

O grupo étnico também parece ser um fator na incidência da formação de gêmeos. A taxa mais alta na população norte-americana é entre mulheres negras, com 25,8 múltiplos por mil nascimentos vivos; a taxa mais baixa é 11,2, entre mães de descendência chinesa. No meio, estão nativos do Alasca, com 24,9; brancos, com 19,6; norte-americanos nativos, com 18,8; japoneses, com 17; havaianos, com 15,3; e filipinos, com 13,2.

Mães de gêmeos dizigóticos têm níveis mais elevados de hormônio foliculoestimulante (FSH), que estimula a produção de óvulos. Os níveis desse hormônio aumentam com a idade, e também são elevados em mulheres obesas. Talvez isso explique por que a formação de gêmeos aumenta com a idade da mãe e ocorre com mais freqüência em mulheres com maior peso.

Embora as causas da formação de gêmeos sejam fascinantes, e seja útil saber o máximo possível sobre as origens dessas crianças, a biologia é apenas o começo.

O TRABALHO MAIS ÁRDUO DO MUNDO – E O MELHOR

No decorrer dos anos, eu passei a entender a experiência de criar gêmeos como a preparação de uma expedição para escalar o monte Everest – o ponto mais alto do mundo, localizado na Cordilheira do Himalaia, entre a China e a Índia. Ninguém pensaria em sair para uma aventura tão exaustiva dessas sem um sistema de apoio completo e da melhor qualidade, incluindo guias especializados, equipamentos funcionais e muitas informações. E, ainda assim, por mais exaustivo e difícil que o processo seja, a aventura é singular e vale o sacrifício.

Estou convencida de que com a preparação, as informações e o apoio adequados, pais de gêmeos podem ter tanto êxito quanto os alpinistas.

CONSIDERAÇÕES SOBRE TERMINOLOGIA

Este livro é para todos os que serão ou já são pais de múltiplos, incluindo desde gêmeos até óctuplos (até hoje conhecidos). Tecnicamente, é claro, gêmeos são dois bebês, e trigêmeos e outros são chamados de "múltiplos de ordem superior". Mas é estranho dizer "gêmeos e múltiplos de ordem superior" o tempo todo no livro, e, por isso, nós usaremos o termo *gêmeos* para nos referirmos a todos os múltiplos. Grande parte do que se aplica à criação e educação de gêmeos é válida também para trigêmeos, quadrigêmeos, e assim por diante. Quando for adequado focar em circunstâncias especiais de múltiplos de ordem superior, nós o faremos.

Neste livro, refiro-me a muitos especialistas e pesquisadores que contribuíram para nossa compreensão do desenvolvimento de gêmeos. Quando refiro-me a leigos – filhos ou pais – uso pseudônimos. As únicas exceções são minhas filhas, Krista e Kelda.

Este livro é o resultado do que aprendi com minhas pesquisas e milhares de pais que buscaram orientação ou compartilharam suas experiências com a Twin Services. Eu o escrevi junto com Janet Poland, autora de inúmeros livros sobre desenvolvimento e cuidado infantil, que traz para o empreendimento sua perspectiva. Quando escrevo na primeira pessoa, refiro-me a mim, Patricia Malmstrom.

Acredito que a relação entre gêmeos é um direito inato que todos nós invejamos. Não é caracterizado por uma submersão de independência, nem pela dependência castradora de outra pessoa. Ao contrário, é um relacionamento que pode proporcionar às crianças um recurso singular. Com este livro como guia, você será capaz de ajudar seus múltiplos a prosperarem como indivíduos e a permanecerem uma fonte de apoio e intimidade entre si durante a vida toda. E você poderá empreender com eles essa jornada, ajudando-os no caminho às vezes espinhoso, mas se deliciando com todas as alegrias que surgem à frente.

CAPÍTULO 2

PREPARE-SE!

Vem Aí um Mundo Completamente Novo

Quando minha filha Krista nasceu, ela pesava 2,5 quilos. Considerando que engordei quase 20 quilos, meu médico surpreendeu-se ao vê-la tão pequenina. "Ela é pequena demais para estar sozinha ali", ele disse. "Rápido, vamos retirar a outra."

Sem dúvida, nove minutos depois, Kelda nasceu – uma surpresa para o médico, mas não para mim e minha família. Ganhei peso rapidamente, e sentia movimentos que eu sabia que não poderiam ser de apenas um bebê, portanto, eu estava preparada para o acontecimento.

Diagnosticar gestações múltiplas era uma ciência inexata antes do advento da ultra-sonografia. Em 1973, quando minhas gêmeas nasceram, cerca de metade de todos os nascimentos gêmeos era confirmadas com antecedência.

Hoje, supondo que a mãe faça um bom pré-natal, surpresas na sala de parto como a minha são raras. Atualmente, as famílias têm tempo para se preparar para o nascimento de múltiplos. Elas têm a oportunidade preciosa de tornar a gestação o mais saudável possível. A mãe e o pai têm tempo de preparar a casa e planejar a carreira profissional com antecedência, ler sobre a educação e criação de gêmeos e adquirir o máximo possível de conhecimentos. Quando os bebês chegam, não haverá mais tempo para planejamento. A vida muda para o tempo presente – viver um dia, ou uma hora, de cada vez.

Contudo, esta dádiva de tempo tem seu preço. Saber com antecedência sobre gêmeos ou trigêmeos também significa meses de ansiedade e preocupações: "Como vou fazer? Será que meu outro filho ficará traumatizado? Como pagaremos as contas?"

DOIS EM UM

Toda gravidez acarreta mudanças em nossa vida. Nós nos preocupamos, planejamos, sonhamos. Nós visualizamos e prevemos como será. Com a gravidez de gêmeos, não teremos apenas dois bebês – recebemos duas notícias distintas que mudam nossa vida. Primeiro, vem a notícia de que estamos grávidas. E, depois, quando começamos a nos acostumar à idéia, nós ficamos sabendo que teremos mais de um. Portanto, além de todos os planos que devemos mudar e dos preparativos, temos que abrir mão de sonhos e fantasias sobre nós e nosso único bebê.

Consideremos a experiência de um casal que conheço que tentou engravidar durante bastante tempo. Quando os dois conseguiram, ficaram maravilhados. Eles não usaram drogas de fertilização e não tinham motivos para suspeitar de nascimento múltiplo.

"Então, um dia depois que nós começamos a espalhar a notícia da gravidez, sofri um aborto", Ellen relembra. "Fiquei de cama a semana toda, chorando."

Logo depois, o médico solicitou uma ultra-sonografia para descobrir o que tinha acontecido de errado. Ela se deitou triste na mesa de exame, o marido ao seu lado, enquanto os médicos examinavam o útero. Ellen se lembra: "Subitamente, eles disseram... 'Espere! O que é isto? Um bebê!'"

"Mal pude acreditar que ainda estava grávida! E, enquanto eu tentava me acostumar à idéia, meu marido apontou para a tela e disse: 'O que é aquilo?'"

"O médico olhou e disse: 'É *outro* bebê!'"

Ellen concebera trigêmeos e perdeu um no aborto. Ela queria um bebê, depois soube que teria um, então o perdeu e finalmente ficou sabendo que teria dois. É compreensível que pais de múltiplos fiquem completamente zonzos.

No decorrer dos anos, a Twin Services entrou em contato com milhares de pais esperando gêmeos ou outros múltiplos. Freqüentemente, mães em pânico me procuram assim que ficam sabendo que elas têm uma gestação múltipla. Às vezes, as mães nos telefonam antes mesmo de darem a notícia aos familiares e amigos.

Na maioria das vezes, elas são como a mãe que telefonou para dizer: "Acabei de saber que estou esperando gêmeos! Fiquei tão emocionada!" Houve uma pausa, e, baixinho, a mulher acrescentou: "E estou tão *apavorada*! O que preciso saber? O que as pessoas fazem?"

A reação dela é comum. Certo estudo informou que, quando os casais ficam sabendo da gravidez, 88% se dizem felizes. Mas, assim que sabem da gestação múltipla, o número cai para 54%. Surpresa, choque e incerteza são as reações mais comuns à notícia de que esse milagre é até mais milagroso do que esperavam.

Essa mãe também estava apavorada. E por que não? Ela sabia que gêmeos significam muito trabalho, que a gestação poderia ser mais difícil, e os bebês, mais frágeis.

Porém, ela era sábia, e sabia da necessidade de preparar-se. Ela queria saber o que deveria aprender, e como os outros agiam.

Sua reação à notícia do parto múltiplo iminente foi saudável. A mãe se mostrou honesta em relação aos seus sentimentos, tanto positivos quanto negativos. Ela estava disposta a se empenhar e fazer os deveres de casa, estava faminta por conhecimentos de outras famílias com gêmeos, como agiam, e o que poderia aprender com elas.

UM MAPA DO TERRITÓRIO EMOCIONAL

Durante os anos em que conversei com pais de gêmeos e outros múltiplos, observei um padrão de reação emocional à notícia da gestação múltipla. Muitas gestações são planejadas, mas ninguém realmente *planeja* ter gêmeos. Quando os casais ficam sabendo que estão esperando mais de um, a surpresa da notícia aumenta com a intensidade de suas reações emocionais. Aqui está como acontece na maioria das vezes, mas nem sempre.

INCREDULIDADE OU NEGAÇÃO

"Lembro-me de que, subitamente, o rosto da profissional que fazia a ultra-sonografia congelou", recorda a mãe. "Ela disse: 'Acho melhor chamar o médico', e deixou-me deitada ali, sem saber que coisa terrível ela tinha visto. Depois, quando nós vimos os três bebês, meu marido se recusou a acreditar."

Esse sentimento de negação – "Não pode ser verdade!" – é uma reação comum e completamente normal. O fato de saber que estamos grávidas, que coisas maravilhosas, invisíveis, estão acontecendo dentro de nós, na maioria das vezes é toda a surpresa que podemos suportar. Já é difícil acreditar em um bebê – em dois ou mais é impossível!

"Foi um choque total", recorda o pai de garotas monozigóticas. "Em dois segundos, meus pensamentos passaram de dois berços para duas filhas na faculdade. Foi um milagre eu não ter desmaiado."

Às vezes, contudo, a incredulidade pode se transformar em negação. Ao invés de aceitar a notícia, os pais simplesmente recusam-se a enfrentá-la. Embora talvez não neguem a gestação de gêmeos em si, eles não conseguem encarar o fato de que aquilo acarretará mudanças em suas vidas. É uma pena, porque é importante usar o curto período de gestação para se preparar para os desafios iminentes; recusar-se a enfrentá-los desperdiça o tempo necessário para os preparativos.

EUFORIA E ADMIRAÇÃO

"Fiquei superfeliz! Depois de tantos anos tentando, descobri que eu teria *dois* bebês – isso foi demais!"

"É um milagre! Minhas preces foram mais do que atendidas."

"Como posso ter tanta sorte? Sinto-me abençoada."

Como não ficarmos encantadas quando descobrimos que estamos gerando algo tão milagroso? Podemos pensar: "Jamais ganhei em nenhum sorteio, nunca fui escolhida para receber nenhum prêmio especial – e agora isto!"

Euforia é uma reação comum e muito prazerosa. Entretanto, nem sempre dura muito; ela logo pode ser substituída por emoções menos positivas.

PÂNICO E PAVOR

Há sempre uma sucessão de altos e baixos. Na calada da noite, o pavor se instala. "Eu tinha 39 anos quando engravidei pela primeira vez. Minhas filhas foram concebidas por meio de fecundação *in vitro*, e, na verdade, nunca acreditei que algum dia eu teria filhos. Então, quando eu soube que esperava gêmeos, entrei em pânico. Eu tinha quase 40 anos de idade, e não sabia nada sobre bebês. Como faríamos?"

Preocupações súbitas invadem nossos pensamentos: "Acabamos de passar nossa filha para o próprio quarto, e agora essa – mais dois bebês!" Ou: "Como vou continuar trabalhando? E se eu precisar ficar em repouso absoluto?"

EXCESSO DE AUTOCONFIANÇA

"Sou capaz. Muita gente tem dois filhos."

"Minha mãe criou cinco filhos. Qual é o problema em criar três?"

Na maioria das vezes, nossas emoções vão do medo ou pânico à confiança – às vezes excessiva. Concentramo-nos no lado positivo da situação, que sempre é bom. Porém, freqüentemente tentamos nos superar emocionalmente, deixando de lado as preocupações e os problemas reais resultantes da gestação gemelar.

O problema aqui é que a confiança excessiva pode nos levar a desperdiçar um tempo precioso para os preparativos, sobretudo se nós concluirmos que não necessitaremos de nenhum apoio depois que os bebês nascerem.

"Não me sinto à vontade ao pedir ajuda" é uma reação comum – e potencialmente desastrosa – entre as grávidas de múltiplos. "Nós daremos conta do recado sozinhas. Se tivermos problemas, então veremos o que fazer."

DEPRESSÃO

Quase sempre, depois que a emoção inicial diminui, pensamentos mais sóbrios entram em ação. À medida que a gestação progride, a mãe torna-se cada vez mais exausta e desconfortável. Neste estado, os aspectos negativos parecem piores do que se a mulher estivesse descansada e cheia de energia.

À medida que a gestação avança, o abdome da mãe cresce com maior rapidez. É comum ele atingir o tamanho final de uma gestação única aos seis meses. A pele distende-se. É difícil dormir ou movimentar-se. A mãe pensa: "Vou conseguir". Depois, ela olha o calendário e percebe que ainda tem mais três meses pela frente!

A grávida que orientei recentemente era o retrato da depressão – a postura e as feições tensas indicavam que tinha desistido, não tinha mais interesse pelos desafios iminentes. Felizmente, o marido a ajudava, reunindo informações e fazendo planos para o futuro.

EQUILÍBRIO

É perfeitamente normal sentir *todas* essas emoções, sem seqüência definida, passando de uma a outra de tempos em tempos. Isso não significa que a mulher seja maníaco-depressiva, nem que seja anormal ou péssima mãe. Significa apenas que ela está aberta emocionalmente à aventura surpreendente e desafiadora na qual embarcou.

Na verdade, variações do humor diminuem à medida que nos adaptamos e nos tornamos mais preparadas e informadas sobre a gestação gemelar. Enquanto organiza sua casa, reúna-se com seu empregador para discutir a licença-maternidade, faça entrevistas com profissionais relacionadas ao apoio e cuidado infantil e aprenda o máximo possível sobre a gestação múltipla, educação e criação dos bebês, e verá que suas emoções se estabilizam e ficam mais positivas. Você enfrentará a aventura honestamente, sem ilusões, mas com muito otimismo.

OS SEUS SENTIMENTOS DEPENDEM DE QUEM VOCÊ É

MÃES

São as mães que carregam o bebê, suportam os desconfortos da gestação, dão à luz e encaram os primeiros dias em total exaustão física. É compreensível que juntamente com a emoção em relação aos bebês venha também a preocupação com a própria capacidade de ser mãe dedicada e amorosa quando os gêmeos nascerem.

Às vezes, a mãe é a única pessoa que tem essas preocupações, sobretudo se os que a cercam estiverem focados apenas nos aspectos divertidos e emocionantes da situação.

"Meus pais ficaram nas nuvens quando lhes contei que teríamos gêmeos", recorda uma mãe. "Mas eu chorei durante uma semana."

Também são as mães que enfrentam os maiores problemas e têm mais responsabilidade pelo cuidado e bem-estar dos filhos. Os altos e baixos de sua reação emocional refletem tudo isso.

PAIS

Pais, como mães, reagem com várias emoções, de orgulho e alegria ao medo e ansiedade. Alguns ficam presos à fase da confiança excessiva, desprezando as preocupações da mulher sobre como a família lidará com a situação. Esses pais talvez não considerem a importância de seu papel no cuidado dos bebês, sobretudo se não se envolveram muito quando os filhos mais velhos eram pequenos.

Contudo, na maioria das vezes, eles compartilham as preocupações da mãe. Geralmente preocupam-se apenas com as finanças: "Como vamos alimentar todas essas crianças? E roupas, aparelhos ortodônticos, a faculdade? Será que podemos comprar um apartamento maior?"

O pai talvez perceba que terá que dividir suas energias entre ajudar com os bebês e trabalhar – talvez como o único responsável pelo sustento da casa pela primeira vez na vida do casal. Se for a primeira gestação, a mulher que trabalhava fora terá que repensar sua vida profissional depois que os gêmeos ou trigêmeos entrarem em cena, dando ao pai maior responsabilidade financeira.

A necessidade de rever planos de carreira aplica-se aos dois. Os pais, também, podem pensar: "Serei capaz de aceitar uma promoção que exige que eu viaje e trabalhe nos finais de semana? Posso recusá-la, agora com a família maior?" Ele talvez sinta um certo ressentimento pela necessidade de ajustar seus objetivos.

Ter gêmeos pode forçar casais a redefinir o relacionamento, sobretudo em termos de responsabilidades no lar e na educação e criação dos filhos. Nem todos os pais pensam nisso durante a gestação, mas, quando os bebês nascem, as conseqüências podem ser extremas.

Às vezes, a notícia de que a mulher está esperando gêmeos gera elogios e atenção consideráveis. O futuro pai de gêmeos ou mais torna-se assunto de piadas admiráveis sobre sua masculinidade – algo de que ele pode ou não gostar.

IRMÃOS

"O que será do meu filho quando eu trouxer os gêmeos para casa? Nós estávamos planejando colocá-lo no maternal quando eles nascessem, mas será que isso aumentará ainda mais as mudanças?"

O nascimento de um irmãozinho é sempre um acontecimento importante na vida de uma criança. Quando esse nascimento traz dois ou mais pequeninos para a família, os filhos mais velhos podem sofrer. Seu lar e rotina ficam de pernas para o ar, e os pais subitamente passam a dedicar todo o tempo e a atenção aos bebês.

As reações dos irmãos – e o melhor a fazer – dependem de diversos fatores, mas o mais essencial é a idade do filho mais velho. No Capítulo 7, nós analisaremos dicas que ajudam irmãos e irmãs a se adaptarem. Por enquanto, consideremos como prepará-los para as mudanças iminentes.

Para crianças com menos de 3 anos de idade, converse sobre o futuro nascimento, mas não espere muita compreensão. Pegue livros na biblioteca sobre a chegada de bebês na família, explique que agora haverá dois bebês em casa, compre dois bebês de brinquedo para brincar com seu filho, e torne a situação mais tangível.

Crianças em idade pré-escolar entendem melhor, embora de maneira limitada. Elas talvez conheçam outras crianças que têm ou ganharão um irmãozinho. Nós podemos dizer: "A mamãe do Joni também vai ganhar um bebê. A sua mamãe vai ganhar *dois.*" Nunca percam a chance de dizer: "O papai e eu sempre o amaremos muito".

Uma maneira maravilhosa de envolver as crianças nessa faixa etária no nascimento é ajudá-las a fazerem alguma coisa para os bebês. Uma atividade simples seria fazer um livro de gravuras sobre a família. Crianças menores podem ditar palavras aos pais e acrescentar seus desenhos.

Rotinas são apreciadas por crianças nessa faixa etária. Se seu filho tiver que se mudar para outro quarto para dar lugar aos gêmeos, mudar de babá ou começar a freqüentar o maternal, procure fazer as mudanças maiores antes da chegada dos bebês, para que ele tenha a chance de se adaptar.

Crianças maiores fazem muitas perguntas e expressam hostilidade e entusiasmo. Converse com seu filho em idade escolar sobre as mudanças que ocorrerão, e o que permanecerá inalterado. Sobretudo, dê ao seu filho a certeza de que, por mais cansada e preocupada que você esteja enquanto os bebês forem pequenos, seu amor por ele continuará o mesmo.

É útil quando os filhos podem, realmente, fazer alguma coisa enquanto lidam com os sentimentos – como montar um álbum de fotos da família, e até mesmo tirar fotografias sozinhos.

Um projeto mais complexo, mas duradouro, é a confecção de colchas de retalho para o bebê. Esse projeto pode envolver crianças de qualquer idade e ser orientado pela mãe em repouso absoluto. Crianças bem pequeninas podem escolher tecidos e cores, e as maiores, capazes de desenhar, podem fazer os desenhos no tecido com canetas à prova d'água. Os desenhos podem ser usados na forma original, ou preenchidos com retalhos de tecidos. Crianças com idade suficiente para usar tesouras podem cortar pedaços de tecido e uni-los com cola. E as mais velhas, capazes de manejar a máquina de costura, ficam encarregadas da costura final.

Crianças em idade escolar podem ouvir histórias desagradáveis sobre gêmeos contadas por amiguinhos ou na própria mídia. Quando eu estava grávida das gêmeas, minha segunda filha, com 7 anos de idade, me disse baixinho, preocupada: "Mamãe? Se os bebês estiverem pregados um ao outro, tomara que seja apenas no dedão do pé, porque poderemos separá-los com a tesoura de cortar unhas."

É importante manter a discussão viva com seus filhos para que possam expressar suas preocupações e obter certa segurança. A melhor maneira é quando os adultos dão o exemplo, falando abertamente sobre seus sentimentos.

A MANEIRA COMO NOS SENTIMOS DEPENDE DE NOSSA CONDIÇÃO DE VIDA

Nossa reação emocional à notícia de que temos uma gestação múltipla varia a todo dia e toda semana. Mas a condição de vida e a história singular de nossa gestação também afetarão nosso estado de espírito e reação.

PAIS DE PRIMEIRA VIAGEM E VETERANOS

Se a gestação gemelar for a sua primeira, a sensação de encantamento e admiração talvez seja fortíssima. Porém, a idéia de ter dois ou mais bebês minúsculos em seus braços inexperientes pode aumentar a ansiedade em relação ao futuro.

Pais experientes podem ter reações semelhantes, mas de outro ponto de vista: eles *sabem* como os bebês são maravilhosos. E *sabem* – muito bem – como dão trabalho.

E pais experientes têm a preocupação adicional do bem-estar dos filhos mais velhos.

"Quando descobri que eu estava esperando gêmeos, chorei. Fiquei muito triste porque percebi que estava prestes a perder os momentos especiais que eu tinha com minha filha de 2 anos de idade. Eu estava preparada para ter outro filho, mas *dois*? Como encontrar tempo para me dedicar a eles do mesmo modo que fiz com minha filha?"

INFERTILIDADE ANTERIOR

Quando os pais usam drogas de fertilidade ou lançam mão da fecundação *in vitro*, provavelmente estão preparados para a possibilidade de ter dois ou mais bebês. Porém, sua reação pode ser intensificada por sentimentos de gratidão e admiração. Afinal de contas, há poucos meses, eles não tinham filhos, e isso os entristecia. Agora eles serão pais – de trigêmeos!

Isso é tão milagroso que nós mal podemos acreditar que está acontecendo. Entretanto, às vezes, nos preocupamos tanto que até gostaríamos que aquela situação não fosse verdade. E depois sentimos culpa pelo ressentimento e não por expressarmos gratidão.

Pais que passaram por longos tratamentos de fertilidade tornam-se mais sofisticados em relação à obstetrícia do que os outros, e podem usar essa sofisticação de forma positiva ou negativa. Talvez eles usem seus conhecimentos para garantir que a gestação seja a mais saudável possível, e estejam prontos para agir ao primeiro sinal de problema. Ou talvez se preocupem excessivamente sobre qualquer coisa que possa sair errada.

ESTRESSES DENTRO DO CASAMENTO

Qualquer gravidez pode agravar as tensões no casamento, mas, quando ela envolve gêmeos ou trigêmeos, a dificuldade é maior. Nós costumamos varrer os problemas para debaixo do tapete e, durante algum tempo, ignorá-los. Ter múltiplos esgarça o tapete.

Isso é sobretudo válido quando a discordância de um dos cônjuges era sobre o número de filhos que teriam, ou se teriam ou não filhos. Talvez eles tenham chegado a uma solução para esse desacordo por meio de negociações – mas negociações que se baseavam em um bebê. Agora o casal descobre que há dois a caminho, e um deles talvez se sinta traído.

Os casais com maior êxito são aqueles com sabedoria suficiente para esperar tensões no relacionamento. Eles entendem como é essencial que a família fique reunida e o relacionamento permaneça forte. Se a relação apresenta pontos fracos, ou se um tem dificuldade em se comunicar com o outro, agora é hora de começar a trabalhar nessas áreas. Se um consegue expressar o que o incomoda, explicar suas necessidades e ouvir atentamente as preocupações e necessidades do outro, o casal será capaz de solucionar os estresses inevitáveis com a chegada dos gêmeos.

PREOCUPAÇÕES FINANCEIRAS

É perfeitamente plausível ter preocupações financeiras. Gêmeos e múltiplos de ordem superior podem virar do avesso a situação financeira de qualquer família. Mesmo com plano de saúde, os pagamentos excedentes para hospitalização prolongada podem causar grande impacto.

Se a família já se encontra em situação financeira instável, o impacto dos bebês será devastador. Há muito tempo observamos que a maioria das famílias acha que a situação financeira se agrava com a chegada dos gêmeos. Sua capacidade de gerar renda diminui enquanto as despesas aumentam.

Quando o dinheiro se torna um problema, é mais difícil alegrar-se com a perspectiva de gêmeos – porém, é ainda mais importante que nunca planejar, preparar e desenvolver uma rede de apoio.

PERDA DE UM OU MAIS BEBÊS ANTES DO NASCIMENTO

A perda fetal é um risco na gestação múltipla. Quando a gravidez continua com um ou mais bebês sobreviventes, os pais têm que lidar com emoções fortíssimas e insuportáveis, tanto a dor quanto o amor intenso pelos que ficaram.

Como se isso não bastasse, eles precisam aprender a lidar com os sentimentos complexos que cercam a redução fetal – quando um ou mais embriões na gestação múltipla é abortado para aumentar a chance de sobrevivência dos demais. Nesses casos, todas as diversas emoções descritas neste capítulo são intensificadas por sentimentos de culpa e dor pelo filho perdido: "Eu estava tão feliz com esses bebês. Sou grata pelos três que sobraram, mas, neste momento, só consigo pensar mesmo naquele que perdi."

Permita-se sentir a dor da perda. Reconheça que é um processo demorado, e às vezes muito demorado. Não pense que terá que colocar um ponto final na dor quando os bebês saudáveis chegarem. Você não "deve a eles" o fato de bloquear sua tristeza pela perda do outro. Ao contrário, com o passar do tempo, sua dor diminui sozinha.

Analisaremos as questões da perda no Capítulo 15.

SINTA O QUE VOCÊ SENTE, E NÃO O QUE *DEVERIA* SENTIR

"Todos acham maravilhoso o fato de que teremos gêmeos", disse uma mãe. "Mas não são eles que os terão. Estamos preocupados sobre como agiremos. Estamos chocados."

A maioria reage positivamente quando fica sabendo que estamos esperando mais de um bebê. É natural que os amigos e familiares expressem emoção e entusiasmo. Mas a alegria deles pode ser difícil de aceitar se estivermos deprimidas ou ansiosas. É essencial separar nossos sentimentos daqueles vivenciados pelos outros, e lembrar que nossos sentimentos nos são importantes.

ASSUMA SUAS EMOÇÕES

"Sei que eu deveria estar feliz, mas me sinto péssima."

Os outros talvez lhe digam como "deveria" se sentir, mas suas emoções dizem respeito apenas a você. Talvez se sinta péssima em relação aos sentimentos negativos, mas não tem que se desculpar por isso.

ACEITE TODAS AS VARIAÇÕES DE SUAS EMOÇÕES

Se você está vivenciando a montanha-russa emocional que descrevi anteriormente, lembre-se de que é normal, e os períodos ruins logo melhoram. Esses sentimentos são, de certa forma, todos racionais. Quando você se sentir animada, curta esse sentimento. Quando sentir medo e terror, orgulhe-se de sua honestidade em relação aos desafios que está enfrentando.

Lembre-se também de que os sentimentos negativos sobre um nascimento múltiplo iminente não significam que você não ame os bebês agora ou que não os amará depois que nascerem.

FALE SOBRE SEUS SENTIMENTOS

Ajuda muito se os pais conseguirem compartilhar honestamente suas esperanças e medos com alguém. Se for seu marido ou sua esposa, o pai ou a mãe, um grande amigo ou uma amiga, melhor ainda. Mas, se vocês estão muito ansiosos ou deprimidos, procurem um bom profissional ou um grupo de apoio.

PERMITA-SE ABANDONAR, COM CERTA TRISTEZA, O SONHO DE UM ÚNICO BEBÊ

É natural você se sentir triste e decepcionada na hora em que seus planos e expectativas mudam. Quando engravidamos pela primeira vez, nós nos imaginamos ligadas a um bebê, e imaginamos que ele será bem-vindo à família. Quando um filho se torna dois ou mais, temos que nos adaptar. E, para que a adaptação tenha êxito, é preciso dizer adeus às antigas imagens e dar espaço às novas.

RELAXE PARA ISSO, PLANEJE E CUIDE DOS PREPARATIVOS

Quanto mais tarefas realizarmos antes de os bebês nascerem, melhor. Mas, igualmente importante, é o benefício *emocional* do planejamento. Quanto mais preparativos, dos que vamos abordar a seguir, conseguirmos com antecedência, mais calmas, otimistas e confiantes seremos.

TEMPO DE PREPARAÇÃO – APROVEITANDO AO MÁXIMO UMA TRANQÜILA SITUAÇÃO

LAR E FAMÍLIA

Onde, oh, onde colocaremos todos esses bebês? E os berços, fraldas, cuidados, ir e vir do trabalho? Questões práticas podem pesar bastante durante a gestação e, portanto, quanto mais soluções pudermos encontrar, mais calmas ficaremos. Como uma grávida me escreveu: "Questões tão simples quanto a necessidade de dois berços desde o início podem parecer tolas, mas até hoje ninguém sabe a resposta. Se devemos amamentar ou não e que tipo de fraldas usar, eis coisas que podem fazer uma enorme diferença no planejamento."

Realmente, agora é o momento de organizar suas idéias, as perguntas, sua família. Resolvidas algumas dessas questões, você se sentirá mais capacitada e mais animada.

A família vai se mudar para uma casa ou apartamento maior? O filho mais velho terá que se mudar para outro quarto? Será necessário providenciar acomodações para algum parente ou babá? Agora é o momento de planejar, organizar e começar a delegar responsabilidades.

Porém, pode ser difícil planejar, saber por onde começar. Dois fatores complicam a fase de planejamento.

Primeiro, os pais talvez aguardem, apreensivos, o nascimento dos múltiplos. Eles temem que haja algo errado com os bebês, e receiam fazer muitos preparativos. O simples ato de escolher nomes ou comprar o enxoval parece arriscado.

Segundo, a tarefa assume proporções assustadoras: "Como vamos acomodar todos? E se a amamentação não funcionar? Nós deveríamos comprar mamadeiras apenas para prevenir?"

"Temos uma criança com 2 anos de idade, e acabamos de saber que estou grávida de trigêmeos", disse uma mãe. "E agora? Onde podemos encontrar um carrinho para quatro?"

É hora de ser realista e prática. Você não trará má sorte à gravidez com o planejamento – ao contrário, dará aos bebês um começo de vida melhor. Não é preciso comprar todo o enxoval logo no início, mas é necessário lidar com questões mais essenciais.

Os preparativos mais importantes – além daqueles relacionados à sua saúde – relacionam-se ao sistema de apoio. Uma rede de ajudantes é muito mais importante do que o quartinho do bebê tão lindamente decorado, pois os ajudantes poderão auxiliá-la com as outras questões.

Tome decisões básicas sobre onde os bebês, filhos mais velhos e adultos vão dormir.

Talvez não seja possível fazer todas as compras antes do parto, mas você pode pesquisar o que comprar e onde. Também dá para você localizar, com antecedência, fornecedores de roupas e equipamentos infantis usados ou mais baratos. Assim, por exemplo, se o parto for prematuro, você saberá onde encontrar roupinhas adequadas ao tamanho dos bebês. Entenda que seu papel é de planejadora, organizadora e tomadora de decisões. Detalhes específicos (como arrumar as gavetas da cômoda ou comprar roupas) podem ser delegados, se necessário. Então, quando você der o sinal verde, o responsável pelas compras das roupinhas dos bebês pode dirigir-se à loja especificada e apanhar o que for necessário.

Concentre o pensamento em situações. Quem cuidará das outras crianças se a sua permanência no hospital for mais longa? Como organizaremos a rotina matinal? O que faremos se meu parto for cesariana?

Depois que os bebês chegarem, você saberá a quantidade e o tamanho das roupas de que os bebês precisam. Contudo, recomenda-se ter um pequeno suprimento de peças básicas adquiridas com antecedência. Vamos abordar o assunto de enxoval e outros detalhes práticos no Capítulo 6.

O IMPORTANTÍSSIMO SISTEMA DE APOIO

Se você acabou de saber que está grávida de gêmeos, provavelmente ficará imaginando como as pessoas lidam com dois recém-nascidos sem ajuda. A resposta é que a maioria *não* consegue lidar muito bem com a situação sem ajuda. Você certamente precisará de auxílio, seja da vizinha ajudando na hora do banho, seja de uma babá em tempo integral.

Ouvi pais de gêmeos mais velhos desprezarem a necessidade de ajuda. "Foi a melhor época da nossa vida", eles disseram, "e não recebemos nenhuma ajuda". Entretanto, ao observarmos mais atentamente, veremos que o que esses pais disseram significava que eles não contaram com nenhuma ajuda *contratada*. A tia e tio mudaram-se para a casa deles e ajudaram dia e noite, ou uma vizinha mais velha vinha todos os dias para dar uma mão. Ou havia outras três famílias com gêmeos no mesmo quarteirão, e compartilhavam diariamente os cuidados com os bebês.

Estou convencida de que não existem "supermães" – apenas bons narradores de histórias. Portanto, é melhor aceitar a idéia de que o trabalho a ser feito é excessivo para uma ou duas pessoas, e que será necessário contar com alguma ajuda extra.

Questões a serem consideradas sobre a ajuda: Você se sente à vontade com alguém morando em sua casa? Há espaço para outro adulto? Você pode pagar? Você pode se dar ao luxo de *não* pagar? Você é do tipo que se sente à vontade com vizinhos entrando e saindo de sua casa a qualquer hora ou se sente melhor com horários fixos? Você gosta de ter companhia ou acha mais vantajoso ajudantes que possam fazer compras e outras pequenas tarefas para você na rua?

Esse é o momento de começar a investigar suas opções. E lembre-se: não espere que as pessoas se apresentem como voluntárias. Fale com elas sobre suas necessidades. Diga às pessoas do que você necessita, e aceite o que puderem lhe oferecer.

Quando disserem: "O que posso fazer para ajudar?", não se acanhe – esteja preparada. Diga: "Muito obrigada por se oferecer! Vamos ver... posso lhe telefonar para pegar as roupas na lavanderia ou comprar algumas coisas de que preciso no supermercado? Você poderia ficar com o André para eu levar os gêmeos ao pediatra?"

Fontes de apoio incluem:

- ☆ Familiares: avós, irmãos e irmãs, sogros, sobrinhas ou sobrinhos – qualquer um em quem você confie e que se ofereça para ajudar pode ser indispensável. Se for um compromisso importante, por exemplo, sua mãe concordando em ficar com os bebês enquanto você trabalha, ou seu irmão e cunhada se oferecendo para cuidar deles uma vez por semana, enquanto você e seu marido vão jantar fora, esse é o momento de conversar com a família sobre suas necessidades.
- ☆ Amigos e vizinhos podem ajudar na hora do banho, ir ao banco ou supermercado, trazer refeições, ou ficar com o irmãozinho mais velho por algumas horas.
- ☆ Voluntários de sua igreja, congregação ou organização de pais de múltiplos.
- ☆ Vizinhas adolescentes que podem atuar como babás.
- ☆ Uma empregada doméstica, enfermeira ou babá especializadas.

Considere a possibilidade de conseguir ajudantes antes de os bebês nascerem. No meu caso, fiquei em repouso absoluto, impossibilitada de ir às compras. Contratei uma ajudante com antecedência para organizar a casa e as coisas dos bebês. Isso foi útil por dois motivos: ela cuidava das tarefas que eu não podia fazer, e sabia onde estava cada objeto, e que eu queria tudo organizado com antecedência.

AUMENTE SUA BASE DE CONHECIMENTOS

Você não terá muito tempo para desfrutar um bom livro enquanto os gêmeos forem pequenos. A gestação é um ótimo período para aprender o máximo possível sobre múltiplos, exatamente como você está fazendo agora ao ler este livro.

Constatei que os casais quase sempre diferem em relação à quantidade de conhecimentos que desejam obter. O marido daquela mãe aterrorizada que mencionei anteriormente é ávido por informações, lendo tudo que cai em suas mãos. Sua mulher provavelmente adquirirá mais confiança com o decorrer do tempo, mas ao menos uma pessoa da equipe está animada e motivada a aprender o máximo possível agora.

Reconheço a existência de certos aspectos da gestação múltipla e seus riscos, os quais são bastante assustadores. Mas tenho certeza de que a ignorância não traz felicidade. Quanto mais soubermos sobre essa aventura admirável, mas chances teremos de curtir os bons momentos e resolver quaisquer dificuldades.

Agora é também um bom momento para procurar grupos e organizações de apoio que, posteriormente, se mostrarão valiosíssimos. Pergunte a outros pais de gêmeos que grupos recomendam. Procure na biblioteca livros e panfletos. Localize grupos e organizações locais antes que você precise deles. Existem organizações, boletins e grupos de apoio para quase todos os aspectos possíveis e imagináveis da gestação múltipla.

Finalmente, aproveite esse período de planejamento para aprender sobre segurança infantil e técnicas à prova de bebês. Existem livros excelentes que nos dão detalhes sobre como manter a casa e as crianças em segurança.

Gêmeos correm maior risco de acidentes e lesões do que os outros, como mostraremos no Capítulo 10. A melhor política de segurança é estar preparado antes de a necessidade surgir. Talvez não seja necessário vedar todas as tomadas elétricas quando os gêmeos forem recém-nascidos, mas é bom estar preparado para tomar essas medidas preventivas na época certa. Agora, antes de você se envolver no cuidado com os gêmeos, é o momento de ler sobre segurança e planejar estratégias.

ESCOLHA OS NOMES DOS BEBÊS COM ANTECEDÊNCIA

Analisaremos as implicações dos nomes para os gêmeos no Capítulo 8. Considere as opções agora, enquanto você e seu marido podem pensar calmamente. Quando vocês chegarem ao hospital, será difícil pensarem com clareza. E cansamos de ouvir os bebês serem chamados pelos médicos e pelas enfermeiras de "Bebê A" e "Bebê B".

ENFRENTAR O FUTURO COM ALEGRIA E CONFIANÇA

Na maioria das vezes, pais de múltiplos mandam-me notícias de que tudo está correndo bem – porque estavam preparados. Como a mãe que confessou seus medos no início deste capítulo, eles ficavam animados em um instante e apavorados no outro. Eles queriam saber o máximo possível sobre como agir quando os bebês nascessem.

Como aquela mãe, a força de suas esperanças e de seus medos os levou em direção às fontes de informações e apoio necessárias. Os pais sabiam da necessidade de um plano e sistema de apoio. Em conseqüência disso, eles tiveram confiança e otimismo para conseguir curtir a gravidez e apreciar cada momento dessa experiência singular.

CAPÍTULO 3

DESFAZENDO MITOS SOBRE GÊMEOS

A Verdade por Trás da Ficção

"Eu achava que meus gêmeos ficariam ali, sentadinhos, engraçadinhos", recorda a mãe. "Depois que eles nasceram, caí na realidade. Ali estava eu, com fezes até os cotovelos, e ninguém parecia engraçadinho!"

A imagem romantizada de gêmeos é apenas uma das inúmeras suposições irreais que os pais adquirem. Gêmeos são propícios ao romance – além de serem recém-nascidos encantadores, povoam lendas e mitos históricos, simbolizando tanto o bom (prosperidade e boa sorte) quanto o mal (conflito e dificuldades financeiras). Existe o contexto do bom gêmeo contra o mal, encontrado na história de Rômulo e Remo; no mito de Castor e Pólux, os gêmeos dedicados que não podiam viver separados; e a rivalidade amarga entre Esaú e Jacó.

Todos contribuem para a criação de mitos. A literatura, os comerciais de televisão, amigos, parentes e até mesmo os estranhos no supermercado sempre têm algo a dizer. Gêmeos e supergêmeos chamam mais atenção do que crianças isoladas, e, às vezes, parece que todos têm uma opinião ou história para contar sobre a dificuldade de criar gêmeos e os desafios que eles enfrentam enquanto crescem.

Até mesmo as observações positivas exercem influência sutil sobre as percepções dos pais. "Se esta situação deveria ser tão maravilhosa, e tenho tanta sorte", o pai sobrecarregado pode pensar, "por que não me sinto assim? Deve haver algo de errado comigo."

O nascimento de gêmeos sempre foi considerado um acontecimento notável. Historicamente, a maioria das sociedades considerava o nascimento de gêmeos um acontecimento sobrenatural. Quando sua chegada coincidia com uma boa safra, eles eram associados à boa sorte. Quando chegavam em épocas difíceis, eram mau presságio.

Os recursos disponíveis para seus cuidados eram, e ainda são, a influência principal sobre a imagem que a sociedade tem de gêmeos. Quando há alimentos, água e abrigo suficientes, eles são bem-vindos. Caso contrário, representam um peso indesejado.

Aparentemente, sempre foi assim na história da América do Norte. Um estudo de atitudes sobre gêmeos em 172 tribos indígenas norte-americanas constatou que grandes tribos com grande competição pelos recursos existentes reprovavam gêmeos. As mulheres dessas tribos, como a Kawaiisu, evitavam comer ovos com duas gemas e frutos com dois caroços na tentativa de reduzir o risco de gerar gêmeos. Tribos menores eram ambivalentes em relação aos gêmeos. Embora sua chegada aumentasse a população tribal, a escassez de adultos dificultava os cuidados. Tribos de porte nas quais, nos quais recursos e apoio do grupo eram equilibrados, valorizavam os gêmeos e seus pais. Por exemplo: os Kwakiutl comemoravam os poderes sobrenaturais dos gêmeos dando aos pais um ano de descanso, enquanto os outros membros da tribo cuidavam dos bebês.

Hoje, pouquíssimos pais de múltiplos conseguem descansar completamente, nem gostariam de ficar longe dos bebês. Contudo, amigos, familiares e voluntários de associações de pais de gêmeos que ajudam as famílias fazem parte desta tradição venerável.

Não é de admirar que os mitos sobre gêmeos reflitam o enorme interesse em suas características singulares – a biologia da formação e gestação de gêmeos, a possibilidade de "poderes especiais", e um relacionamento que começa no útero. Nem é de admirar que atitudes em relação aos gêmeos sejam influenciadas pelo impacto que eles causam nas famílias e na sociedade.

O que é surpreendente hoje, apesar de não mais considerarmos o nascimento gemelar sobrenatural e termos maior entendimento do relacionamento entre gêmeos, é que nós, pais, e nossos múltiplos sejamos susceptíveis às orientações e opiniões profissionais arraigadas em mitos.

Ainda mais surpreendente, considerando as estatísticas que demonstram um risco elevado de abuso infantil em famílias com múltiplos (de 2,5 a 9 vezes maior que o risco em outras famílias), é como fazemos tão pouco para garantir que as famílias tenham os recursos necessários para lidar com os desafios especiais.

Nossa cultura popular dá destaque aos gêmeos. Eles são tema de comédias e filmes. Mas, quando o assunto são os detalhes práticos de criá-los, deixamos os pais praticamente sozinhos.

Conhecer os fatos sobre os gêmeos ajudará você a reconhecer os mitos, impedindo que seja influenciada pela ficção. Você terá as ferramentas e a confiança necessárias para ajudar os múltiplos a contornar as dificuldades com êxito, e a desfrutar os inúmeros benefícios de sua situação especial.

***Mito:* Toda grávida acha que terá gêmeos.**

Fato: Grávidas podem identificar a presença de mais de um feto.

Impacto: A minha primeira experiência pessoal com o impacto negativo dos mitos sobre gêmeos foi durante a gravidez. O meu obstetra descartou minhas suspeitas de gêmeos com o discurso: "Toda grávida acha que terá gêmeos".

Mas, embora tenha sido há tanto tempo, ainda me lembro de como foi difícil para mim passar por cima de minha educação, que me dizia que o médico sempre sabe tudo. Tive que aprender a ouvir a evidência que eu vivenciava diariamente – o movimento fetal constante, separado, em diversos lugares ao mesmo tempo, que só poderia ser causado por gêmeos.

O que podemos fazer: Preste atenção às reações de seu corpo, a todos os sintomas. Se você tem qualquer suspeita de que talvez esteja grávida de gêmeos ou mais, converse com o médico e insista em fazer a ultrasonografia para o diagnóstico exato.

Em meu estudo de 336 mães de múltiplos recém-nascidos, 71% delas descreveram suspeitas de gestação gemelar antes de ela ser confirmada pelo médico. Muitas das 239 mulheres que descreveram sintomas específicos associados a múltiplos disseram sentir uma constelação de sintomas. Os sintomas físicos mais freqüentes eram: tamanho ou ganho de peso elevados (72%); maior movimento fetal (42%); e movimento fetal separado (24%).

Mito: **A gestação gemelar não é diferente da simples.**

Fato: A gestação de mais de um feto é muito diferente da gestação simples. O corpo da mãe fornece todos os nutrientes para duas vezes (no mínimo) o número de embriões existentes, que compartilham o útero. Por isso, gêmeos correm o risco de problemas associados ao compartilhamento da placenta e saco amniótico. Além disso, eles apresentam risco elevado de parto prematuro e peso baixo ao nascerem.

As pesquisas indicam que, para reduzir o risco do parto prematuro e melhorar os resultados, a mãe deve enriquecer sua alimentação para garantir o crescimento ideal dos bebês e possibilitar ao corpo responder adequadamente às exigências físicas adicionais da gestação.

Ela também necessita de repouso apropriado e evitar o estresse para reduzir o risco do parto prematuro. É preciso monitorar o crescimento dos fetos e sua ligação à placenta (ou placentas) para impedir possíveis problemas.

Impacto: Obstetras e pais talvez não estejam cientes das medidas que podem contribuir para o nascimento de bebês saudáveis e a termo.

Por exemplo, não é raro para a mãe grávida de gêmeos ou trigêmeos receber uma apostila sobre nutrição para gestação simples. Uma dessas mães perguntou: "Devo multiplicar por três?"

Uma determinada mãe grávida de gêmeos que conheço gastava uma hora para ir e outra para voltar do trabalho, em período integral, que ela adorava. Ninguém lhe disse que as exigências físicas de seu horário de trabalho poderiam afetar a gestação.

Ela se sentia cada vez mais cansada à medida que a gravidez prosseguia. As únicas grávidas que ela conhecia esperavam apenas um bebê, e lidavam bem com os problemas no trabalho. Influenciada pelo exemplo delas e pelo silêncio de seu médico, ela não deu atenção à fadiga, e continuou trabalhando.

Apenas depois que os gêmeos nasceram, dois meses antes da data prevista, e ficaram dois meses hospitalizados, foi que ela soube que o repouso é parte importante da gestação gemelar. Ela disse que, se soubesse na época o que sabe agora, teria deixado o trabalho várias semanas antes para melhorar as chances de levar a gestação até o final.

O que podemos fazer: Aprenda sobre a gravidez gemelar e faça o possível para cuidar de si mesma. Não tente ser heroína. E certifique-se de que seu obstetra tem bons conhecimentos sobre questões de nascimentos múltiplos.

***Mito:* Quando há uma placenta, os gêmeos são monozigóticos; duas placentas indicam que são dizigóticos.**

Fato: Cerca de um terço dos gêmeos monozigóticos tem placentas separadas. Também é possível que as duas placentas distintas de gêmeos dizigóticos se fundam, dando a impressão de existir apenas uma. Não é possível determinar exatamente se os gêmeos são dizigóticos ou monozigóticos pela simples contagem de placentas.

Existem importantes razões psicológicas e de saúde para que os gêmeos e pais conheçam sua verdadeira zigosidade. Pode-se esperar que o desenvolvimento de gêmeos monozigóticos seja paralelo. Quando um se desenvolve menos que o outro, é um sinal de que há algo errado.

Visto que gêmeos monozigóticos têm biologia semelhante, a saúde de um depende da saúde do outro. Se um é diagnosticado com determinada doença grave, o outro deve ser monitorado para detecção de sintomas precoces. Se um deles algum dia precisar de transplante de medula ou de determinado órgão, o outro é o doador perfeito.

Impacto: Muitos gêmeos monozigóticos crescem pensando que são dizigóticos e vice-versa, porque o médico usou o número de placentas para determinar a zigosidade. Esse diagnóstico errôneo priva-os do direito inato – o de saber e entender suas origens biológicas e identidade como gêmeos, além de privar gêmeos monozigóticos de importantes benefícios para a saúde.

O patologista fetal Geoffrey Machin, que defende o diagnóstico pré-natal exato da zigosidade, conta sobre gêmeos cuja experiência ilustra como o diagnóstico errado pode ser grave. Um irmão doou um órgão ao outro. Na verdade, eram gêmeos monozigóticos, mas porque os médicos acreditavam que fossem dizigóticos, apesar de sua aparência similar, prescreveram medicamentos para o receptor a fim de prevenir a rejeição do órgão transplantado. Durante 11 anos esse homem sofreu os efeitos colaterais debilitantes de uma droga desnecessária.

O que podemos fazer: Como dissemos anteriormente, informe-se sobre a zigosidade de seus filhos.

Mito: Vocês têm sorte – terão dois filhos de uma só vez!

Fato: Sim, temos sorte e teremos os dois de uma só vez. E não é fácil.

Impacto: Várias vezes os pais ouvem: "Oh, gêmeos! Sei como é. Tive meus filhos com pouca diferença entre um e outro também." Esses comentários, embora empáticos e bem-intencionados, descartam os desafios singulares do cuidado de gêmeos.

Converso com muitos pais que estão, na verdade, lidando muito bem com o pesadelo e as noites insones dos primeiros dias, mas se sentem totalmente arrasados porque é tudo tão difícil que acham que estão fazendo algo "errado". O pior é que, por não terem noção de que seria árduo, eles não prepararam o sistema de apoio com antecedência. E, como se sentem culpados, relutam em pedir ajuda agora.

O que podemos fazer: Preparar. Preparar. Preparar.

***Mito:* Ter gêmeos elimina uma geração.**

Fato: Ah, não, claro que não! Ter gêmeos dizigóticos é hereditário. Mulheres podem herdar da mãe ou do pai a tendência de produzir mais de um óvulo durante o ciclo. Há muito acredita-se que a formação de gêmeos monozigóticos não é hereditária, mas as pesquisas ainda não conseguiram explicar o fato de muitas famílias terem vários pares de gêmeos monozigóticos.

Dados recentes demonstram que há uma incidência maior de gêmeos monozigóticos entre gêmeos concebidos com ajuda de drogas estimulantes da ovulação ou fecundação *in vitro*. Muitos estudos ainda são necessários para entendermos todos os fatores que contribuem para a formação de gêmeos.

Impacto: Esse mito leva muitas mulheres que têm irmãos gêmeos a acreditarem que são "imunes" ao risco de gerar gêmeos. E, quando engravidam, acabam descartando sintomas de gravidez gemelar.

O que podemos fazer: Respeite seus sintomas. Se sua família é ou não "campeã em gêmeos", converse com o obstetra se você suspeitar de que está grávida de gêmeos.

***Mito:* Você não pode amamentar os gêmeos porque nunca terá leite suficiente.**

Fato: O suprimento de leite aumenta para atender a demanda. Mulheres que amamentam gêmeos produzem duas vezes mais leite do que as que amamentam apenas um bebê. Mães amamentando trigêmeos ou mais produzem a quantidade necessária.

Impacto: Somos informadas de que não podemos amamentar gêmeos, privando os bebês dos benefícios do leite materno, que é a nutrição ideal para recém-nascidos e fonte importante de imunização.

O que podemos fazer: Planejar a amamentação. Converse com os entes queridos sobre a importância de amamentar e solicite a ajuda deles no que diz respeito a questões práticas. (Você precisará de ajuda.) Veja o Capítulo 6 para obter maiores informações sobre a amamentação de múltiplos.

***Mito:* É muito mais fácil com gêmeos. Todos nos ajudam, e obtemos muitos descontos.**

"Você leu no jornal sobre a mulher que teve sétuplos? Que maravilha – eles vão ganhar uma casa nova, uma van e todas as fraldas e leite em pó durante um ano!"

Fato: Na verdade, voluntários capazes de ajudar pais de múltiplos o tempo todo são escassos quando os familiares vivem distante e os amigos estão ocupados, trabalhando. Como expliquei no Capítulo 2, desenvolver o sistema de apoio antes do parto é fundamental para a sobrevivência saudável da família.

Além disso, a chegada de múltiplos raramente é garantia de prosperidade para os pais. Mesmo quando o parto gera uma reação extraordinária, não é uma situação financeira "fácil".

Embora alguns fabricantes de produtos infantis ofereçam descontos limitados, a maioria das despesas médicas, equipamentos, roupas, fraldas e alimentos é dobrada para gêmeos e aumenta com o número de bebês.

Impacto: Futuros pais de múltiplos, iludidos por expectativas irreais de benefícios financeiros e ajuda voluntária, talvez não estejam preparados para assimilar o impacto financeiro e estresse físico que cuidar dos recém-nascidos exige. Infelizmente, um resultado trágico desses estresses mais graves é a incidência elevada de abuso infantil entre famílias com múltiplos.

O que podemos fazer: Preparar uma rede de apoio com antecedência. Fazer o possível para garantir que todos na família durmam o suficiente. Nunca deixe os bebês sozinhos com indivíduos inexperientes no cuidado infantil. E, para aliviar o arrocho financeiro, procure fornecedores de suprimentos e produtos infantis reciclados e com preço menor.

Mito: **Gêmeos são sempre parecidos e agem do mesmo jeito.**

"Ah, não podem ser gêmeos. Eles são tão diferentes!" Essa queixa de um estranho na rua ao ouvir que meus bebês eram gêmeos reflete um dos mitos mais comuns sobre gêmeos. Lembro-me com constrangimento de como fiquei indignada quando minhas colegas de colégio na quinta série, Carol e Joana, diziam que eram gêmeas. Carol era loura e alta, e Joana, de estatura muito menor, era morena. "Como ousam se fazer passar por gêmeas!", eu pensava. "Gêmeos são iguais."

Fato: Gêmeas dizigóticas como Carol e Joana podem ou não ser parecidas, mas são gêmeas. Talvez existam até mesmo diferenças físicas notáveis em gêmeos monozigóticos, mas são geralmente mais sutis do que aquelas entre gêmeos dizigóticos. Um pode ter um sinal congênito na pele onde o outro não tem, por exemplo. O formato do rosto pode diferir, assim como a estatura, o peso, e até a cor dos cabelos.

No que diz respeito ao comportamento, gêmeos monozigóticos têm a mesma herança biológica, e a possibilidade de eles terem os mesmos trejeitos é muito maior do que o restante da população. Contudo, isso não quer dizer que gêmeos dizigóticos e outros pares de indivíduos, como cônjuges, por exemplo, às vezes não se comportem da mesma maneira.

Impacto: Esse mito às vezes tem o efeito positivo de proteger gêmeos que não se parecem do exame público indesejado, pois conseguem "passar" por crianças comuns. Contudo, esses gêmeos "invisíveis" sofrem com a falta de respeito por seu relacionamento especial.

E, por outro lado, pode ser que pares monozigóticos se sintam limitados pelos entes queridos e outros que esperam e enfatizam sua semelhança.

O que podemos fazer: Trate seus filhos como indivíduos. Dê-lhes o que precisam quando necessário, sejam suas necessidades iguais ou diferentes.

Mito: **Eles sempre competirão entre si.**

Fato: Sim, irmãos competem. E, obviamente, é natural que isso ocorra entre gêmeos – mas nem sempre.

Impacto: Quando os adultos acreditam que a competição é inerente à vida dos gêmeos, e conseqüentemente não conseguem estabelecer limites para suas disputas, gêmeos acabam transformando o dia-a-dia em campo de batalha. As gêmeas Smiths, agora com 40 anos de idade, ainda tentam ganhar uma da outra a cada oportunidade, embora vivam em lados opostos dos Estados Unidos.

Seus pais agora percebem que a falta de compreensão sobre uma competição saudável os levou na direção errada, fazendo com que as filhas competissem em todas as situações. Conseqüentemente, o relacionamento entre as irmãs enquanto cresciam foi caracterizado por extremismos. No mesmo instante em que elas estavam se abraçando e se ajudando mutuamente, começavam a brigar.

O que podemos fazer: Estabelecer limites bem definidos. Ajudar os filhos a canalizarem a energia competitiva para o esporte ou outras atividades produtivas.

Mito: **O desenvolvimento deles será mais lento do que o de outras crianças.**

Fato: Gêmeos em geral não apresentam desenvolvimento lento. Bebês prematuros e com baixo peso ao nascerem, contudo, correm maior risco de atrasos no desenvolvimento, e gêmeos, na maioria das vezes, nascem menores ou prematuramente.

Impacto: Qualquer que seja a causa, a lentidão em um múltiplo pode ser descartada como "normal" para gêmeos, adiando ou eliminando as chances de tratamento adequado oportuno.

O que podemos fazer: Se os bebês são prematuros, devem ser monitorados para detecção de sintomas de problemas no desenvolvimento. Se um ou mais bebês apresentar atraso no desenvolvimento em qualquer área, procure o médico para que faça a avaliação adequada, e se necessário, dê início ao tratamento preventivo.

***Mito:* Gêmeos são duas metades de um todo e compartilham tudo.**

Fato: Gêmeos compartilham os pais e irmãos, mas são, acima de tudo, indivíduos que merecem ter os próprios brinquedos, roupas e presentes.

Impacto: Esse mito transmite a idéia completamente errônea de que gêmeos gostam de ser tratados como se fossem uma única pessoa. Prova disso é um cartão de aniversário que diz: "Para os gêmeos: dois desejos especiais no seu aniversário". Lembro-me de quanto cada uma de minhas filhas valorizava seus cartões de aniversário, carregando-os por toda parte até começarem a rasgar. É difícil imaginar o que teriam feito com apenas um cartão para dividirem. Gêmeos adultos sempre me contam sobre seu ressentimento na infância quando as pessoas queriam que dividissem um cartão ou presente de aniversário.

O que podemos fazer: Boas orientações com antecedência podem ajudar amigos e familiares a evitar que se tornem a causa de lembranças dolorosas. Um cartão ou presente de baixo custo para cada uma das crianças é muito melhor do que um presente valioso para ser compartilhado.

***Mito:* Gêmeos sempre brincam juntos sem qualquer problema.**

Fato: Gêmeos são irmãos. Brincar juntos é uma habilidade mais facilmente adquirida por alguns irmãos e irmãs do que por outros. O temperamento e a compatibilidade influenciam muito o bom relacionamento dos gêmeos. Quando eles se dão bem, as brincadeiras desenrolam-se em clima de cooperação e diversão. Mas, quando eles não combinam, se tornam adversários ferrenhos.

Impacto: A idéia de que gêmeos são automaticamente bons companheiros pode enganar os pais, levando-os a supor que há algo errado com seus gêmeos se eles não se dão bem. E, quando o relacionamento entre eles é bom, pais são levados a pensar que seus filhos não necessitam do contato com outras crianças.

O que podemos fazer: Determine limites etários adequados para o comportamento agressivo. Seja um bom treinador e juiz. Crie oportunidades para cada criança brincar separadamente, e com outras crianças.

Mito: Qual é o bonzinho? Qual é o pior?

Fato: Gêmeos, assim como qualquer outra criança, não nascem com papéis predeterminados. Cada recém-nascido tem estilo e temperamento singulares, dificultando ou não os cuidados com o bebê. De modo algum isso indica uma predisposição a ser "bom" ou "mau". No esforço de distinguir os bebês, é natural, então, procurarmos diferenças, e usá-las para poder descrevê-los.

Impacto: Fiquei pasma na primeira vez em que alguém me perguntou qual dos bebês era "bom" e qual era "mau". Infelizmente, não foi uma situação única. E às vezes são os próprios pais que definem os filhos dessa maneira. Desde então, ouvi muitas vezes em nosso serviço de orientação por telefone mães que acreditavam que todos os gêmeos são como Esaú e Jacó, um é "bom" e o outro, "mau".

O telefonema que mais me impressionou foi de uma jovem mãe que me disse ter descoberto qual dos garotinhos, com quatro dias de vida, era o "mau". Quando lhe perguntei por que tinha certeza, ela respondeu: "A enfermeira disse que ele é o mais difícil".

Essa conversa demonstra o poder insidioso do mito. Aqui está uma enfermeira que sucumbe ao mito, usando comportamento negativo para diferenciar os bebês. Ao fazê-lo, ela inconscientemente fornece à mãe a pista de que ela necessitava para rotular os bebês.

O que podemos fazer: Pense nas diferenças entre seus filhos de maneira positiva, ou os rótulos negativos tornam-se deterministas. Use apenas qualidades ou características boas ou neutras para descrevê-los: "Ele é o mais falante; ela é observadora".

Mito: Um será sempre o líder e o outro, seu seguidor.

Fato: O que é verdade é que o equilíbrio de liderança entre as crianças em qualquer par de gêmeos ou grupo de múltiplos de ordem superior é uma interação de temperamento, capacidade e inclinação. Nos primeiros anos de vida, os gêmeos "experimentam" diversos tipos de malabarismos, e geralmente escolhem um padrão dinâmico que alterna entre liderar e seguir em todas, ou algumas, atividades.

Impacto: Esse mito supõe que apenas um dos gêmeos pode florescer. Minha primeira experiência pessoal com ele ocorreu quando uma professora de lingüística revisou as conversas de berço que eu gravara entre minhas duas filhas, como parte da dissertação de mestrado, quando estavam aprendendo a falar. Eu esperava que ela estivesse tão interessada quanto eu no assunto das conversas. Mas o que mais a impressionou foi o fato de que cada bebê se revezava, introduzindo tópicos no diálogo. A professora supôs que uma seria a líder e sempre definiria a pauta.

O perigo desse mito é seu potencial de fixar um dos gêmeos na posição de "líder" e o outro na posição de "seguidor". Crianças prestam atenção às palavras que escolhemos para descrevê-las. Se escolhermos palavras que as limitam, sabotamos sua investigação de papéis distintos – e essa investigação é normal e necessária no desenvolvimento dos gêmeos.

O que podemos fazer: Evite rótulos como esses. Devemos apoiar seus experimentos com papéis distintos. Pense em seus pontos fortes em relação a outras crianças da mesma idade e em relação aos seus interesses. Por exemplo: se um de seus filhos com 3 anos de idade é fisicamente apto e parece dominar a brincadeira, descreva-o como um garotinho muito sociável. O outro talvez seja tranqüilo, tolerante e sensível à música, portanto, pode ser descrito como amável e interessado em música. Isso abre espaço em sua cabeça e na deles para cada um desenvolver habilidades de líder e de seguidor.

Mito: **Eles terão dificuldades para aprender a falar.**

Fato: Não existe nada na natureza dos gêmeos que os torne menos capazes de falar do que as outras crianças. (Na verdade, alguns gêmeos aprendem a falar mais cedo – há provas de que garotas dizigóticas geralmente dominam a linguagem antes de outros gêmeos e demais bebês.)

Mas a situação de gêmeos realmente torna bastante singular o processo inicial de aprendizagem da linguagem. Eles certamente desenvolverão um sistema de comunicação não-verbal sofisticado; como são companheiros desde antes do nascimento, os gêmeos serão capazes de expressar sentimentos e observações por meio de gestos e sons antes de dominarem as palavras. E, na maioria das vezes, os pais atarefados não podem conversar com eles tanto quanto seria necessário para o desenvolvimento oportuno da linguagem.

Assim, é verdade que como os gêmeos sofrem com a incidência desproporcionalmente alta de baixo peso de nascimento e prematuridade, correm risco elevado de problemas fisiológicos, como perda de audição, que afetam a aprendizagem da linguagem. Pais conscientes sempre procuram ajuda especializada quando têm dúvida.

Impacto: O perigo desse mito é que pais e provedores de cuidados acabam supondo que as dificuldades com a linguagem são normais e perdem a oportunidade de obter ajuda para o que pode ser, na verdade, um problema corrigível.

O que podemos fazer: Se você está preocupada com o fato de a linguagem de seus filhos não estar se desenvolvendo no ritmo próprio da idade, verifique a capacidade auditiva deles. Se nenhum problema de audição for constatado, fale com o pediatra ou procure um especialista capaz de avaliar o problema.

Mito: **Eles terão uma linguagem secreta e você não entenderá o que estão dizendo.**

Fato: É verdade que é difícil entendermos os bebês quando começam a falar, mas pesquisas constataram que a verdadeira linguagem secreta entre gêmeos é raríssima, e resulta de isolamento ou privação extrema.

Gêmeos têm grande probabilidade de desenvolverem uma "conversa" complexa, uma combinação de palavras inventadas e mal pronunciadas que surpreendem estranhos e pais preocupados e atarefados. Às vezes, os filhos mais velhos transformam-se em intérpretes dos pais e, outras vezes, nenhuma interpretação é necessária.

Lembro-me de minhas filhas expressando claramente que queriam mais leite ao se dependurarem na porta da geladeira com as mamadeiras vazias, gritando: "Bais, beite, baba!"

Impacto: Eis aqui um exemplo de como esse mito pode distorcer a percepção profissional dos gêmeos. Certa ocasião, a psicóloga de um grande hospital pediátrico me telefonou entusiasmada para me consultar sobre gêmeos, com idade entre 12 e 36 meses, que, segundo ela, tinham desenvolvido linguagem própria. Quando os observei, não usavam pronúncia padronizada, mas, sim, palavras padronizadas que eu conseguia entender facilmente.

Quando perguntei sobre distúrbios auditivos, a psicóloga confirmou que as crianças tinham perda auditiva. Entusiasmada em diagnosticar uma "linguagem secreta", ela desconsiderou o efeito óbvio da perda auditiva sobre a fala deles.

O que podemos fazer: Converse com os gêmeos enquanto os alimenta ou troca e faz as tarefas domésticas. Reserve momentos especiais para ler ou brincar com cada um diariamente, e preste atenção à linguagem deles. Incentive-os a usar palavras quando desejarem alguma coisa. Ajude-os a aprender novas palavras pronunciando-as lenta e claramente.

Mito: **Gêmeos devem ficar separados na escola para o próprio bem.**

Fato: Gêmeos variam em sua necessidade de ficarem separados ou na mesma sala de aula a cada ano. Não existe nenhuma fórmula mágica que sirva para todos os gêmeos o tempo todo. Em geral, eles se beneficiam ao serem colocados juntos quando começam a pré-escola e o ensino fundamental. Não existem pesquisas que comprovem a idéia de que a separação é necessária para o desenvolvimento da individualidade nesta etapa. Na verdade, as evidências sugerem que gêmeos separados inadequadamente costumam regredir e apegar-se ainda mais ao seu relacionamento.

Impacto: Na tentativa de fazer "o que é certo" para os gêmeos, pais e professores acabam separando as crianças antes que estejam prontas. Ironicamente, isso pode criar o oposto do efeito desejado. Na maioria das vezes, os gêmeos se preocupam um com o outro quando estão separados, sobretudo em novas situações. Juntos, relaxam e focam no que está acontecendo naquele momento.

O que podemos fazer: Todo ano avalie as necessidades de seus filhos quanto ao fato de estarem juntos ou separados, e peça à escola que providencie aquilo que você acha que eles precisam. Analisaremos essa situação com mais detalhes no Capítulo 12.

***Mito:* Eles nunca farão amizade com outras crianças.**

Fato: Gêmeos levam vantagem no que diz respeito à aprendizagem de habilidades sociais. A maioria dos gêmeos é boa companhia um para o outro durante os primeiros anos de vida, mas, tendo oportunidade, eles gostam de brincar com outras crianças. Quando eram pequenas, minhas filhas às vezes vinham queixar-se a mim: "Não temos ninguém com quem brincar".

Impacto: Esse mito pode levar pais ansiosos ao exagero, programando atividades incessantes para os filhos, deixando-os sem qualquer descanso. Por outro lado, pais que acham que é inútil esperar que os gêmeos socializem com outras crianças talvez nem mesmo se esforcem para isso.

O que podemos fazer: Aos poucos, à medida que seu tempo e disposição permitem, dê aos seus filhos oportunidades de brincar com outras crianças. Incentive-os a fazerem novos amigos. Lembre-se também de que cada criança tem seu ritmo para o desenvolvimento social. Não espere que eles sejam igualmente entusiasmados ao mesmo tempo.

***Mito:* O índice de homossexualidade é mais elevado em gêmeos do que em outras crianças.**

Fato: Homossexualidade não é mais freqüente em gêmeos do que em outras crianças.

Impacto: Esse mito baseia-se na crença de que a homossexualidade é causada por associação, e que, portanto, gêmeos do mesmo sexo têm maior tendência a ela em conseqüência de seu relacionamento íntimo. A verdade é que existe mais probabilidade da homossexualidade aparecer nos dois indivíduos de um par monozigótico que compartilham a mesma herança biológica do que em um par dizigótico. Existem evidências claras de uma origem genética para a homossexualidade.

O que podemos fazer: Quando amigos e familiares mencionarem esse mito, explique os fatos. Se seus filhos tocarem no assunto, explique a eles também.

Mito: **O índice de divórcio para gêmeos é mais elevado do que para os demais.**

Fato: As pesquisas indicam que os índices de divórcio de gêmeos e outros adultos são os mesmos.

Impacto: Esse mito piora a conotação negativa da existência de gêmeos e pode causar preocupações desnecessárias entre eles e suas famílias. Trataremos de questões relacionadas ao namoro, casamento e divórcio em capítulos posteriores.

O que podemos fazer: Ajude a impedir a disseminação desse mito ao prestar informações corretas quando o assunto for mencionado. Se seus filhos perguntarem a respeito, garanta-lhes que não é verdade.

Mito: **Gêmeos possuem percepção extra-sensorial e podem ler os pensamentos um do outro.**

Fato: As pesquisas até hoje desconsideram a idéia de que gêmeos tenham percepção extra-sensorial e sejam capazes de ler os pensamentos um do outro.

Contudo, evidências extra-oficiais sugerem que muitos gêmeos, assim como maridos e mulheres ou outros irmãos, são tão "ligados" entre si que se tornam capazes de completar as frases que cada um diz e de prever as intenções do outro. Na minha família, por exemplo, ninguém brinca com o jogo "Imagem e Ação" com minhas gêmeas. Quando as duas estão no mesmo time, elas são invencíveis. Tudo o que uma delas precisa fazer é traçar uma linha reta na página para que a outra imediatamente saiba o que a irmã desenhará.

Impacto: Esse mito se alimenta do fascínio pelo ocultismo e a crença na mágica dos gêmeos. Todos que conheço têm ao menos uma história para ilustrar os poderes paranormais dos gêmeos. Na maioria das vezes, os próprios gêmeos contam histórias sobre suas experiências. Por outro lado, vários gêmeos me perguntam se existe algo "errado" com eles por não sentirem a dor e não lerem os pensamentos do outro, ou não saberem quando aconteceu algo ruim ao irmão.

O que podemos fazer: Trate o relacionamento dos gêmeos normalmente. Quando e se vivenciarem situações de "leitura de pensamentos", curta o momento. Mas evite enfatizar um aspecto normal de seu relacionamento íntimo, para que não se sintam pressionados.

CAPÍTULO 4

GESTAÇÃO MÚLTIPLA

Como Proporcionar um Começo de Vida Saudável para os Bebês

A gravidez é um momento de ansiedade para todas as mães, mas é ainda maior para aquelas que esperam gêmeos ou mais. Na verdade, há mais com o que se preocupar: "Será que os bebês serão saudáveis? Nascerão antes da hora?" A saúde e o bem-estar da mãe também causam preocupação: "De que tamanho vou ficar? Será que esta gravidez será diferente da anterior? Minha saúde continuará perfeita? E o parto?"

Se você já vivenciou uma gravidez de apenas um feto, provavelmente achará a gravidez múltipla diferente. Primeiro: você realmente ficará maior – e logo no início da gravidez, ao contrário do que acontece quando esperamos apenas um bebê, porque múltiplos crescem rapidamente durante o segundo trimestre. Segundo: você provavelmente terá maiores desconfortos associados à gravidez, incluindo-se azia, hemorróidas, varizes, fadiga e náusea. Terceiro: você também corre um risco maior de parto prematuro.

A EQUIPE MÉDICA

Nós precisamos confiar que a equipe médica – seja o obstetra, a parteira ou o assistente do médico – tenha conhecimentos sobre gestações múltiplas e possa nos orientar durante uma possível gravidez de alto risco. Temos direito ao melhor tratamento para nós e para os bebês durante a gestação e depois. É hora de escolher o tratamento médico e uma equipe que entendam nossas necessidades.

Não é o momento de ficar preso a um médico que acha que gêmeos "não são nada de mais", que tenta limitar seu ganho de peso porque foi isso que ele aprendeu décadas atrás, ou que se recusa a prestar atenção quando você explica por que acha que está grávida de gêmeos.

A ESCOLHA DO OBSTETRA

Aqui estão algumas perguntas a serem feitas quando estamos escolhendo um obstetra:

☆ Quantos partos múltiplos você faz por ano? (Cerca de cinco é suficiente.) Qual é a duração média da gestação de gêmeos e trigêmeos sob seus cuidados nos últimos anos?

☆ Você recomenda consultas mais freqüentes no pré-natal para gestações múltiplas do que para únicas?

☆ Como você reduz a probabilidade de parto prematuro em gestações múltiplas?

☆ Quando e como você diagnosticará o número de placentas e córions? A ultra-sonografia detalhada será usada? Posso ter certeza de que logo após o parto as placentas serão enviadas imediatamente ao laboratório de patologia para exame completo e verificação do diagnóstico e confirmação da zigosidade?

☆ Você pode me explicar como o número de placentas e córions influencia o nível de risco? Como você controla esses riscos?

☆ Você nos dará orientações nutricionais específicas para gestação múltipla?

☆ Você recomenda livros relevantes sobre o assunto?

☆ Você pode nos colocar em contato com algum grupo de apoio aos pais imediatamente?

☆ Que sintomas indicariam complicações nesta gravidez? (Uma resposta aceitável incluiria todos ou a maioria dos seguintes: dores precoces de parto, dor lombar, febre, fôlego curto.)

☆ Nós teremos ao menos uma consulta pré-natal com um perinatologista de alto risco? (O perinatologista sabe determinar o número de placentas e córions, além de avaliar os riscos.)

☆ Você usa gráficos de crescimento específicos para nascimentos múltiplos para avaliar o crescimento pré-natal de gêmeos ou mais? (Gráficos de crescimento específicos para nascimentos múltiplos, tanto para mensurações de ultra-sonografia quanto de altura do fundo uterino, são encontrados na literatura.)

☆ Haverá um perinatologista presente ou de plantão durante o parto? (Caso contrário, deve-se pensar seriamente em dar à luz em um centro médico maior com um perinatologista de plantão.)

Se você não estiver satisfeita com alguma resposta a essas perguntas, procure outro obstetra. Se sua localização ou plano de saúde limita a escolha de médicos, prepare-se para fazer ao menos uma visita a um centro médico maior para ser examinada por um perinatologista. Se ele identificar riscos especiais, certamente estará disponível para orientá-la ou cuidar do caso.

A ESCOLHA DO PEDIATRA

Enquanto selecionamos e avaliamos o obstetra, é um ótimo momento para escolhermos o pediatra ou clínico geral. Se você tem outros filhos, talvez já esteja satisfeita com o pediatra deles, mas, se ficar com o mesmo ou escolher outro para os múltiplos, é bom analisar bem a questão. O pediatra será seu parceiro no desenvolvimento e saúde de seus filhos nos anos seguintes, e sua paz de espírito dependerá do relacionamento e com esse profissional e da confiança nele.

Aqui estão algumas perguntas que devem ser feitas para que você tome uma decisão:

☆ Seus amigos e conhecidos que têm gêmeos recomendam algum profissional? Pergunte por que eles o escolheram.

☆ Caso exista uma organização de pais de gêmeos na sua região, verifique se ela recomenda médicos especializados em gestação de múltiplos?

☆ Pergunte aos médicos que você está escolhendo quantos pacientes em seu consultório são famílias com múltiplos.

☆ Esse médico concorda com você quanto à amamentação de múltiplos? Ele apoiará seus esforços?

☆ Você tem a impressão de que esse médico será sensível aos sentimentos dos múltiplos à medida que eles crescerem? Ele será capaz de distingui-los, lembrar os nomes, e ter sensibilidade para comentar diferenças no crescimento e desenvolvimento?

☆ Pergunte ao médico e à sua equipe se há alguma coisa que eles podem fazer para facilitar sua ida ao consultório. Talvez eles se disponham a marcar as consultas em horários de menor movimento, ou a enviar alguém ao estacionamento para ajudá-la a levar os trigêmeos ao consultório.

Lembre-se também de que, embora a reputação e as credenciais profissionais sejam importantes, não são suficientes. Uma química positiva entre você e o médico é importante, independentemente de seus filhos serem múltiplos ou não, e que um bom relacionamento entre ele e os bebês também deve se desenvolver.

Falei com uma mãe de gêmeos recém-nascidos que marcou consulta com um determinado pediatra recomendado pelo perinatologista. A atitude dele imediatamente causou repulsa nessa mãe. "Ele era muito arrogante", ela disse. "O telefone tocou enquanto estávamos conversando. Era uma mãe, preocupada com a doença do filho. Eu pude perceber que ela chorava. O médico gritou com a enfermeira por ter passado a ligação, e, após gritar com a mãe, desligou. Depois, com voz doce, voltou a falar comigo. Eu saí e procurei outro profissional para os meus bebês."

Quando consultar o pediatra, não se esqueça de solicitar o cartão de vacinas, porque terá que planejar as visitas ao consultório com antecedência – não é uma tarefa fácil quando se tem os braços cheios de bebês.

A GESTAÇÃO SAUDÁVEL

Assim que escolher um bom obstetra, suas principais tarefas durante a gravidez serão obter a nutrição adequada, o repouso suficiente e ficar atenta aos sinais de parto prematuro.

O período gestacional médio para apenas um bebê é de 40 semanas. Para gêmeos, 37 semanas é considerado gestação a termo, mas 39 semanas é ótimo. Múltiplos geralmente despendem menos tempo no útero do que os outros bebês, talvez porque exista um limite de quanto o útero pode se distender antes de o parto começar. Portanto, além de gêmeos terem que compartilhar os nutrientes disponíveis durante a gestação, eles também têm menos tempo, em média, para se desenvolverem.

Visto que a prematuridade real e o baixo peso ao nascerem (menos de 2,5 kg) são considerados fortes prognosticadores de problemas de saúde, o segredo durante a gestação múltipla é impedir que os bebês nasçam cedo demais. Cada dia adicional é precioso, assim como cada grama.

DIETA

"Antes de descobrirmos que teríamos gêmeos, meu obstetra estava sempre me censurando por eu engordar muito", me contou uma mãe. "Eu estava faminta o tempo todo e comia constantemente para conseguir me manter. No quinto mês, eu estava tão grande que ele fez uma ultrasonografia para determinar a data do parto, pensando que eu tivesse errado a data da concepção. Quando o médico viu que eram gêmeos, ele decidiu que, afinal de contas, eu não estava comendo em excesso."

Os bebês dessa mãe nasceram com 39 semanas, pesando quase 3 kg cada, e com saúde excelente. Ela ganhou quase 30 kg (e os perdeu naturalmente enquanto amamentava os gêmeos). Ela seguiu os sinais do corpo para ingerir grandes quantidades de alimentos saudáveis.

Acredita-se que a nutrição inadequada seja a principal causa de parto prematuro e baixo peso de múltiplos ao nascerem. Até recentemente, os médicos aconselhavam limites ao ganho de peso pré-natal, inclusive na gestação gemelar. Porém, alguns estudos indicam que, quando as mulheres são incentivadas a comer bem, sem limitar o ganho de peso, elas – como essa mãe – quase sempre têm bebês saudáveis, a termo.

Um determinado estudo constatou que, quando as mulheres estavam abaixo do peso ou na média antes de engravidarem, o peso ganho correlacionava-se claramente com o resultado; ou seja, quanto mais peso ganhavam, maiores eram os bebês e mais tarde nasciam. Essa relação foi menos óbvia para mulheres com excesso de peso antes da concepção.

As diretrizes mais recentes, publicadas no boletim da American Dietetics Association, recomendam que mulheres abaixo do peso esperando gêmeos ganhem de 20 a 22 kg, as de peso médio, entre 17 a 20 kg, e as obesas, entre 11 e 17 kg.

As recomendações para trigêmeos são de 22 a 27 kg para mulheres abaixo do peso, 20 a 25 kg para as de peso médio, e entre 16 a 20 kg para as obesas.

O ganho de peso para o sucesso da gestação múltipla é tão importante que ele não pode esperar – tem que ocorrer no início de uma gravidez que pode, ou não, chegar a termo. Portanto, é importante comer bem desde o início, mesmo se seu apetite não estiver muito bom.

Obviamente, esse ganho de peso deve resultar de uma dieta rica em nutrientes essenciais. Você pode esperar dobrar o consumo de proteínas, entre 120 e 150 gramas diariamente, e aumentar o de carboidratos e gorduras proporcionalmente. A recomendação normal de proteínas para gestação única é 60 gramas diárias. Um estudo canadense recomenda que as mães aumentem o consumo protéico diário em 50 gramas por bebê. Nutricionistas podem lhe dar uma ajuda valiosa no planejamento de um cardápio pessoal que atenda às suas necessidades específicas, seguindo suas preferências alimentares.

À medida que a gravidez progride, nos sentimos menos capazes de fazer compras e preparar pratos complexos. Ao mesmo tempo, temos mais dificuldade em comer mais do que pequenas quantidades de cada vez. Ainda assim, podemos preencher nossas necessidades dietéticas com refeições pequenas e freqüentes.

Sopas, por exemplo, de verduras, lentilhas e ervilhas são nutritivas e práticas. Você pode preparar um copo de liquidificador cheio de milk-shake, de alto teor protéico, e guardá-lo na geladeira. Durante o dia, podemos lambiscar alimentos preparados com antecedência: verduras e frutas, castanhas, ovos cozidos, cubinhos de queijo, tofu, iogurte e homus.

Quando estava grávida das gêmeas, a enfermeira do meu obstetra disse-me que eu estava ganhando peso com muita rapidez e instruiu-me a parar de beber leite. Quando contei ao meu marido, ele me entregou a caixinha de leite, que bebi de uma só vez. Obviamente, meu corpo sabia de suas necessidades mais do que a enfermeira.

Mulheres esperando gêmeos têm enorme necessidade de nutrientes. Elas ficam famintas, e por um bom motivo.

REPOUSO E REPOUSO ABSOLUTO

"Estou grávida de cinco meses de gêmeos. O médico disse que no próximo mês tenho que deixar o trabalho, e depois devo ficar em repouso absoluto até o parto. Como vou cuidar do meu filho de 2 anos de idade e da casa se vou ficar de cama durante dois ou três meses? Isso é mesmo necessário?"

Ainda não se sabe ao certo sobre os benefícios do repouso absoluto durante longos períodos para grávidas. O raciocínio é que atividades, sobretudo caminhar e erguer pesos, causam pressão vertical sobre a cérvice uterina, dificultando a continuação da gestação múltipla a termo.

Para mulheres com fortes fatores de risco para parto prematuro, o repouso absoluto pode acrescentar semanas à gestação dos bebês. Contudo, talvez não seja necessário em *todas* as gestações múltiplas; pesquisas recentes mostram conclusões conflitantes.

Certamente, a redução nas atividades e bastante repouso são essenciais, mas o repouso absoluto talvez não. A mulher que acabamos de citar precisaria explicar o motivo pelo qual o médico exigiu repouso absoluto. Talvez sua história clínica ou os detalhes da gravidez o tenham levado a essa recomendação. Se nos disserem que o repouso absoluto é necessário em nosso caso, precisamos obter uma explicação completa do motivo e entender exatamente o que podemos ou não fazer.

O termo *repouso absoluto* engloba uma série de limitações. A forma mais suave é o que poderíamos chamar de "prisão domiciliar" – ficar em casa, mas com liberdade normal de movimentos. Comumente, a grávida fica confinada à própria cama. Ela pode se sentar na cama, ou ter que ficar deitada de costas. Às vezes, ela tem permissão para ir ao banheiro, ou talvez precise usar a comadre. A forma mais grave é a hospitalização, talvez com medicação intravenosa contínua para inibir o trabalho de parto.

Contudo, quaisquer que sejam os motivos, se o repouso absoluto for recomendado e justificado, as mães enfrentarão um problema logístico. A família terá que rever os planos de apoio. Será necessário solicitar ajuda voluntária antes da hora, ou mexer no orçamento para contratar alguém para ajudar.

O repouso absoluto é difícil para a família, para a saúde geral da mãe se o corpo perder o tônus muscular, e para seu bem-estar emocional. Se você for forçada a permanecer inativa, acabará sentindo-se como uma incubadora humana, presa a um lugar enquanto sua mente vaga incansavelmente, pensando sobre todas as coisas que precisam ser feitas. Você acaba usando a licença-maternidade antes de os bebês nascerem.

Seu parceiro, e outros familiares e amigos, podem ou não ser compreensivos. É importante para eles validarem o que você está fazendo e não pensarem que você está sendo preguiçosa.

Aqui estão algumas sugestões para facilitar as coisas:

☆ Você ficará mais tranqüila se os ajudantes cuidarem das tarefas que você considera essenciais.

☆ Com aprovação da equipe médica, faça exercícios leves ou isométricos que ajudem a manter sua musculatura razoavelmente forte.

☆ Faça meditação. Mantenha pensamentos positivos sobre o que seu corpo em repouso está fazendo para o bem-estar dos bebês. Visualize-os crescendo cada dia mais fortes e saudáveis.

☆ Faça um esforço para evitar assuntos que estimulem preocupações. Deixe seu parceiro ler sobre riscos da gravidez e transmitir as informações a você. Não é o momento de ficar pensando na história de tia Gertrude sobre os gêmeos incapacitados da vizinha dela.

☆ Procure uma atividade produtiva. Experimente bordar, fazer colchas de retalho ou costurar para os bebês – qualquer coisa que você possa fazer na cama. Se você tem filhos mais velhos, envolva-os – compartilhar determinada atividade animará todo mundo.

☆ Escreva um diário. Se começar agora, enquanto tem tempo, poderá continuá-lo à medida que os bebês crescem. Depois que eles nascerem, você estará atarefada, mas pode reservar alguns minutos, de vez em quando, para registrar uma lembrança maravilhosa. Você também poderá usá-lo para registrar seus dias ruins, e posteriormente conseguirá vê-los sob outra perspectiva.

☆ Coloque-se em dia com a leitura.

☆ Mantenha contato com outra pessoa na mesma situação, por telefone, cartas ou correio eletrônico (se puder acomodar o computador na cama).

Embora seja difícil entendê-lo na época, há um benefício no repouso total em casa, sobretudo quando temos filhos mais velhos. Esse período, gradativamente, retira a mãe do centro do palco doméstico, permitindo que a família se acostume a fazer mais sem ela. Isso diminui o impacto de sua imersão nos cuidados com os bebês quando eles chegarem.

EXERCÍCIO PRÉ-NATAL

Se você está ou não oficialmente em repouso absoluto, poderá se beneficiar ao manter o corpo o mais saudável possível durante a gestação. À medida que a gravidez prossegue, o esforço sobre os músculos abdominais e a pelve aumenta. A capacidade de mover-se com facilidade diminui e os músculos maiores perdem a tonicidade.

Mas, quanto mais em forma você ficar durante a gravidez, mais saudável será e mais rápido recuperará, após o parto, a condição física que tinha antes de engravidar. Se era ativa antes de engravidar, poderá continuar com alguma forma de exercício. Não importa o que você vai fazer, é fundamental consultar o médico sobre o programa de exercício adequado durante a gravidez. A gestação múltipla não é o momento de impor ao corpo o esforço descomunal de uma rotina de exercícios. Você se sente cansada, o que significa que seu corpo está lhe dizendo para descansar.

Exercícios leves, possíveis de serem feitos enquanto estamos descansando na cama, ajudam bastante. Exercícios de Kegel tonificam a pelve. Finalmente, lembre-se de manter a postura. O aumento no peso do abdome forçará as costas. Mantenha o pescoço reto e o queixo para dentro, para que o corpo fique ereto. Abaixe os ombros, contraía o abdome e as nádegas e incline a pelve para trás.

RECONHECIMENTO E PREVENÇÃO DO PARTO PREMATURO

Quando estamos grávidas de gêmeos, a meta é chegar o mais perto possível da gravidez a termo. Contudo, para gêmeos, isso geralmente representa duas ou três semanas a menos do que na gestação única.

Isso significa que cada semana adicional na continuação da gravidez traz enormes vantagens aos bebês, fazendo diferença não só na probabilidade de sobrevivência, mas também nas chances de um nascimento saudável.

Mesmo se o repouso absoluto não for recomendado no seu caso, é aconselhável repousar o máximo possível e reduzir atividades exaustivas, sobretudo após as vinte semanas. Recomenda-se repousar pelo menos três vezes ao dia, durante uma hora, sobre o lado esquerdo (repousar desse lado facilita a circulação sangüínea). Beba bastante água o dia todo. Não espere até sentir sede. Tente evitar trajetos longos, trabalho pesado ou mudar de residência nessa época.

Além disso, é obviamente importante que você conheça os sintomas do parto prematuro e fique preparada para procurar o médico assim que os sentir. Conversei com mulheres que deram à luz gêmeos prematuros depois de ignorarem contrações que consideraram ser "alarme falso". Por que não chamaram o obstetra? "Ah, não pensei que fosse grave", elas disseram. Ou "Eu sei como são as dores do parto, e essas eram diferentes."

É importante saber que podemos ter contrações relevantes sem dor, e que devemos buscar orientação médica assim que elas ocorrerem. É essencial receber do médico instruções para automonitoramento e entendê-las perfeitamente.

Fique atenta para os sinais que apresentamos aqui; eles podem ser um alerta do início de parto prematuro. Se você os perceber, deite-se e coloque a mão sobre a parte inferior do abdome para sentir o enrijecimento do útero, o que significa que ele está contraindo. Então chame o médico.

- ☆ Dor lombar irritante
- ☆ Dores semelhantes a cólicas menstruais
- ☆ Pressão pélvica
- ☆ Dor abdominal, com ou sem diarréia
- ☆ Possíveis contrações
- ☆ "Mal-estar"

Os próximos sintomas são sinais perigosos, indicativos de parto prematuro. Se os sentir, procure imediatamente o hospital.

☆ Água vazando da vagina

☆ Sangramento vaginal

☆ Contrações que vêm a cada 10 minutos, ou menos, durante 1 hora.

Quando a equipe médica diagnostica sinal de parto prematuro, você poderá ser encaminhada ao hospital ou tratada como paciente ambulatorial. A seguir estão as técnicas para monitoramento ou tratamento do parto prematuro.

☆ Monitoramento externo, usando um mecanismo que possa ser empregado em casa, permite a coleta de dados sobre as contrações, transmitindo-os ao médico

☆ Há medicamentos orais ou intravenosos, que ajudam a inibir o trabalho de parto

☆ Terapia de bombeamento subcutâneo administra esses medicamentos com maior eficiência e pode ser usada em casa

SOBRE AULAS PARA GESTANTES

Em conseqüência da probabilidade de repouso absoluto ou parto prematuro, é uma ótima idéia matricular-se em aulas preparatórias para o parto logo no início.

Tente freqüentar aulas do quarto ao sexto mês (e não no sétimo, como seria comum na gravidez de apenas um bebê). Procure aulas específicas para gestações múltiplas. Se não as encontrar em sua cidade, veja se são oferecidas em hospitais universitários, mas mesmo uma aula geral é melhor do que nenhuma.

Visto que você poderá ter um parto prematuro, veja se a aula inclui uma visita à Unidade de Terapia Intensiva Neonatal (UTI Neonatal).

DESCOBRINDO A ZIGOSIDADE DE SEUS MÚLTIPLOS

Existem inúmeras razões para conhecermos a zigosidade dos múltiplos – sejam eles monozigóticos, dizigóticos ou (em múltiplos de ordem superior) uma combinação dos dois. Acredito que eles têm o direito de saber o máximo possível sobre si mesmos, e analisaremos esse aspecto no Capítulo 8. Mas, fora isso, existem benefícios para a saúde também.

Gêmeos monozigóticos são doadores perfeitos de sangue e órgãos entre si. Essa informação pode salvar a vida deles em uma emergência. Além disso, pais que entendem que os gêmeos monozigóticos provavelmente apresentam padrões similares de desenvolvimento ficarão atentos a possíveis problemas quando um dos gêmeos se atrasar em relação ao outro. E o surgimento de uma doença grave em um dos gêmeos monozigóticos pode ser um alerta precoce, permitindo o tratamento preventivo do outro, reduzindo, assim, os riscos.

DIAGNÓSTICO ANTES DO NASCIMENTO

Por meio da ultra-sonografia, é possível descobrir se os gêmeos têm uma ou duas placentas durante os primeiros meses de gestação. Se existirem duas, eles podem ser monozigóticos ou dizigóticos. Se houver apenas uma, eles são monozigóticos, e devem ser monitorados atentamente em relação aos riscos e dificuldades apresentados no Capítulo 1. Infelizmente, esse ainda não é o padrão de procedimento em gestações gemelares. Veja se seu médico está ciente da importância de verificar a existência de uma placenta compartilhada. Avanços no controle clínico da gestação gemelar reduzem os riscos da síndrome da transfusão feto–fetal e outros.

DIAGNÓSTICO APÓS O NASCIMENTO

Talvez não seja possível saber a zigosidade dos bebês antes do nascimento. Existem diversos métodos para fazer essa determinação após o nascimento, como a seguir:

☆ *Inspeção de placenta(s).* A antiga prática de simplesmente contar o número de placentas após o nascimento para determinar a zigosidade está desacreditada. Contudo, a inspeção cuidadosa por patologista treinado pode determinar a zigosidade com bom grau de exatidão em alguns casos, mas não em todos.

☆ *Visual.* Quando bebês do mesmo sexo têm forte semelhança ao nascerem, é tentador supor que sejam monozigóticos. Mas a aparência não é um medidor exato nesse estágio. Múltiplos dizigóticos apresentam maior probabilidade de terem pesos similares ao nascerem do que os monozigóticos. Visto que as diferenças no peso de nascimento têm tremendo impacto sobre a aparência dos recém-nascidos, é possível que múltiplos dizigóticos se pareçam mais ao nascerem do que alguns meses depois, e que múltiplos monozigóticos se pareçam menos do que no futuro.

☆ *Tipo sangüíneo.* Com um nível de exatidão de cerca de 97%, a comparação de fatores sangüíneos era o teste mais exato de zigosidade existente antes do desenvolvimento do exame de DNA.

☆ *Teste de DNA.* Esta é a técnica mais recente para determinação da zigosidade. Ela compara seqüências de DNA – a constituição genética de gêmeos. É 99% exato quando realizado corretamente, e, à medida que a técnica é aprimorada, cientistas esperam atingir 100% de confiabilidade. Este método é menos invasivo e oneroso do que a amostragem sangüínea.

APÓS O NASCIMENTO DOS BEBÊS

Seja seu parto normal ou cesariana, você acaba se sentindo desconfortável após o nascimento dos bebês. O desconforto físico será semelhante àquele experimentado no parto de um único bebê – é temporário e geralmente melhora a cada dia.

No lado positivo, você se sente muito mais leve depois que os múltiplos nascem. Se os bebês forem a termo, você provavelmente carregará no mínimo 5 ou 6 kg dos bebês a menos, mais o peso das placentas.

Após o parto, a redução de pressão sobre os órgãos e articulações é um grande alívio.

Mas seu corpo ainda está submetido aos esforços impostos pela gestação múltipla. Na maioria das vezes, os músculos ao longo da linha média do abdome separam-se, ou tornam-se "abertos". Geralmente a situação é corrigida com exercícios pós-parto. Contudo, a menos que os bebês sejam muito pequenos, o abdome provavelmente se distendeu mais do que se tivesse apenas um bebê. Para algumas mulheres, isso pode ser perturbador. "Eu me senti como um zepelim esvaziando" – foi a reação de uma mãe depois que os gêmeos nasceram. Algumas mulheres que não conseguem perder a "barriga de gêmeos" acabam optando, mais tarde, pela cirurgia plástica.

Se você reconquista ou não as formas esguias anteriores, haverá sempre o benefício de recuperar a boa forma o mais rápido possível após o nascimento dos gêmeos. Afinal, cuidar deles é trabalho árduo, e precisamos de um corpo forte e saudável para enfrentá-lo.

CAPÍTULO 5

PEQUENAS MARAVILHAS

Múltiplos Prematuros

No Capítulo 4, falamos sobre as medidas que podemos tomar para reduzir as chances de nascimento prematuro dos gêmeos: bom pré-natal, nutrição e repouso adequado e entendimento dos sinais de trabalho de parto prematuro.

Neste capítulo, analisaremos mais detalhadamente *por que* é tão importante para os bebês nascerem o mais perto possível do tempo certo. Quanto mais bem desenvolvidos eles estiverem ao deixar o útero, melhores as chances de saúde perfeita. Cada dia extra faz diferença.

A gestação média para um único bebê dura cerca de 40 semanas, e a maioria ao nascer pesa entre 2,7 e 3,6 kg. Bebês nascidos antes de 37 semanas são considerados pré-termos, ou prematuros; os que pesam menos de 2,5 kg são considerados de baixo peso de nascimento (e geralmente também são prematuros).

O quadro muda com o nascimento múltiplo. O índice de prematuridade para todos os bebês nascidos nos Estados Unidos é de cerca de 11%, e o índice de baixo peso de nascimento é de 7%. Para gêmeos, os índices de prematuridade e baixo peso de nascimento sobem para cerca de 50%. Conseqüentemente, a probabilidade de parto prematuro e baixo peso de nascimento aumenta com o número de bebês. Com trigêmeos, ambos os índices são de 90%, e para quádruplos e outros, de 100%.

Esse número é realmente surpreendente – significa que no mínimo metade de gêmeos e outros múltiplos nascem prematuramente, e isso redefine por completo o que é "média" ou "comum". Obviamente, a preparação para o nascimento prematuro e a compreensão de suas implicações são essenciais para pais esperando mais de um bebê, porque o nascimento prematuro e o baixo peso ao nascer representam risco altamente significativo para a incapacidade e os problemas de saúde.

Se a notícia ruim é o índice de prematuridade e o tamanho pequeno entre múltiplos, então a boa é que nascer pequeno e um pouco mais cedo em conseqüência de uma gestação múltipla não é tão ruim quanto o nascimento prematuro por outros motivos.

Por exemplo, um único bebê pode ser prematuro em conseqüência da nutrição materna deficiente, toxemia, ou outras complicações da gravidez. Embora esses fatores possam ocorrer também em gestações gemelares, é mais comum os gêmeos nascerem pequenos após um período pré-natal saudável. Eles são pequenos porque estão sem espaço no útero, que atinge sua capacidade máxima.

MANTENHA UM BOM ESTADO DE ESPÍRITO

Analisemos o lado positivo da situação. Suponhamos que sua gravidez foi tranqüila, cuidadosamente monitorada pela equipe médica. Você se alimentou, repousou bem e ganhou peso suficiente. Subitamente, na 37ª semana, você entra em trabalho de parto e cada bebê nasce pesando 2,7 kg. Tecnicamente, eles são prematuros – mas provavelmente iniciam a vida melhor do que um único bebê nascido com o mesmo peso e na mesma época.

Na verdade, pesquisas recentes mostram que bebês múltiplos têm uma vantagem de sobrevivência durante o segundo trimestre. Nesse período, eles amadurecem mais rapidamente que os outros bebês – uma bênção, porque podem não chegar ao mês ou meses finais de gestação.

A prematuridade ainda é um fator de risco para esses bebês, mas o prognóstico para bebês pequenos melhorou incrivelmente nas últimas décadas. Por exemplo, a síndrome da angústia respiratória do recém-nascido era fatal em 70% das vítimas. Agora esse índice é de 15% ou menos.

Se os bebês forem prematuros, talvez nenhum tratamento incomum seja necessário além da observação na UTI Neonatal, onde ganharão peso. Contudo, é importante estarmos preparados para o desafio. A prematuridade pode ser grave, e dedicamos este capítulo a suas causas e prevenção, o que ela pode significar para o futuro dos bebês e o que as famílias vivenciam quando os filhos nascem tão pequenos.

BAIXO PESO DE NASCIMENTO E AS CONSEQÜÊNCIAS PARA A SAÚDE

Em um determinado estudo, os melhores resultados para bebês múltiplos (definidos como sobrevivência além do primeiro ano de vida) ocorreram quando nasceram entre 37 e 39 semanas (bebês negros apresentaram melhores resultados entre a 37ª e 38ª semanas, e os brancos, na 39ª).

Considerando-se todas as condições iguais, quanto maior o peso, melhor o prognóstico. Bebês prematuros com mais de 1.500 g têm cerca de 85% de chance de sobrevivência, e 75% deles não apresentam incapacidades.

Os menores bebês – entre 0,5 e 1 kg – têm apenas 50% de chance de sobrevivência, com 25% de chance de problema clínico crônico ou incapacidade entre os que sobrevivem. Os índices de sobrevivência aumentam com o peso; mais de 98% dos bebês entre 1,1 e 2,5 kg sobrevivem.

Esses números estão mudando em conseqüência do rápido progresso nesta área e, assim, o prognóstico para os seus gêmeos pode ser melhor, mas é óbvio que, quanto mais tempo permanecem no útero, melhor.

O QUE OS PAIS DE MÚLTIPLOS PREMATUROS SENTEM

Aqueles bebezinhos não são os únicos que se sentem frágeis e vulneráveis em um momento como esse. As mães, os pais e toda a família podem ficar chocados, com medo, ansiedade e culpa. Como já dissemos neste livro, esses sentimentos são naturais, e é melhor quando os reconhecemos e nos preparamos para enfrentá-los.

Pais que têm bebês prematuros, múltiplos ou não, dizem que a experiência mexe muito com o lado emocional. Você, como mãe, está se recuperando hormonal e fisicamente do estresse do parto, e dos longos meses de tensões no corpo. Talvez você tenha ficado em repouso absoluto e, conseqüentemente, suas condições físicas estão precárias. O pai sente-se inútil e preocupado com o bem-estar dos recém-nascidos e da esposa. Pode ser que você saia do hospital com os braços vazios, ou com apenas um dos bebês.

Obviamente, você necessita de apoio nesse momento. E um dos melhores apoios, segundo pais de múltiplos prematuros, é o incentivo, a informação e o conhecimento.

Se possível, pais esperando múltiplos devem pensar em visitar a UTI Neonatal para ver como são esses bebezinhos e aprender alguma coisa sobre o tratamento, procedimentos e equipamentos. Seus bebês talvez nunca precisem ficar ali, mas é útil visitar com antecedência caso isso aconteça. Também ajuda bastante ver bebês no berçário comum que foram transferidos da UTI Neonatal.

Além disso, devemos saber o que esperar à medida que os múltiplos prematuros crescem. São necessárias informações específicas do pediatra e das enfermeiras sobre os prognósticos dos bebês, procedimentos recomendados e o que podemos esperar.

Na maioria das vezes, bebês prematuros necessitam apenas de mais alguns dias ou semanas no ambiente com temperatura controlada da UTI Neonatal para que os sistemas biológicos que regulam a temperatura corporal, regulam a respiração e permitem ao bebê aprender a se alimentar oralmente possam se desenvolver um pouco mais. O prognóstico para esses bebês é quase sempre muito bom.

Aqui estão algumas reações comuns dos pais:

☆ *Culpa.* "Sinto que fiz isso a eles – que causei esta situação. E que os magoava ainda mais ao permitir que fizessem todos esses procedimentos."

"Eu ficava tentando me lembrar de todas as coisas que não fizera, ou deveria ter feito, durante a gravidez. Saí muito da cama no último mês. Consertei o quarto da minha filha mais velha em vez de repousar."

Os pais sentem-se pouco à vontade com os próprios sentimentos ambivalentes em relação aos bebês frágeis. Às vezes, não há a sensação imediata de vínculo. Em outros casos, os bebês parecem tão frágeis, e o prognóstico é tão incerto, que os pais ficam imaginando se não seria melhor se eles não vivessem, e esse pensamento desconcertante geralmente é seguido por culpa ainda mais profunda.

☆ *Raiva.* "Fiquei com raiva de mim mesma e da equipe por machucarem os bebês – fiquei com raiva de Deus."

☆ *Torpor.* "Eu não conseguia criar vínculo, não conseguia me importar com eles – os bebês não pareciam ser meus."

☆ *Pesar.* Por negligenciar o filho mais velho, ou o múltiplo mais saudável, em favor do bebê mais frágil.

O QUE FAZER COM ESSES SENTIMENTOS

Não espere para dar nomes aos bebês. Alguns pais acham difícil se "comprometerem" com recém-nascidos tão doentes, temendo o pior. Mas você se apegará mais facilmente, e os bebês reagirão melhor, quando você conversar com eles carinhosamente, chamando-os pelo nome.

Saiba que esse conjunto de emoções difíceis é natural. Sua trajetória normal de emoções de mãe de primeira viagem foi perturbada pelo nascimento prematuro, e o processo de criação de vínculos será diferente daquele que você vivenciou com bebês a termo. Com o tempo, seus sentimentos se estabilizam. Logo, você passará a amar e curtir os bebês. Se existirem dificuldades e problemas, você os enfrentará à medida que surgirem, vencendo-os.

Procure alguém que possa ouvir e apoiar você, alguém com quem você possa compartilhar medos e esperanças. Pode ser o seu parceiro, mas talvez você prefira desabafar fora da família. "No parto anterior, "segurei" minha ansiedade, não a admiti e entrei em depressão", disse uma mãe de gêmeos prematuros, que tem outros dois filhos mais velhos. "Desta vez, conversei com minha família sobre a ansiedade. Eu percebi que era normal senti-la, e isso impediu que eu entrasse em depressão novamente."

Tente apoiar seu parceiro. Na maioria das vezes, temos a impressão de que a mãe se preocupa com os bebês e o pai, com a mãe – mas isso não quer dizer que ele também não esteja preocupado com os bebês. O pai pode pedir à mãe que "relaxe", porque ele está preocupado com ela. Mas a mãe pensa: "Se eu relaxar, ninguém vai se preocupar com os bebês – e minha preocupação é a única coisa que os mantém vivos".

É melhor que o mais forte – mãe ou pai – tente incentivar a saúde mental do outro. Por exemplo, o pai preocupado pode dizer à esposa: "Do que você precisa e quando¿" Ela responde: "Tenho que passar um dia inteiro, ininterrupto, com os bebês no berçário do hospital". O marido poderia responder à mesma pergunta da seguinte maneira: "Preciso saber se você sobreviverá a isso, que estará aqui, viva, quando essas crianças crescerem. Tenho que ver minha esposa se alimentando e descansando um pouco."

Evite, se possível, pessoas insensíveis que fazem com que você se sinta pior. "Eu lhe avisei que deveria parar de fumar", diz um certo familiar, ou: "Se você tivesse parado de trabalhar antes". Certamente, você não buscará a companhia de pessoas que dizem coisas desagradáveis. Contudo, talvez essas pessoas sejam seu pai ou sua irmã, e você não pode se afastar deles quando mais necessita de seu apoio.

Portanto, é melhor deixar esses comentários de lado e tentar não se ofender com isso. Muitas vezes, os comentários surgem da dor ou preocupação de nossos entes queridos. O que eles realmente querem dizer é: "Eu não queria que isso acontecesse".

Faça aquilo que a deixa se sentir melhor. Uma mãe se desesperou tentando retirar leite dos seios quando estava muito fraca, e era bastante difícil levar o leite ao hospital. Para outra, porém, isso era tudo de que ela precisava. "Retirar leite dos seios era parte da maneira como eu encarava a situação, um jeito de evitar a ansiedade", ela comentou. "Eu dizia a mim mesma que eles teriam o que necessitavam."

Se os bebês estiverem no hospital e você em casa, reserve alguns momentos para se afastar de tudo – saia para jantar com o marido, exercite-se, vá ao museu, tome um banho de sais relaxantes, leia um livro. Muitos pais sentem-se culpados ao fazerem algo agradável durante esse momento crítico, mas em longo prazo essas atividades ajudarão vocês a cuidar dos bebês. Nos anos seguintes, você raramente terá tempo para uma noite tranqüila em um restaurante. Fazê-lo agora é usar bem o tempo, enquanto você espera pelo crescimento dos bebês.

PROBLEMAS LOGÍSTICOS

A vida se complica quando bebês múltiplos estão hospitalizados. Às vezes, é necessário que fiquem em dois hospitais distintos. Considere como é a vida familiar quando a mãe, que está se recuperando do estresse da gestação e do parto, tem que se deslocar a dois hospitais diariamente, para visitar e talvez amamentar os bebês. E ela ainda pode ter outros filhos necessitando de sua presença em casa.

Uma mãe entrou em trabalho de parto prematuro quando o marido já estava hospitalizado, passando por uma cirurgia. Ela foi levada a um outro hospital, e os bebês foram transferidos para um terceiro.

Para mães que esperavam amamentar, há a crise repentina de como desenvolver e manter um suprimento de leite para bebês que podem, ou não, mamar. Apenas algumas décadas atrás, a idéia de leite materno para múltiplos prematuros (sem dizer a amamentação para quaisquer múltiplos) era praticamente inexistente. O leite em pó podia ser medido e esterilizado, administrado com ou sem a presença da mãe e, na opinião da maioria, ajudava os bebês a ganharem peso mais rapidamente.

Porém, hoje, o leite materno é reconhecido como benéfico para bebês prematuros por várias razões. O leite materno varia, em quantidade e composição, segundo as necessidades de crescimento dos bebês em questão. Quando eles são prematuros, produzimos leite – mas é um tipo específico, feito para atender às necessidades dos prematuros. E, mesmo que os bebês não consigam sugar, é aconselhável retirar o leite das mamas e manter o suprimento para quando eles estiverem maiores, mais velhos, e assim que puderem mamar. Mesmo antes que sejam capazes de sugar, os bebezinhos podem receber o leite materno por meio de gavagem – alimentação via oral por um pequeno tubo introduzido pelo nariz ou boca que transporta o leite diretamente para o estômago do bebê.

Contudo, o que isso significa logisticamente é que precisamos ir freqüentemente ao hospital para levar o leite, além de termos que retirá-lo das mamas para manter a produção e o suprimento.

Uma mãe descreveu assim a experiência: "Eu retirava o leite das mamas em casa, usando uma bomba elétrica de mama, e depois o levava ao hospital, onde era congelado para ser usado quando necessário. Assim que os bebês vieram para casa, eu tinha que os amamentar, retirar o leite das mamas com a máquina e lhes dar o extra na mamadeira porque eles não conseguiam sugar bem. Eu amamentava, retirava o leite e lhes dava a mamadeira a cada três horas, ininterruptamente."

COMO FACILITAR AS COISAS

Convoque o sistema de apoio para manter a estabilidade em sua casa. Seus ajudantes podem cuidar dos outros filhos, fazer compras ou simplesmente facilitar seus compromissos logísticos. Mas, visto que suas emoções estão muito frágeis, você precisa se cercar de pessoas que entendam sua situação e a façam se sentir bem. Posteriormente, quando os bebês estiverem fora de perigo, você poderá aceitar qualquer um disposto a ajudá-la.

Visite os bebês com a maior freqüência possível, mas entenda que em determinados dias você estará exausta e não há problema algum se apenas telefonar ao hospital para ter notícias.

Tire o máximo proveito dos restaurantes que entregam refeições em casa. Este não é o momento de economizar cozinhando, a menos que esse seja seu método preferido para redução de estresse. Se não há outros filhos, você e seu parceiro podem comer juntos na cantina do hospital ou em um restaurante próximo.

OS MÚLTIPLOS PREMATUROS NO HOSPITAL

Quando os bebês nascem prematuramente, o hospital necessita tentar recriar o ambiente do útero para que eles possam completar o desenvolvimento. Isso significa que precisam ser mantidos aquecidos, a respiração monitorada ou assistida de alguma maneira e eles têm que ser nutridos de uma forma que o sistema digestivo imaturo possa suportar.

RISCOS MÉDICOS ASSOCIADOS À PREMATURIDADE

É assustador analisar todas as complicações que podem surgir em múltiplos prematuros. Contudo, é importante reconhecer que a maioria dessas condições são corrigíveis ou tratáveis, e quase sempre requerem apenas um período de monitoramento intensivo. E é melhor familiarizar-se com as condições mais comuns.

☆ Icterícia neonatal – associada à função imatura do fígado.

☆ Apnéia da prematuridade – respiração irregular.

☆ Síndrome da angústia respiratória do recém-nascido (SARRN)– anteriormente denominada doença da membrana hialina do recém-nascido.

☆ Displasia broncopulmonar – degeneração do tecido pulmonar em conseqüência do tratamento prolongado com oxigênio ou ventilador. Isso significa que o bebê pode demorar mais a abandonar a ventilação pulmonar artificial.

☆ Retinopatia da prematuridade – doença dos vasos sangüíneos na retina que pode levar à cegueira se não for tratada.

☆ Anemia.

☆ Enterocolite necrotizante – bolsas de ar na parede intestinal, que podem causar perfuração. A cirurgia pode ser necessária para reparar o intestino danificado.

☆ Hemorragia intraventricular – sangramento nos ventrículos do cérebro. Coágulos sangüíneos podem levar ao acúmulo excessivo de fluido espinhal, causando complicações que requerem medicamentos ou cirurgia. Na maioria das vezes, o problema é resolvido com o tempo.

☆ Hérnia.

☆ Ducto arterioso permeável – deficiência no fechamento do ducto arterioso, que é uma abertura fora do coração, entre a artéria pulmonar e a aorta, que redireciona o sangue, desviando-o dos pulmões durante a gestação. Normalmente, no nascimento, o sangue é direcionado aos pulmões e o ducto se fecha, mas às vezes isso não acontece. O problema quase sempre se corrige sozinho; caso contrário, a correção é feita cirurgicamente.

CONHECENDO O TERRENO – E UMA NOVA LINGUAGEM

De acordo com a condição deles, os bebês poderão ser encaminhados à UTI Neonatal de nível II ou III. O nível mais elevado, geralmente em um hospital-escola, possui tecnologia mais sofisticada para o tratamento dos bebês mais doentes.

Considere a possibilidade de dar à luz em um hospital com Unidade Intensiva Neonatal de nível superior se você sabe que seu parto será prematuro, ou se houver alguma indicação de que os bebês necessitarão de cuidados incomuns. Caso contrário, se os bebês forem transferidos de hospital, você não poderá ficar perto deles antes de receber alta.

Quando múltiplos nascem prematuros, geralmente suas condições não são idênticas. Talvez um bebê seja grande o suficiente para ir com você para casa em alguns dias, enquanto o outro precisa ficar mais tempo no hospital. Dois ou mais bebês podem ficar na UTI Neonatal com problemas médicos distintos recebendo tratamentos específicos. Um ou mais bebês, em conseqüência de suas condições, talvez fiquem em outro hospital. Assim, se os pais de um bebê prematuro precisarem fazer um curso rápido em neonatologia, os pais de múltiplos prematuros necessitam fazê-lo duas vezes ou mais.

À medida que os bebês melhorarem, serão transferidos para o berçário comum. Embora essa transição indique progresso, você terá que conhecer a nova equipe e os procedimentos.

IDENTIFICANDO COMPONENTES DA UTI NEONATAL

Quando entramos na UTI Neonatal pela primeira vez, podemos pensar que estamos dentro de uma espaçonave, cercados por luzes reluzentes, fios, botões e monitores zunindo e soando.

Às vezes, os bebês ficam na incubadora (antigamente conhecida como incubadora), ou em camas aquecidas. Se necessitarem de ajuda para respirar, eles terão – dependendo da gravidade do problema – balão de oxigênio, tubo respiratório ou ventilador.

Os bebês podem ter conexões elétricas presas ao corpo, ou cabos, e as máquinas que monitoram a taxa de batimentos cardíacos, respiração e pressão sangüínea. Os cabos são presos à pele do bebê por meio de curativos com forma de discos, que são embebidos em gel e não machucam quando removidos.

Os bebês podem ficar sob "luzes biliares" para tratamento de icterícia. A terapia por luz quebra o acúmulo de bilirrubina na corrente sangüínea, que às vezes é necessária até o fígado imaturo ser capaz de desempenhar a tarefa sozinho. Quando os bebês ficam sob luzes, seus olhos geralmente ficam cobertos por motivos de proteção.

No meio de toda essa tecnologia, o bebê quase sempre parece pequenino e frágil. Não tem gordura subcutânea e a pele é delicada. Bebês de todas as raças às vezes não têm pigmentação. Se estiverem usando tubos respiratórios ou ventiladores, não conseguem chorar.

O PAPEL DOS PAIS NA UTI NEONATAL

O seu envolvimento no tratamento dos bebês varia de acordo com o hospital, mas um número cada vez maior deles aceita e incentiva o envolvimento paterno. É uma evolução, pois, no passado, os pais eram quase sempre excluídos por completo.

Provavelmente podemos visitar os bebês e falar com eles, segurá-los, amamentá-los, e talvez participar dos cuidados (por exemplo, troca de fraldas). Podemos usar esse momento para conhecê-los melhor e, assim, ficaremos mais à vontade quando forem para casa. Em algumas unidades, temos permissão de carregar os bebês como os cangurus – a pele do bebê em contato direto com a nossa.

Para muitos pais, visitar os bebês na unidade é doloroso no começo. Os recém-nascidos parecem bastante doentes, pequenos e apáticos. Porém, as visitas são importantes em muitos aspectos. Faz bem aos pais passarem algum tempo com os bebês para conhecê-los, mesmo quando se sentem inadequados ou até mesmo "desvinculados" de certa maneira. E os bebês precisam dos pais. Eles ouviram sua voz enquanto estavam no útero e podem reagir a ela agora.

Uma mãe que teve sérias complicações durante o nascimento de seus meninos monozigóticos com 30 semanas de gestação não pôde vê-los durante vários dias. A primeira vez que conseguiu visitar o berçário, os bebês estavam em incubadoras separadas. "Eles pareciam tão assustados", a mãe recordou. "Então, conversei com eles. Quando ouviram minha voz, os olhos do Jairo se arregalaram."

Essa mãe deu aos bebês algo que apenas ela poderia: sua voz familiar. Os bebês conhecem a voz da mãe e acalmam-se ao ouvi-la. Quando visitamos os bebês e conversamos com eles, todos relaxam mais. Alguns pais levam fitas de áudio com a própria voz, que podem ser tocadas para os bebês durante sua ausência.

Há evidências de que bebês prematuros também se acalmam com o odor materno. Em alguns hospitais, as mães têm permissão de deixar alguma peça de roupa no berço dos bebês.

DORMIR NA MESMA CAMA – UMA PRÁTICA POSITIVA PARA OS GÊMEOS

As Unidades de Terapia Intensiva Neonatal são, compreensivelmente, voltadas para o cuidado de bebês individuais – máquinas, incubadoras e equipamentos são projetados para o bem-estar de uma criancinha. E isso faz sentido para um bebê que se desenvolveu sozinho. Porém, é prática padronizada também para os múltiplos.

Nós, na Twin Services, acreditamos que essa prática deve mudar – sempre que possível, múltiplos recém-nascidos prematuros ou doentes devem compartilhar o berço. Obviamente, em hospitais pequenos talvez não exista equipe suficiente para monitorar mais de um bebê frágil na mesma unidade. Mas, em condições de igualdade, somos a favor de que fiquem no mesmo berço.

Quando analisamos o que esses bebês já vivenciaram – sendo expulsos prematuramente do ambiente confortável do útero para o barulho, claridade e desconforto físico da vida no hospital –, ficamos imaginando quanto estresse adicional é causado pelo fato de estarem separados pela primeira vez do conforto do outro bebê.

Há evidências consideráveis de que múltiplos recém-nascidos que compartilham o berço lidam melhor com o estresse da hospitalização, e com todos os procedimentos a que são submetidos, do que aqueles que ficam separados.

Hospitais variam quanto a se, e quando, colocarão os múltiplos recém-nascidos juntos. Alguns separam os bebês até se livrarem dos tubos, e depois os colocam juntos no mesmo berço aberto. Outros podem ser mantidos juntos mesmo com a presença de IVs e outros equipamentos. Alguns hospitais enrolam os bebês, pele com pele, no mesmo cobertor. É maravilhoso ver minúsculos gêmeos recém-nascidos estenderem os braços e se aconchegarem um ao outro.

Pesquisas preliminares documentam benefícios para a saúde relacionados ao compartilhamento do berço. Vale a pena perguntar se ele pode ser praticado em seu hospital.

ENTENDENDO A EQUIPE

No hospital, nós nos deparamos com uma grande quantidade de médicos, enfermeiras e outros componentes da equipe. Entre eles estarão o neonatologista, o médico dos bebês, outros médicos que os monitoram quando o médico deles não está presente, internos, residentes, enfermeiras neonatais e diversos terapeutas e técnicos.

As enfermeiras na unidade são provavelmente quem mais veremos, que conhecerão melhor os bebês e com quem estabeleceremos um relacionamento mais próximo. Enfermeiras neonatais geralmente são apaixonadas pelo que fazem. Os pais às vezes têm ciúme porque elas adoram os bebês e são capazes de cuidar deles também. É melhor vê-las com bons olhos – elas estão fazendo o melhor pelos bebês e também vão nos ajudar.

Contudo, enfermeiras variam e, às vezes, preferimos nos comunicar com algumas delas. "Algumas enfermeiras eram extremamente prestativas, e outras não", disse uma mãe. "Apenas uma me ajudou a amamentar os bebês ao mesmo tempo. Outras não queriam que eu os segurasse quando estavam no ventilador. Quando essas estavam de plantão, eu apenas colocava as mãos sobre eles e meditava."

Muitos pais, sobretudo durante o nevoeiro inicial de confusão e ansiedade, acham difícil acompanhar as explicações dadas pelo médico sobre a condição dos bebês e o tratamento recomendado. Para permitirmos o tratamento, precisamos entender o que a equipe nos diz. Em qualquer reunião, devemos fazer perguntas, anotações, escrever termos e pedir ao médico que repita o que não entendemos.

Ao se reunir com os médicos dos bebês, pergunte se você pode gravar a conversa para que possa ouvi-la novamente e assimilar as informações mais tarde. Se necessário, convide um amigo ou familiar para participar da reunião e ouvir as explicações com você.

Finalmente, a maioria dos hospitais possui equipe de apoio que pode nos ajudar com problemas que não são médicos. Procure ajuda de assistentes sociais para conseguir apoio financeiro ou doméstico, grupos de suporte, ajuda com a lactação, ou para alugar uma bomba de mama.

OS MÚLTIPLOS PREMATUROS EM CASA

Após o nascimento em si e a primeira visão dos bebês minúsculos, a perspectiva mais assustadora é a idéia de levá-los para casa, onde estarão sob sua inteira responsabilidade. Todos os cabos, tubos e máquinas que lhe causaram desconforto a princípio podem agora parecer velhos amigos. Como os bebês sobreviverão sozinhos, contando apenas com você para perceber problemas?

Devemos ter um plano de alta para os bebês, elaborado com a ajuda da equipe. De que monitoramento eles precisarão em casa? Quais medicamentos serão necessários? Quando você deve telefonar ao médico? A que sinais de perigo você deve ficar atenta? Você tem direito aos serviços de uma enfermeira visitante ou de saúde pública?

CUIDANDO DE PREMATUROS EM CASA

"Não tínhamos certeza se os dois bebês estariam prontos para ir juntos para casa. Então, de repente, ficamos sabendo que sim. Eles ficaram no hospital cinco semanas, e tê-los de volta em meus braços era só o que eu esperava, depois de tudo que vivenciamos."

Junto com a alegria de tê-los em casa vem o "choque dos gêmeos", de precisarmos cuidar dos bebês sozinhos – e o estresse é maior quando eles são prematuros.

A mãe de garotos prematuros, que nasceram dois meses antes, recorda: "Prematuros não são muito ativos, e, assim, damos, damos, damos e apenas quatro meses depois recebemos alguma coisa como retorno. Acho que todo o vínculo que se desenvolve com um bebê normal não acontece com os prematuros. Provavelmente há um atraso, e, por isso, acho que é um trabalho muito mais árduo por uma recompensa mínima no início." A experiência dessa mãe é comum. Precisamos ter fé que os esforços beneficiam os bebês e que o relacionamento desabrochará no momento certo.

Mas não é fácil. Recém-nascidos choram muito, e gêmeos choram o dobro, obviamente. Além disso, prematuros têm um choro diferente – o som é mais alto, e muitos pais acham o choro mais irritante. Se você sabe disso com antecedência, pode controlar suas reações e conseguir cuidar dos gêmeos carinhosamente. O choro amadurece com o tempo.

Os bebês precisam se alimentar freqüentemente. Às vezes, temos a impressão de que os alimentamos ininterruptamente. Talvez eles tenham vindo para casa com monitores de apnéia que registram a taxa respiratória e disparam um alarme quando há algum problema. Mesmo quando todos estão dormindo, podemos estar acordadas – e irritadas – por causa dos ruídos do equipamento.

No início, é importante obter ajuda suficiente. Como relata este pai: "Contrariando as orientações recebidas, não tivemos ajuda suficiente. Olhando para trás, eu teria feito qualquer coisa para obter ajuda que não fosse dispendiosa, para nos dar um pouco de descanso. E não teria relutado tanto em pedir ajuda aos amigos. A exaustão de cuidar de gêmeos prematuros é acumulativa. Se pudermos preveni-la, nos sentiremos melhor, e tudo ficará mais simples."

AJUDANDO IRMÃOS A SE ADAPTAREM AOS PREMATUROS

No Capítulo 7 analisaremos a chegada dos bebês em casa e como os outros filhos reagem. Mas, enquanto os bebês são prematuros e não podem ir para casa imediatamente, sua ausência pode ser mais difícil para os filhos mais velhos do que a adaptação posterior, quando todos já estão acomodados em casa.

Em parte, isso ocorre porque os pais nem sempre estão em casa por causa das visitas aos bebês no hospital. Os filhos mais velhos podem ir ao hospital também, mas, na maioria das vezes, ficam em casa sob os cuidados de outros familiares, sentindo falta do papai e da mamãe.

E, quando os pais estão em casa, talvez se sintam preocupados demais, cansados ou tristes para relaxarem com os outros filhos.

Aqui estão algumas sugestões que facilitam o entrosamento dos irmãos:

☆ Para bebês entre 1 ano e 3 anos de idade e crianças em idade pré-escolar, fale sobre os bebês. Descreva-os e explique que são muito pequeninos para virem para casa agora.

☆ Se seus filhos podem visitar os bebês, leve-os. Lembre-se de que o primeiro contato com a UTI Neonatal e os bebês doentes perturbou muito você, por isso prepare seus filhos. Eles podem ficar preocupados com o fato de os bebês não poderem respirar naquelas "caixas", ou de os tubos e cabos machucarem. As crianças vão querer saber se os curativos em forma de discos doem quando são removidos. Tente explicar a tecnologia de forma positiva, enfatizando o bem que ela faz aos bebês: "As incubadoras mantêm os bebês aquecidos e lhes dão ar puro para respirar. Os tubos lhes dão leite, e os cabos avisam as enfermeiras quando eles precisam de alguma coisa."

☆ Dê aos seus filhos ursinhos de pelúcia ou bonecas dos quais possam cuidar como se fossem bebês. Converse sobre os equipamentos que os bebês reais usam no hospital para melhorarem – incubadora, cabos. Você pode até mesmo lhes dar caixas plásticas, onde eles colocarão os ursinhos para dormir.

☆ Crianças maiores preocupam-se mais com o bem-estar dos bebês. Converse com elas sobre o que está acontecendo. Para alguns irmãos, expressar as preocupações por meio de desenhos ajuda muito. Podemos incentivá-los a criarem desenhos para os bebês. Ou então as crianças podem gravar uma canção ou história em fita que poderá ser tocada para eles. Essas atividades têm um objetivo maior do que simplesmente mantê-los ocupados. Elas enfatizam que vocês ainda são uma família, todos têm um papel a cumprir e todos precisam de uma chance para serem ouvidos e compreendidos.

CAPÍTULO 6

QUESTÕES PRÁTICAS

Ajustando-se com Gêmeos

"*Não tínhamos a menor idéia do significado de cansaço até os bebês virem para casa.*"

Para todos os pais de múltiplos, existe aquele momento quando a realidade da casa repleta de recém-nascidos se revela com força surpreendente – uma força tão grande que nós, na Twin Services, chamamos de "choque de ter gêmeos".

Neste capítulo, trataremos dos aspectos práticos dessa realidade – o que esperar; como alimentar, banhar, vestir e trocar tantos bebês; como manter a casa e os apetrechos dos bebês organizados (mais ou menos), e como enfrentar o dia e até mesmo dormir um pouco durante a noite.

Atualmente, existem fontes excelentes de informações sobre o cuidado de recém-nascidos. E, embora a maioria desses materiais seja direcionada a bebês resultantes de gestação única, as informações básicas sobre banho, troca de fraldas e preparo do leite em pó são as mesmas para todos, seja chegando um de cada vez, seja em grupos.

Como aplicar essas informações básicas de cuidados de recém-nascidos é outra história. Não é apenas uma questão de que tudo demora duas vezes mais (ou três, ou quatro). Algumas coisas são humanamente impossíveis se aplicarmos todas as regras padronizadas e depois começarmos a dobrá-las ou triplicá-las.

Por quê? Faça os cálculos!

Se a mãe de um bebê com uma semana de vida o amamenta 10 vezes em 24 horas, e cada mamada (além da troca de fralda) leva 1 hora, ela passará quase 10 horas por dia apenas amamentando. Se ela tiver gêmeos e simplesmente dobrar o tempo, são 20 horas. Trigêmeos representam 30 horas – uma impossibilidade matemática!

Obviamente, cuidar de bebês múltiplos é diferente de cuidar de um só, e de cuidar de várias crianças com idades diversas. Como uma mãe de trigêmeos, ela mesma com dois irmãos, recorda: "Os meus pais ficavam ocupadíssimos com nós três, mas não como eu com os trigêmeos. Como meus irmãos não eram da mesma idade, não precisávamos das mesmas coisas simultaneamente."

O que tanto precisamos é de um sistema, e é isso que este capítulo abordará.

Esse é o momento de ativar o sistema de apoio – recrutar os familiares, amigos, vizinhos ou contratar profissionais que possam ajudar você.

BERÇOS, BERÇOS POR TODA PARTE: A ORGANIZAÇÃO DA CASA

Naturalmente, você terá cuidado de boa parte disso antes de os bebês nascerem. Você provavelmente definiu os elementos básicos, como, por exemplo, quem dormirá em que quarto e onde ficarão os apetrechos dos bebês.

Grande parte das compras de roupas e equipamentos também já foi feita, você já tomou emprestado o necessário e já pesquisou fornecedores de roupas usadas ou de baixo custo. E você também já decidiu como lidará com as fraldas, equilibrando custos e a conveniência de usar fraldas convencionais e descartáveis. Ao tomar essa decisão, é interessante levar em consideração o impacto ambiental causado pelas descartáveis, e sua capacidade de lidar com o esforço de lavar fraldas.

A seguir, algumas sugestões para estruturar o ambiente físico, facilitando a tarefa de cuidar de múltiplos.

☆ Para a maioria das famílias, colocar os gêmeos para dormir no mesmo quarto é mais fácil. No começo, eles podem ficar em seu quarto, pois assim poderá amamentá-los e acalentá-los facilmente durante a noite.

☆ Embora, com o tempo, cada bebê deva ter seu berço separado, gêmeos quase sempre se dão bem no mesmo berço quando são pequenos. (Isso talvez seja impossível para trigêmeos ou mais.) Eles estão acostumados à proximidade física, e geralmente se acalmam quando podem se tocar.

☆ O berço é o local de maior incidência de morte acidental de recém-nascidos. Certifique-se de que ele atende as normas federais atuais de segurança. Por exemplo: o espaço entre as barras da grade não pode ser maior do que 5 centímetros.

☆ Se começar com um berço, é bom ter também um bebê-conforto para quando você quiser separá-los por algum motivo.

☆ Se os bebês tiverem de compartilhar o quarto com um irmão mais velho, certifique-se de que ele tem uma parte bem definida do espaço. Isso é fácil. O mais difícil é a interrupção do sono todas as noites. No início, nossa filha de 7 anos de idade sentiu-se privilegiada em ter os bebês em seu quarto. Mas, após algumas noites agitadas, ela nos implorou alívio, e mudamos o berço para nosso quarto. Todos ganharam. A perturbação noturna ficou mais controlada; eu conseguia reagir aos primeiros gemidos de fome, e assim o nível de ruídos manteve-se baixo; e, como eu não tinha que andar muito para amamentá-los, conseguia permanecer meio adormecida durante o processo.

☆ Planeje mais de um local para a troca de fraldas. Tenha uma mesa básica e suprimentos organizados no quarto dos bebês, e outra área preparada na sala de estar, sala de jogos, ou onde quer que você e os bebês passem a maior parte do dia.

A quantidade de equipamentos e o número de locais de troca necessários dependerão do tamanho e da disposição da casa ou do apartamento. Em uma casa maior, podemos colocar um berço com o material necessário para a troca de fraldas em cada pavimento ou em cada extremidade da casa durante os primeiros meses, para que possamos ficar perto dos bebês. Em espaços menores, o ideal é utilizarmos dentro de casa um carrinho duplo para os cuidados diurnos enquanto os bebês forem pequenos. Eles podem dormir no carrinho, e ser deslocados de um cômodo a outro.

☆ Coloque as roupinhas dos bebês e outros apetrechos onde provavelmente serão mais usados. Não faz sentido subir e descer escadas para pegar uma troca de roupas se você passar a maior parte do tempo com eles no andar de baixo, na sala de TV. Mantenha acessível tudo de que você precisa, mesmo se o esquema não for convencional. Para uma mãe de gêmeos, talvez um conjunto de cestos plásticos para roupa suja seja mais útil do que móveis infantis caros.

☆ Delimite áreas "seguras para o bebê" na casa. Quando são pequeninos, eles podem ficar no chão, recostados em almofadas ou brincando em um cercado de travesseiros. Depois, quando as crianças começam a engatinhar, é necessário colocar algumas barreiras de proteção. Procure um livro sobre o assunto e siga cuidadosamente as orientações.

☆ Assim que os bebês vierem para casa, devemos ter um detector de fumaça no quarto ou quartos onde eles dormem, e adesivos indicando a localização do quarto das crianças colocados nas janelas, para o caso de incêndio.

☆ Delimite uma área apenas para adultos, se houver espaço suficiente. Uma mãe de quádruplos em idade pré-escolar, que tem a sorte de morar em uma casa espaçosa, deixou um cômodo (family room) dedicado inteiramente às necessidades das crianças, apenas com objetos inquebráveis, espaço prático para trocas de roupas e carpete espesso. Ela tem outro cômodo – a sala de estar – que delimitou como "zona sem brinquedos". É um refúgio – a única parte da casa, e de sua vida, que não gira em torno das crianças.

TANTOS SAPATINHOS, TÃO POUCO TEMPO

Futuros pais de gêmeos quase sempre ficam imaginando quanta roupa será necessária para os múltiplos. A seguir, um enxoval básico para múltiplos recém-nascidos, em quantidades necessárias por bebê. O tamanho das peças dependerá do peso deles ao nascer.

Além disso, lembre-se de que os seus padrões para vestir e com a limpeza da casa terão que relaxar um pouco durante esse ano difícil. Se os bebês estão aquecidos, confortáveis e razoavelmente limpos, tudo bem. Não perca tempo dobrando roupas lavadas, por exemplo. Mais uma vez, aqueles cestos plásticos de roupa serão a melhor opção para guardar as roupas limpas dos bebês. O segredo é fazer o que funciona – não complique ainda mais as coisas, tentando organizar excessivamente as roupas e os apetrechos infantis.

ENXOVAL BÁSICO PARA CADA MÚLTIPLO RECÉM-NASCIDO

Roupas

5 ou 6 macacões (que cobrem a fralda e fazem os bebês parecerem mais "arrumadinhos")
3 ou 4 conjuntinhos de camiseta e calça de malha
2 pares de meias
1 par de sapatinhos
1 saco de dormir com gorro, ou cobertor, se o clima exigir
1 suéter ou casaquinho
4 a 6 calças plásticas, se estiver usando fraldas convencionais
3 ou 4 mantas

Roupas de cama

Vários lençóis para os berços
Capa impermeável para colchão
1 cobertor para berço
Protetor para berço

Banho e apetrechos de higiene pessoal

Serão necessários apetrechos básicos para o banho e a limpeza, incluindo:

Sabonete suave

Óleo para bebê

Banheira plástica (embora muitos pais prefiram uma pia para os banhos dos bebês)

Termômetro infantil

Tesoura sem ponta para o corte seguro de todas aquelas unhas minúsculas

Uma dúzia de fraldas convencionais para uso geral

Fraldas descartáveis ou convencionais

TANTAS BOCAS PARA ALIMENTAR!

Algumas das lembranças mais queridas que tenho dos primeiros meses de vida das minhas gêmeas são as sessões de amamentação que compartilhávamos no silêncio da casa às 4 horas da manhã. Por mais letárgica que eu estivesse, enquanto as segurava e ouvia os barulhinhos rítmicos de deglutição que elas faziam, tudo parecia perfeito. Não quero dizer que é sempre tranqüilo e simples, mas amamentar tem tantos benefícios para todos que vale a pena o esforço.

Como dissemos no Capítulo 3, um dos piores mitos sobre múltiplos é que as mães não podem amamentá-los. E é um mito que persiste até mesmo na comunidade médica – como se os gêmeos no decorrer da história se alimentassem de leite em pó especial para recém-nascidos.

Uma mãe que teve trabalho de parto difícil dos gêmeos e finalmente submeteu-se à cesariana, lembra-se da enfermeira na sala de recuperação, dizendo: “Que pena que você não poderá amamentar”.

“Eu explodi em lágrimas”, ela recorda. “Nada na gravidez e no parto tinham saído como o planejado, e fiquei arrasada em pensar que não poderia nem mesmo amamentar meus bebês.”

Felizmente, ela procurou apoio e informações na Twin Services e pôde amamentar os bebês, mas sua história não é rara.

A idéia de que precisamos dar leite em pó aos múltiplos é uma infelicidade, porque, na maioria das vezes, eles nascem pequenos e precisam, sobretudo, de um bom impulso. Os bebês necessitam de todos os benefícios possíveis, e o leite materno é, sem dúvida, o melhor alimento para recém-nascidos.

Contudo, é compreensível que as pessoas sejam persuadidas a não tentar. Assim como os próprios gêmeos precisam ao máximo da melhor nutrição possível, também as mães de múltiplos recém-nascidos necessitam de toda ajuda e repouso que possam obter. Para algumas, amamentar parece mais um esforço impossível para a mãe já estressada. Até certo ponto, essa atitude é conseqüência dos mitos sobre amamentação e ignorância sobre lactação. Em particular, profissionais da área médica e mães preocupam-se com o fato de que a mãe provavelmente não conseguirá produzir leite para mais de um bebê.

Mas o corpo pode e produz leite suficiente para os bebês. Além disso, amamentar é benéfico para a mãe. Ela faz o útero contrair, ajudando o corpo a retornar mais rapidamente às condições anteriores à gravidez. E o contato físico íntimo envolvido na amamentação promove o vínculo entre a mãe e os bebês.

Existe ainda mais um benefício para os pais de múltiplos. A amamentação economiza tempo e energia, tão preciosos nos primeiros meses. Imagine como é trabalhoso preparar uma mamadeira, segurá-la para o bebê, lavá-la, comprar leite em pó, e assim por diante. Depois, multiplique pelo número de mamadas diárias de que cada bebê necessita, e multiplique novamente pelo número de recém-nascidos...

Portanto, dito isso, não significa que se você não for capaz de amamentar deva se sentir culpada em usar o leite em pó. Às vezes, o parto difícil, a saúde frágil da mãe ou outros problemas tornam a amamentação inviável. Se for o caso, lembre-se de que o mais importante para o bem-estar dos bebês é uma mãe saudável. Você talvez se sinta mal, mas tenha certeza de que milhões de bebês crescem sadios mesmo usando leite em pó.

Embora amamentar dê a impressão de ser um ato solitário por parte da mãe, é na verdade um trabalho de equipe. Ela necessitará do apoio do parceiro e da rede de amigos e familiares. Mesmo se a mãe estiver em casa e o parceiro trabalhar, o envolvimento ativo dele quando estiver em casa tornará a amamentação muito mais bem-sucedida. O pai pode trazer os bebês, embalá-los e trocá-los, além de outras contribuições que ele pode dar ao funcionamento da casa.

A mãe precisará ainda mais do apoio da família e dos amigos se tiver gêmeos ou mais. Não é fácil, mas pode ser feito com ajuda suficiente. Se você puder encontrar uma mãe que amamentou trigêmeos com êxito, seria útil estabelecer contato com ela antes de os bebês nascerem.

Aprender o máximo possível sobre amamentação antes do parto ajudará todos a adquirir confiança para começar e persistir durante a difícil fase inicial, até tudo parecer natural – e isso acontecerá com o tempo. Existem livros excelentes sobre amamentação. Há também organizações de apoio que oferecem incentivo e orientações práticas quando delas necessitamos. Muitos hospitais particulares e unidades públicas de saúde contam com os serviços de um consultor de lactação. Descubra os recursos disponíveis antes do nascimento dos bebês para que você possa contar com eles quando necessário. (Veja o site: www.aleitamento.org.br)

INÍCIO

Aprender a amamentar é parecido com aprender a andar de bicicleta para dois – com gêmeos, teremos três! Nós tentamos até que as coisas comecem a fazer sentido. Se forem seus primeiros filhos, talvez possa amamentá-los um por vez até dominar as habilidades básicas. As enfermeiras, parteira ou consultor de lactação podem lhe mostrar como posicionar o bebê e como ajudá-lo a sugar corretamente. A boca do bebê deve cobrir cerca de 2,5 centímetros da auréola em torno do mamilo. Você pode ajudar o bebê a reajustar a posição inserindo o dedo no canto de sua boca para interromper a sucção.

Depois da primeira semana, os bebês aprendem a posição correta da boca e a mãe começa a entender como ajudá-los. Agora você pode tentar amamentá-los juntos, se ainda não o fez. Você precisa apenas de travesseiros ou almofadas para ajudar a apoiar os bebês e auxílio de alguém que possa lhe trazer os bebês e ajudá-la a acomodá-los. Quando você e eles adquirirem mais experiência, você conseguirá amamentar os dois ao mesmo tempo sozinha.

Se você já amamentou outros filhos, leva vantagem em termos de experiência. Contudo, se esses são os primeiros, beneficie-se do apoio de uma mãe que amamenta múltiplos juntos sem problemas. Pergunte se pode visitá-la durante uma mamada. Em troca da demonstração, ofereça para ajudar com os bebês ou alguma tarefa doméstica. Será um tempo bem proveitoso e você sairá com uma idéia muito mais clara de como agir.

Quando os bebês são muito pequenos e o processo é novidade para eles, será preciso muito mais ajuda física para apoiá-los e posicioná-los. Esse período passa rapidamente à medida que eles se acostumam com a amamentação e se fortalecem, não necessitando mais de tanto apoio extra.

POSIÇÕES PARA AMAMENTAR

Se você está amamentando gêmeos, trigêmeos em rotação, ou quádruplos em pares, travesseiros ou almofadas serão indispensáveis. Prepare um local para amamentar na cama, sofá ou em uma poltrona espaçosa e confortável. Posicione os travesseiros ao longo de cada lado do corpo para apoiar cada bebê e outro travesseiro sobre seu colo para ajudar a apoiar suas cabecinhas. Você também pode comprar uma almofada própria para amamentação, que é projetada para se curvar ao seu redor.

A idéia é reduzir o esforço sobre suas costas e livrar suas mãos para ajustar a boca aqui e fazer um bebê arrotar ali. Veja se há algo para você beber por perto – cuidado com a desidratação. E, acredite se quiser, haverá espaço no colo para um livro de histórias colocado de cabeça para baixo para que você o leia para os filhos mais velhos enquanto amamenta os pequeninos.

Trigêmeos podem ser amamentados um ou dois de cada vez. Os detalhes mudam à medida que você adquire experiência e os bebês crescem. Certa mãe de trigêmeos conta como ela começou a amamentar os dois que estavam em condição de vir para casa, enquanto o menorzinho permaneceu no hospital e recebia o leite materno na mamadeira. Quando o menor veio para casa, ela amamentava dois, com o terceiro acomodado no bebê-conforto enquanto ela sustentava a mamadeira com o pé. Ela se lembra com um sorriso: "Ele aprendeu a amar o meu pé!"

Usando ou não os pés, você conseguirá desenvolver um sistema que funciona para você, com conforto e satisfação para todos.

ELES ESTÃO SE ALIMENTANDO O SUFICIENTE?

É natural imaginar se estamos produzindo leite suficiente. Há várias dicas indicando que sim. Bebês satisfeitos geralmente dormem após a mamada. Cada um deles terá de seis a oito fraldas molhadas por dia.

No início, cada um produzirá fezes soltas três a quatro vezes ao dia. Por volta da sexta semana, mais ou menos, o número diminui. Bebês amamentados às vezes passam três dias sem defecar. À medida que o número cai, a quantidade aumenta. Isso é saudável desde que as fezes continuem moles.

Os bebês recuperam o peso de nascimento ao final das primeiras duas semanas e, a partir daí, continuam a ganhar um pouco de peso semanalmente. O pediatra nos fornece diretrizes mais específicas.

Continuar amamentando significa enfrentar alguns problemas. Muitas mães ficam com os mamilos doloridos durante a primeira semana; a dor geralmente melhora sozinha. É bom verificar a posição da boca dos bebês. Se estiver correta, a sucção será como um puxão no mamilo, mas sem causar dor.

Outro período difícil é quando os bebês têm um estirão de crescimento e querem mamar mais vezes. Nesses momentos, familiares bem-intencionados podem dizer: "Está vendo? Eu sabia que você não teria leite suficiente para ambos."

Mas não é verdade. Isso significa que a necessidade dos bebês aumentou e seu corpo responderá ao aumento da demanda. Você talvez se sinta tentada a introduzir o leite em pó ou alimentos sólidos durante esses períodos. Não faça isso, desde que consiga aumentar o suprimento de leite – no mínimo, tente esperar um mês sem o leite em pó.

Quanto mais prática você adquire e quanto mais estável for seu suprimento de leite, mais fácil será continuar. Contudo, sua saúde vem em primeiro lugar. Se for necessário usar o leite em pó no início, talvez não seja a situação ideal, mas saiba que um pouco de leite materno é melhor do que nenhum. Você poderá constatar que pode oferecer apenas uma mamada matinal e uma noturna, por exemplo. O suprimento de leite adapta-se à redução no volume; os bebês terão um pouco de leite materno, e você dará aos seus filhos o melhor possível.

Os estilos de amamentação dos bebês podem ser semelhantes ou muito diferentes. Um talvez tenha fortíssimo reflexo de sucção e o outro, não. Talvez um deles prefira mamar mais vezes durante curtos períodos e o outro, menos vezes durante mais tempo. É possível atender a todas as diversas necessidades em 24 horas, mas a mãe pode não conseguir dormir de jeito nenhum. A sobrevivência requer que você simplifique o processo de amamentação o máximo possível. Use roupas que facilitem a amamentação rápida para o bebê que prefere mamadas curtas, mas tente combinar as mamadas sempre que possível.

Aqui está uma grande vantagem da posição simultânea. O "apressado" pode mamar um pouquinho e descansar em seus braços, enquanto o outro continua mamando. Você ficará com os dois e ambos terão as necessidades atendidas.

Existe uma estratégia eficaz para passar bebês com padrões diferentes para o mesmo esquema. Quando um acorda faminto antes do outro, acorde o outro para mamar ao mesmo tempo. Quando há três ou mais bebês, tente amamentá-los aos pares – acorde os dois que você vai amamentar, enquanto os outros dormem ou esperam a vez deles. É prático limitar o número de bebês que amamentamos de cada vez ao número que podemos ajudar se um ou mais deles precisam arrotar ou qualquer outra coisa. Embora apoiar a mamadeira deva ser evitado (porque os bebês se beneficiam do aconchego ao corpo da mãe enquanto mamam), há momentos em que todos estão chorando de fome, e esta se torna uma solução temporária aceitável. Obviamente, temos que revezar os bebês para que todos satisfaçam suas necessidades de leite materno.

MANTENDO-SE FORTE

Se você amamenta seus filhos, precisa da melhor nutrição possível – uma dieta rica em proteínas, de alta qualidade, que inclui no mínimo 2.700 calorias diárias, e grande quantidade de líquidos. Conheci mães de múltiplos que se sentiam tão cansadas durante os primeiros meses que esqueciam de se alimentar e ingerir líquidos. Isso não pode acontecer.

Sempre tenha uma garrafa térmica ou de água no lugar onde amamenta. Você pode lambiscar enquanto amamenta, e certamente deve se alimentar com regularidade durante o dia. As sugestões que demos anteriormente para alimentação durante a gravidez podem ser aplicadas também ao período de amamentação.

INFORMAÇÕES SOBRE EQUIPAMENTOS (BOMBAS DE MAMA, MAMADEIRAS, BICOS, E SUTIÃS PARA LACTANTES)

Se um ou mais de seus bebês ficam mais tempo no hospital, ou se em determinadas ocasiões você precisa que alguém lhes dê a mamadeira, é preciso usar uma bomba de mama. (Constatamos que é uma ótima idéia, mesmo se você pretende amamentar exclusivamente, tentar introduzir a mamadeira de vez em quando, antes de os bebês completarem 1 mês de vida, para que possam aceitá-la posteriormente se você precisar se ausentar por algum motivo. É, sobretudo, importante ajudá-los a aprender a aceitar o leite materno na mamadeira se você pretende usar a bomba de mama e armazenar o leite quando retornar ao trabalho.)

Bombas de mama manuais custam pouco, mas são difíceis de usar. Algumas clínicas e hospitais alugam ou emprestam bombas elétricas, e também são oferecidas por consultores de lactação. Os tipos menos onerosos não são muito eficientes. A melhor opção é emprestar uma bomba primeiro para experimentar. Depois, se pretender usá-la por mais de duas semanas, talvez seja mais vantajoso comprá-la. Uma dica sobre o congelamento de leite materno: os bebês nem sempre tomam a mamadeira toda. Para evitar a perda de leite precioso, congele o leite, retirado com a bomba de mama, em pequenas quantidades, descongelando o necessário para uma mamada com desperdício mínimo.

Para ajudar os bebês a se adaptarem a tomar o leite materno na mamadeira, experimente diversos bicos até encontrar o melhor. É incrível a diferença que o bico certo pode causar!

Se você está usando mamadeira, ou retirando e armazenando leite, pode começar com oito mamadeiras de 100 ml e quatro de 200 ml por bebê.

Se você estiver amamentando, serão necessários diversos sutiãs para lactantes. É difícil prever o tamanho com antecedência, portanto, comece apenas com um ou dois. Forros descartáveis para os sutiãs também são úteis.

SERÁ QUE ALGUM DIA TEREI UMA BOA NOITE DE SONO?

Provavelmente a questão mais difícil de ser resolvida em relação aos gêmeos recém-nascidos é o sono. E é uma realidade que não podemos disfarçar e para a qual não conseguimos nos preparar. Ficamos cansadas – mais do que imaginamos ser possível. Mas sobrevivemos! Milhões de mães saem do nevoeiro com sua sanidade – e a dos filhos – intacta.

Quando os bebês saem do hospital e vão para casa, eles talvez passem a noite toda acordados e durmam durante o dia, ou eles podem não seguir nenhum padrão e ficar acordados ou sonolentos dia e noite. Aos poucos, com o tempo, o padrão de dormir–acordar se regulariza, embora leve meses antes que eles passem a dormir a noite toda.

A maioria dos bebês adapta-se ao esquema dia-e-noite em duas ou três semanas, embora, provavelmente, eles ainda queiram mamar ao menos uma vez durante a noite. Sua tarefa é ajudar nesse processo, minimizando a estimulação à noite e proporcionando mais brincadeiras e companhia durante o dia.

Após cada mamada noturna, segure e embale os bebês, mas sem brincar com eles. Mantenha a iluminação mínima (é para isso que servem os abajures). Então, durante o dia, movimente-se com os bebês, mantenha-os no meio da ação, e brinque com eles para mantê-los acordados mais tempo.

Como você provavelmente não terá oito horas seguidas de sono por algum tempo, faça o possível para tirar uma soneca durante o dia. Se for difícil encontrar tempo quando os dois estiverem dormindo, peça a um dos ajudantes que fique com os bebês enquanto você tenta dormir. Muitas mães dizem que não conseguem dormir quando ouvem o choro dos bebês, mesmo sabendo que estão sendo bem cuidados. Caso isso aconteça com você, tente usar tampões de ouvido.

Se você tem a sorte de ter alguém que cuide da mamada da noite, poderá dormir até quatro horas seguidas – o que representa grande conquista nessas primeiras semanas tão difíceis. Se não for possível, peça ao ajudante que cuide da mamada no início da manhã ou no meio da noite, ou durante à tarde, quando a possibilidade de você tirar uma soneca é bem maior.

Quando os gêmeos estiverem seguindo um horário mais previsível e acordando apenas uma ou duas vezes à noite, você sentirá uma melhora muito grande em seu bem-estar geral. Espere ao menos uma mamada noturna durante vários meses. Muitos bebês conseguem dormir a noite toda quando atingem cerca de 7 meses de vida e pesam no mínimo 6 kg.

Se você espera amamentar dois bebês uma ou duas vezes por noite, durante meses, verá por que defendemos tentar amamentar os múltiplos o máximo possível. Dar-lhes o seio é muito menos perturbador e menos provável de acordar o bebê e a mãe do que a rotina de mamadeiras. Muitas mães dizem que após alguns meses conseguem se levantar às 3 da manhã, amamentar e trocar dois bebês e voltar a dormir sem que eles tenham acordado totalmente.

SUGESTÕES PARA AJUDAR OS BEBÊS A DORMIREM A NOITE TODA

Quando os bebês têm 3 ou 4 meses de vida, podemos colocá-los no berço ainda acordados. Evite esperar que eles cochilem antes de colocá-los na cama. Se os gêmeos aprenderem a dormir sozinhos no berço, conseguirão pegar no sono novamente, sozinhos, quando acordarem durante a noite. Se eles precisam ser embalados nos braços para adormecerem, precisarão disso sempre que acordarem. Fique no quarto, cante ou fale baixinho até os bebês adormecerem. Eles talvez fiquem inquietos, mas aprendem. Se um deles adormece mais facilmente que o outro, coloque-o no berço primeiro.

Introduza um objeto de segurança (às vezes chamado de "objeto de transição"). Pode ser um cobertorzinho, fralda convencional ou bichinho de pelúcia. Esse objeto ajuda os bebês a se sentirem seguros e relaxados quando sozinhos no berço, e os torna mais capazes de adormecerem sozinhos.

Coerência na hora de dormir é importantíssimo. Mesmo quando são pequeninos, os bebês beneficiam-se da rotina noturna. Assim como os adultos, eles relaxam e atingem um estado de prontidão à medida que a hora de ir para cama se aproxima. Podemos ajudá-los, seguindo uma rotina simples todas as noites.

Imponha um horário aos bebês assim que possível. Muitos especialistas em cuidado infantil abrem mão desse horário, preferindo deixar que os bebês estabeleçam o esquema natural de acordar–dormir. Mas eles não estão falando de gêmeos! Para o benefício de todos, é melhor contar com uma certa coordenação para a hora de dormir, brincar e amamentar.

SIDS – MÚLTIPLOS CORREM MAIOR RISCO

Todos os pais de múltiplos devem saber que a síndrome da morte súbita infantil, ou SIDS, da sigla em inglês, ocorre duas vezes mais entre gêmeos e múltiplos de ordem superior.

Essa síndrome trágica, também conhecida por morte no berço, é caracterizada pela morte súbita e inesperada durante o sono de um recém-nascido aparentemente saudável. Ela em geral ocorre com recém-nascidos, entre 4 e 16 semanas de vida, e imagina-se que esteja associada à imaturidade do reflexo respiratório.

Durante anos, a síndrome foi reconhecida, mas não existia nenhuma orientação clara para preveni-la. Contudo, em 1992, a American Academy of Pediatrics publicou diretrizes recomendando que os bebês fossem colocados para dormir *de costas*. Desde então, o número de óbitos por SIDS caiu – uma redução de 50% em 1995, desde 1989, o ano de pico.

Na maioria das vezes, múltiplos nascem prematuros e podem ter a função respiratória com desenvolvimento precário. Às vezes, são assistidos por ventiladores até os pulmões amadurecerem, e, quando estão prontos para ir para casa, precisam apenas de monitores de apnéia durante um certo tempo.

Mesmo que os bebês tenham tido alta, devemos levar em conta o risco da SIDS e conversarmos com o pediatra sobre posições para dormir e outras questões relacionadas a isso.

TANTOS PEZINHOS, TÃO POUCO TEMPO: MANTENDO O CONTROLE

Com um bebê, nunca ficamos na dúvida se o amamentamos ou não. Nossa mente fica livre para abrigar pensamentos mais elevados do que: "Acabei de trocá-lo? Já dei banho nele? E qual deles *é* você?"

Com gêmeos, e sobretudo com trigêmeos ou mais, precisamos de um sistema para manter sob controle o que pertence a quem e, às vezes, quem é quem. Isso ocorre principalmente nas primeiras semanas, quando temos menos confiança e estamos mais sonolentas.

O sistema deve ser simples e flexível. Ao estabelecermos a rotina, encontraremos métodos próprios para organizarmos os cuidados com os bebês. Aqui estão algumas sugestões:

☆ Defina um código de cor para qualquer item que precisa ser atribuído a um bebê. Antes de usar seu tempo precioso e sair correndo para comprar adesivos e canetas coloridas, contudo, tenha em mente que, nas primeiras semanas e meses, essa definição é desnecessária para roupas.

✰ Se você precisa dar medicamentos ou prestar outros cuidados especiais a um ou mais bebês, use um caderno, ou um quadro, se preferir, para controle. Se houver necessidade de monitorar o consumo de leite ou de fraldas de um ou mais bebês, anote as informações ou as esquecerá facilmente.

✰ Um alfinete de pressão que você passa de uma alça do sutiã para a outra pode ajudá-la a se lembrar de qual bebê mamou por último em qual mama.

✰ Um quadro simples com pregadores de roupa etiquetados representando cada bebê ajuda a manter o controle de banhos e outras rotinas. Pregadores fazem sentido porque dispensam o uso de lápis quando estamos com as mãos ocupadas com os bebês. Nós podemos mudar o pregador de cada criança para as tarefas que estamos controlando – banho, vitaminas, e assim por diante.

✰ Não se preocupe excessivamente com o fato de um bebê contaminar as mamadeiras e bicos do outro. Eles compartilham o mesmo ambiente, incluindo sugar os dedos um do outro. Se um usar a mamadeira do outro, não há probabilidade de perigo.

COMO VOU DISTINGUIR MEUS BEBÊS? SERÁ QUE VOU CONFUNDI-LOS?

"Meus gêmeos eram tão parecidos quando eu os trouxe do hospital para casa, que fiquei com medo de confundi-los." Essa é uma preocupação prática. A melhor coisa a fazer é manter os braceletes hospitalares nos bebês quando vierem para casa. Por questão de segurança, use esmalte colorido nas unhas dos pés de um dos bebês até que não tenha mais nenhuma dúvida.

Se fizer isso, não se esqueça de qual bebê pintou as unhas! Um casal estava tão exausto que se esqueceu disso. Desesperados, os pais pegaram as impressões dos pés feitas no hospital, levaram os bebês à delegacia de polícia local e tiraram novas impressões para comparar.

SAIR DE CASA COM OS GÊMEOS

"Minha maior preocupação é sair de casa", uma mãe confessou. "Fico limitada porque não consigo achar um carrinho duplo de preço acessível. E não encontro nenhum de segunda mão. Como posso sair de casa? Não consigo carregar os dois."

Quando os bebês são pequeninos, a parte mais difícil de levá-los de um lugar a outro é ter de arrumá-los o tempo todo, prendê-los aos assentos do carro ou carrinhos, e depois retirá-los. Certamente sonhamos com o dia em que tudo o que precisaremos fazer é pegar os casacos das crianças e entrar no carro.

Mas analisemos o lado positivo: ao menos elas não podem fugir de nós em duas ou mais direções – ainda!

Por mais difícil que seja sair de casa com múltiplos recém-nascidos, uma das melhores coisas a fazer é tentar sair de casa. Irritabilidade extrema por viver isolado ou confinado é um dos riscos ocupacionais enfrentados por pais de gêmeos recém-nascidos. No começo, os passeios talvez não sejam muito dramáticos – uma curta caminhada pela rua ou uma ida ao parque. Nos dias ruins, apenas o fato de sair de casa por alguns instantes melhora o humor de todos.

Se sair de casa com gêmeos é difícil, com trigêmeos é um desafio ainda maior. Uma mãe contou-me que se sentia culpada porque passava uma semana inteira sem sair de casa com os bebês.

Eu lhe disse que embora *ela* tenha sofrido com o isolamento, os bebês provavelmente não. O motivo para sairmos de casa com os bebês (além das idas essenciais à creche ou ao consultório médico) é para receberem ar puro e terem a chance de conhecer o mundo lá fora. Com apenas um bebê, esses passeios proporcionam a mudança de cenário e muitos sons e paisagens interessantes. Mas múltiplos têm uma vida agitada em casa – a companhia, ruídos e estímulos dos irmãos, e provavelmente vivenciam muitas mudanças de cenários exatamente onde vivem.

Quando minhas filhas eram pequenas, conseguimos delimitar uma área de recreação perto de uma janela ensolarada, que tinha uma vista ampla das árvores e da rua. Elas brincavam livremente e observavam o mundo lá fora. Para os seus bebês, pode ser uma hora no chiqueirinho na varanda ou no quintal. Você trabalha com o seu ambiente para dar aos múltiplos aquilo de que eles necessitam dentro dos limites possíveis.

Obviamente, isso não quer dizer que você nunca deva sair com os gêmeos. É bom sair com eles, e, à medida que você se acostumar mais à situação, sairá mais vezes.

Para saber as últimas novidades em equipamentos infantis e dicas sobre seu uso, entre em contato com grupos locais de pais de gêmeos e pesquise na Internet. Encontre um grupo de bate-papo sobre nascimentos múltiplos e descubra o que outros pais sugerem. Novos produtos são lançados no mercado o tempo todo.

Aqui estão algumas possibilidades básicas:

✩ Bebê-conforto macio, ou o simples padronizado ou o duplo especial.

✩ Cangurus (adequados para bebês com idade suficiente para manter a cabeça ereta). Dois facilitam muito mais os passeios com os pais.

✩ Um carrinho grande o suficiente para todos os bebês. Os dois estilos básicos para gêmeos ou mais são um atrás do outro; e o lado a lado, onde os bebês ficam um ao lado do outro. Os assentos devem ser reclináveis porque os bebês devem ficar nessa posição até terem idade suficiente para manter a cabeça ereta. O tipo de carrinho dependerá do número de bebês e de como pretendemos usá-lo – em uma van, no transporte público, shopping, ou nas ruas. Também precisamos levar em consideração se somos capazes de erguer o carrinho para colocá-lo e retirá-lo do carro. Existem carrinhos para quádruplos, por exemplo, mas a opção mais prática talvez seja adquirir dois duplos.

☆ Cadeirinha própria para carros para cada um dos bebês.

Sugestões para sair de casa com os bebês:

☆ Se você usar um carrinho duplo no estilo um atrás do outro, varie qual criança se senta na frente para que os dois aproveitem a mudança de paisagens. Carrinhos lado a lado têm a vantagem de os dois bebês olharem para frente. No primeiro, o bebê sentado atrás pode puxar os cabelos do que está na frente.

☆ Analise a possibilidade de colocar um bebê em carrinho comum e o outro no bebê-conforto ou canguru.

☆ Para viajar de ônibus quando os bebês são pequeninos, carregue um no canguru na frente de seu corpo e o outro, em seus braços. Cangurus nas costas são adequados para bebês com idade suficiente para manter a cabeça ereta; quando os gêmeos atingem essa fase, podemos carregar um no canguru à frente do corpo e o outro, nas costas.

☆ As idas ao médico são caóticas, com todo o transporte, espera e troca de roupas que precisamos fazer. Uma mãe de trigêmeos combinou com a equipe do pediatra para ser a primeira cliente do dia, ou a primeira após o almoço, para que ela e os bebês não precisassem esperar. Ela também conseguiu permissão para levá-los diretamente ao consultório para que não tivesse que sentar na sala de espera. Se possível, peça para alguém ajudá-la a levar os bebês ao médico. Um par de mãos extra para vestir, brincar e embalar ajuda bastante.

A LUZ NO FIM DO TÚNEL

Por mais difíceis que sejam os primeiros meses, há esperança. À medida que seu corpo se recupera e os bebês dormem mais e desenvolvem um horário, sua energia e humor voltam ao normal.

Uma mãe que conheço se lembra da manhã em que ela e o marido acordaram com um ruído estranho. "O que foi *isso*?", ele perguntou.

O que eles ouviram foi o canto dos pássaros. Após meses acordando aos prantos antes do dia amanhecer, os dois bebês dormiram a noite toda. Eis que chegará o momento em que você também acordará com o canto dos pássaros.

CAPÍTULO 7

ADAPTAÇÃO AO CHOQUE DE TER GÊMEOS

"Sou mãe solteira de gêmeos com 4 meses de vida. É tudo muito difícil e geralmente choro por volta das 6 horas da tarde. Ontem, quando comecei a chorar às 8 horas da manhã, percebi que estava com problemas."

Neste capítulo, analisaremos as dimensões psicológicas e emocionais da chegada de múltiplos na família. Antes de os bebês nascerem, vivenciamos momentos de medo e de grande alegria, antecipando sua chegada. Agora, à medida que tentamos nos adaptar a eles em casa, continuaremos a viajar na mesma montanha-russa emocional. Percebemos que nada na vida será como antes, e temos razão. Ter filhos altera o indivíduo e seu mundo – relacionamentos, casa, profissão. E, quando temos gêmeos ou mais, as mudanças são mais profundas.

Certamente, as horas após o parto estão entre as mais eufóricas de nossa vida. Como pais, passamos por um "pico" – o momento em que nossas emoções e sensações são acentuadas e curtimos não apenas um bebê, mas a nossa percepção de que passamos por um grande desafio. Quando o resultado é bom – mãe e bebê estão bem –, a experiência será lembrada pelos pais com satisfação pelo resto da vida.

Para pais de múltiplos, existe a sensação extra de prazer. As pessoas olham quando saímos do hospital com dois, três ou quatro bebês. A família tornou-se famosa durante sua permanência ali, e os médicos, as enfermeiras e os curiosos sorriem à toa para você e para os bebês.

Você não consegue evitar o orgulho de tudo que conseguiu e se encantar com o milagre dos nascimentos múltiplos. Você se sente invadida por ternura em relação aos bebês quando os coloca no carro para a primeira viagem até sua casa.

E então a ficha cai – ou talvez seja um pouco mais tarde, quando os coloca no berço pela primeira vez. Não importa em que hora aconteça, a reação é a mesma: "Isso não é um sonho! Aconteceu mesmo. Esses bebês são *nossos* – para cuidarmos sozinhos!"

Entretanto, antes de explorarmos as dificuldades, eu gostaria de dizer mais uma vez que é fácil nos envolvermos com os aspectos negativos da tarefa e perdermos de vista os prazeres. Existe uma diferença entre ser realista e ser negativo. Sim, criar gêmeos pode ser difícil, mas os desafios trazem recompensas.

Durante alguns anos, a Twin Services usa como slogan as palavras de um pai orgulhoso, mas cansado, que me disse: "Gêmeos são uma árdua felicidade". Esse homem tinha gêmeos e outros três filhos mais velhos, e trabalhava dois turnos como motorista de táxi para sustentar a família. As palavras dele, sem dúvida, ilustram a missão de nossa organização de ajudar pais a minimizarem as dificuldades e maximizarem a felicidade.

Como dissemos no Capítulo 6, o trabalho envolvido no cuidado de mais de um bebezinho é, sem dúvida, intimidante. A fadiga, falta de tempo para necessidades pessoais, e a perturbação na casa afetam nosso bem-estar emocional e o da família.

Esse "choque para o sistema" é causado por dois elementos: o estresse, que imediatamente influencia nossa capacidade de enfrentar a situação e de se adaptar a ela, e a alteração na dinâmica dentro da nossa família.

Antes de examinarmos esses elementos com mais detalhes, vejamos como o treinamento e a preparação ajudam em ambas as áreas.

TREINAMENTO PARA A OLIMPÍADA DE MÚLTIPLOS

No Capítulo 2, tratamos da importância de usar o período de gestação para nos prepararmos, logística e fisicamente, para a chegada dos bebês. O valor da preparação continua à medida que nos adaptamos à realidade da vida com os gêmeos.

Gosto de analogias, e considero-as ferramentas eficientes para ajudar os pais a verem suas experiências de uma perspectiva positiva e realista. No início deste livro, comparei a experiência de criar gêmeos com o alpinismo – difícil, mas estimulante, compensadora e possível com o treinamento adequado.

Também gosto de usar metáforas esportivas. Após assistir aos últimos Jogos Olímpicos de Inverno na televisão, comecei a pensar no preparo para cuidarmos de gêmeos como algo semelhante ao treinamento de um atleta olímpico. O treinamento físico é combinado com o preparo psicológico – por exemplo, o atleta recebe nutrição ideal, faz bastante repouso e prepara-se emocionalmente para a competição. A gestante de múltiplos também segue uma dieta e um programa de treinamento rígidos. Ela sabe que o resultado pode ser boa saúde para ela e bebês saudáveis e grandes, ou poderá ter problemas médicos, e um ou mais bebês nascerem muito pequenos.

O atleta sabe que podem existir obstáculos, como, por exemplo, lesões no treinamento a caminho do grande evento; a mãe prepara-se para a possibilidade do parto prematuro.

Finalmente, há o evento tão esperado. Não importa qual é a medalha conquistada, o atleta sente o triunfo e a vitória. E, apesar do resultado, os pais de múltiplos sentem que poderão lidar com a situação porque planejaram com antecedência. Por fim, a participação no evento traz um conjunto fabuloso de emoções: a euforia, o alívio, o orgulho da conquista, lidar com a fama, e a sensação de que a vida jamais será a mesma.

ORIGENS DO ESTRESSE EM FAMÍLIAS COM MÚLTIPLOS

A maioria de nós pode imaginar que ter múltiplos é mais estressante do que ter apenas um bebê. Como eu disse no último capítulo, basta fazer os cálculos e vemos que enorme carga de trabalho é cuidar de múltiplos.

No estudo realizado pela Twin Services com 53 mães, constatamos que o estresse geral vivenciado pelas mães de gêmeos era dobrado quando comparado ao de mães com apenas um recém-nascido.

Os quatro fatores mais significativos que as mulheres identificaram foram:

- ✰ Falta total de tempo para si
- ✰ Falta de tempo para cada bebê individualmente
- ✰ Privação do sono
- ✰ Abandono do emprego

Vários elementos na vida dessas mulheres aumentaram a sensação de estresse. Um fator, de certa forma surpreendente, foi o número de outros adultos em casa – quanto mais adultos, maior o estresse. Os dados não sugeriram por que isso ocorreu; talvez os outros adultos não fossem prestativos (por exemplo, no caso de parentes idosos), ou eles podem ter se deparado com uma situação doméstica particularmente difícil *em conseqüência* do elevado nível de estresse préexistente.

O que reduziu o estresse dessas mães foi a sensação de que os parceiros apoiavam e ajudavam adequadamente. O estudo indica, sem qualquer sombra de dúvida, que as famílias com múltiplos podem esperar um período de estresse elevado no início, e o que ajuda as mães a lidarem com a situação é o envolvimento dedicado do marido ou parceiro.

"A questão do envolvimento do pai era irrelevante", disse uma mãe, "porque ele teria que se envolver ou eu brigaria com ele o tempo todo. Em termos de temperamento, eu não seria capaz de assumir toda a responsabilidade. Meu marido assumiu seu papel, e não há o que discutir."

Não se surpreenda, contudo, se a adaptação à nova realidade demorar. A minha levou três anos. Até lá, minha primeira reação, quando nossas duas filhas nos acordavam de manhã, era de incredulidade, acompanhada por surpresa. "Elas são reais! Não é um sonho", eu pensava enquanto saía cambaleando da cama para cuidar delas.

Em um grande estudo na Grã-Bretanha, mães de gêmeos com 5 anos de idade tinham uma incidência significativamente mais elevada de mal-estar, indicando depressão, do que mães de filhos resultantes de gestação única na mesma faixa etária. A incidência é ainda maior em mães que perderam um dos gêmeos. Portanto, o estresse pode ser um fator contínuo em famílias com múltiplos.

MÚLTIPLOS NÃO SÓ AUMENTAM A FAMÍLIA, MAS TAMBÉM A TRANSFORMAM

Ter gêmeos ou múltiplos perturba todos os nossos relacionamentos, modificando-os para sempre. E *nos* modifica para sempre. Até certo ponto, isso é válido para qualquer nascimento, mas, quando nasce apenas um bebê, a família consegue ajustar-se melhor. Gêmeos, trigêmeos ou mais representam mais esforços para as famílias, alterando e complicando as interações entre os membros. Essas mudanças podem ser tanto positivas quanto negativas; vale a pena prevê-las e preparar-se para elas construtivamente.

COMO TER MÚLTIPLOS A AFETARÁ COMO MÃE

Certamente, o único adulto mais afetado pela chegada de múltiplos é a mãe. Seu corpo passa por uma experiência exaustiva. O pós-parto é intimamente ligado ao nível de fadiga, dificuldade de recuperação e condição hormonal. Esta seção trata sobretudo de mães, mas não tem a intenção de excluir os pais, porque ambos vivenciam alguns desses sentimentos.

Mães que tinham vida social ou profissional ativa antes de os gêmeos nascerem acham difícil adaptar-se à nova condição doméstica.

É muito fácil entrar em isolamento. Na maioria das vezes, as razões são corriqueiras – não há ninguém para cuidar dos bebês enquanto ela estiver fora, ou as dificuldades puramente logísticas de sair *com* eles são excessivas.

Evite o isolamento mantendo-se em contato com outras pessoas, de maneira que você possa administrar isso razoavelmente bem. Não diga: "Vou limpar a casa, e *depois* convidar minha amiga". Receba os amigos e deixe que eles a ajudem quando a casa estiver bagunçada. Saia com os bebês para curtir o pôr-do-sol, ou vá visitar o gato da vizinha quando estiver cansada demais para ir mais longe.

Outro problema comum é a culpa por não ser uma mãe perfeita, negligenciando os filhos mais velhos, criando vínculos lentamente com os bebês, ou tendo preferência por um deles.

O segredo é focar naquilo que você está realizando agora. Diga a si mesma: "Posso não ser perfeita, mas estou cuidando de gêmeos e estamos sobrevivendo". Uma mãe que conheço tinha medo de pedir ajuda aos filhos mais velhos. O marido enfatizou que ajudar a família não é ruim para as crianças. Afinal de contas, ele observou, se vivessem em uma fazenda, os garotos maiores teriam que ajudar a ordenhar as vacas.

Muitas mães de múltiplos vivenciam um tipo de fama instantânea. Certa mãe contou-me que ela nunca se sobressaíra antes, mas agora era famosa por causa dos trigêmeos. Mães de múltiplos também vivenciam o "efeito guru" – são subitamente consideradas a especialista do bairro em tudo o que diz respeito a bebês e filhos, mesmo se elas nunca tiveram filhos antes.

Não há mal algum em curtir a fama. Todos nós gostamos de ser elogiados. Mas, se não é assim que você se sente, ou se não gosta de interagir com estranhos, faça-se de surda. Na maioria das vezes, enquanto você passa empurrando o carrinho com os bebês, um sorriso de agradecimento basta para proteger sua privacidade.

Em geral, manter-se com boa saúde emocional enquanto todas essas experiências e sentimentos rodopiam ao seu redor é a melhor estratégia. Uma das maneiras mais importantes para fazer isso é ter prioridades. Como dissemos no capítulo anterior, uma parte essencial para controlar as responsabilidades e tarefas monstruosas de criar múltiplos recém-nascidos é concentrar-se no que é importante para nós e nossa família. Manter todos alimentados, descansados e satisfeitos talvez seja tudo o que conseguimos fazer, por enquanto. Provavelmente, teremos que adiar ou eliminar o que é menos importante – por exemplo, limpar a casa, dedicar-se ao artesanato ou projetos artísticos, ou oferecer festas formais.

Estabelecer prioridades também é fundamental enquanto lidamos com as mudanças emocionais. Isso significa que preocupações, ansiedades e pensamentos negativos devem ser colocados em seu devido lugar, pois roubam nossa energia emocional.

Constatei que uma das melhores maneiras de lidar com isso é concentrar-se em um dia só de cada vez, e não nos preocuparmos com a próxima semana ou o ano que vem. Isso não significa que não devemos planejar tudo com antecedência, mas, sim, que não devemos procurar controlar coisas que pertencem ao futuro distante e parecem sufocantes.

Eu observei que muitas mulheres que foram grandes realizadoras na vida encaram a maternidade com expectativas exageradas de lidar com perfeição seu novo papel. Essas mulheres atingiram excelência profissional e acadêmica, são ambiciosas e disciplinadas e têm padrões elevados. Porém, quando vivenciam o caos inevitável da maternidade em situação múltipla, começam a se considerar fracassadas porque precisam, inevitavelmente, reduzir os padrões de "perfeição".

Para essas mães, é importante pensar racionalmente sobre qual é sua tarefa atual e que partes merecem sua dedicação. Certamente, manter os bebês saudáveis e bem alimentados é essencial, mas talvez manter a aparência de total perfeição, a casa em ordem e cumprir as tarefas na igreja ou comunidade podem ser adiadas.

Aqui estão outras sugestões para manter-se em boa forma mental e física:

☆ Reserve tempo para meditação, oração ou outra atividade contemplativa – o que nós na Twin Services chamamos de "tempo sagrado". Seja ioga, visualização e até mesmo ouvir uma música relaxante, tente encontrar uma atividade que afaste você de si mesma, renovando-a emocional ou espiritualmente. É importante manter esses momentos para si mesma – não os use para fazer tarefas ou compras.

☆ Adote hábitos saudáveis: caminhar, com ou sem os bebês, manter uma boa alimentação, e evitar comidas pobres em nutrientes, cigarros e qualquer outra coisa que prejudique sua saúde e o seu bem-estar.

☆ Pense positivo. Visualize os gêmeos crescendo e prosperando, e você sendo cada vez mais capaz à medida que o tempo passa. Lembre-se de que ninguém nasce boa mãe; é algo que aprendemos e desenvolvemos.

☆ Seja flexível. Você consegue redistribuir tarefas, funções? Pode voltar ao trabalho enquanto seu parceiro cuida da casa? Algumas famílias fazem essa opção com grande êxito, como veremos a seguir.

☆ Procure reunir-se com outros pais. Se possível, encontre outras famílias com múltiplos. Visite uma associação de Mães de Gêmeos ou outro grupo de pais de gêmeos em sua cidade.

☆ Fale sobre seus sentimentos e peça ajuda. Diga ao seu marido ou parceiro quando precisar de mais ajuda, ou quando estiver se sentindo desanimada. Se a situação não estiver boa, não sofra em silêncio.

☆ Tente manter o senso de humor – muitas vezes, quando as coisas ficam fora de controle, é melhor controlar com risadas.

Finalmente, a maneira de você reagir a esse desafio depende de sua capacidade, força interior, personalidade e de seu temperamento. Cada indivíduo reage aos desafios à sua maneira (esse é um dos motivos pelos quais adoro assistir às Olimpíadas), e, quanto mais você se conhece e sabe como lidar com adversidades, mais bem preparada estará.

COMO TER MÚLTIPLOS O AFETARÁ COMO PAI

Grande parte do que descrevemos anteriormente sobre o impacto de ter gêmeos e múltiplos aplica-se aos pais também. Você, como pai de múltiplos, também constata que sua auto-imagem foi alterada. Você se vê duvidando de sua capacidade como pai e procurando maneiras de manter a sanidade.

Mas pais têm desafios próprios – quase sempre porque costumam ficar sobrecarregados quando todos focam sobre as necessidades dos bebês e da mãe. Provavelmente, há ocasiões em que as necessidades deles parecem secundárias.

Como as mães, os pais vivenciam grandes alegrias e preocupações à medida que se adaptam aos múltiplos.

Primeiro, as boas notícias:

☆ Quase sempre, por pura necessidade, pais de múltiplos envolvem-se mais no cuidado dos bebês do que outros pais. Como conseqüência, eles provavelmente têm um relacionamento mais íntimo com os filhos do que se fosse pai de apenas um bebê.

☆ Pais de múltiplos freqüentemente são adulados e admirados pelos amigos e pela comunidade.

E os pontos negativos:

☆ Como as mães, os pais sofrem com a exaustão física e privação do sono. Atualmente, a presença de familiares é menos comum do que no passado, e os pais são, na maioria das vezes, a única referência regular para cuidar dos bebês. Lembre-se de que os pais também necessitam de apoio. Reconheça suas necessidades. Peça ajuda quando necessário.

☆ Você pode tornar-se o único responsável pelo sustento da família, além da responsabilidade pelas tarefas domésticas e de cuidar dos bebês. Talvez você se sinta como se estivesse em uma situação do tipo duplo-cego: seu desempenho profissional é mais importante do que nunca, mas precisam desesperadamente de você em casa. Quando se sentir ansioso, fale sobre suas preocupações com a parceira. Não as esconda por trás de uma fachada de força.

✰ Você poderá ter a sensação de perda da antiga intimidade com sua esposa, à medida que observa a preocupação dela com os bebês. Lembre-se de que esta fase é transitória. Mesmo nos momentos mais atarefados, vocês podem manter a intimidade compartilhando o esforço, comunicando-se e dando (e recebendo) muitos abraços.

✰ Talvez você sinta um certo ressentimento dos gêmeos, e sinta culpa por ressentir-se. Isso é normal.

Se você é pai de múltiplos, entenda que sua participação total é essencial. As necessidades dos bebês são tão grandes que resultam em mais trabalho do que dois adultos podem fazer. Se você acha que está fazendo 50%, provavelmente não é suficiente. Ambos têm que sentir que cada um está fazendo 80%!

Em uma família com sêxtuplos, os pais tomaram a decisão de que a mãe, cuja capacidade salarial era maior, retornaria ao trabalho, enquanto o pai cuidaria das crianças. Ele e os filhos – com 4 anos de idade agora – estão muito bem.

DEPRESSÃO PÓS-PARTO

Sempre que falamos sobre estresse em mães, precisamos mencionar o problema da depressão pós-parto, uma condição sobretudo comum em mães de múltiplos.

É importante destacar que o "baixo-astral" – ansiedade e tristeza moderadas que as mães vivenciam nos primeiros dias ou semanas após o parto – são comuns e autolimitantes. Mais de 70% das mães experimentam esses sintomas até certo ponto. Mães ficam chorosas, preocupadíssimas, ou facilmente irritadas. Geralmente, em questão de dias, o seu corpo e os hormônios se adaptam ao fim do estado gestacional e o humor melhora.

Porém, a depressão pós-parto é mais grave. Ela atinge cerca de 10% de todas as mães – e 20% das mães de múltiplos. Os sintomas são semelhantes aos do "baixo-astral", mas persistem por mais de três semanas. Geralmente, eles são mais graves, e incluem desespero e sensação de inutilidade. Muitas vezes, a mãe perde o interesse de se alimentar e não consegue dormir.

Uma mãe de gêmeas recorda: "Na quinta noite, subitamente desenvolvi aquele medo de que, se eu dormisse, poderia não acordar para amamentá-las. Fiquei sentada na cama, lendo a noite toda. Durante sete noites, fiquei sentada, ouvindo cada ruído que elas faziam, apavorada demais para dormir, mas incapaz de conversar com alguém a respeito."

Felizmente, a forma mais grave, chamada de psicose pós-parto, é rara, mas é realmente gravíssima. Ela atinge apenas uma em cada três mil mães, mas pode ser debilitante e colocar em risco a própria vida. Essas mulheres tornam-se incapazes de agir, e têm alucinações ou ficam obcecadas com idéias de suicídio ou homicídio.

Embora a depressão e a psicose pós-parto tenham muitas causas, incluindo possivelmente uma predisposição genética e crises anteriores de doença mental, os fatores ambientais aparecem com freqüência. Mães que se sentem isoladas e sem apoio algum, com baixa auto-estima, correm maior risco.

Mas existe uma causa ambiental que pode ser controlada: a fadiga. Esta é outra razão pela qual temos que descansar o máximo possível, sobretudo nas primeiras semanas e meses. Se você é jovem e saudável, sobreviverá às noites de insônia, mas deve se cuidar (e deixar que outros cuidem de você) o máximo possível, durante os primeiros meses, quando o corpo e o estado emocional estão frágeis.

Aqui estão algumas sugestões para ajudá-la a impedir que o "baixo-astral" normal se intensifique, e para lidar com a situação quando a depressão verdadeira se instalar:

☆ Converse sobre seus sentimentos. Sobretudo, fale com seu obstetra e peça ajuda, principalmente se os sentimentos de tristeza persistirem após a primeira semana depois do parto.

☆ Entenda que seus sentimentos são, até certo ponto, razoáveis – você está passando por uma importante perturbação na vida física e emocional. Levará tempo antes de você se sentir à vontade no novo papel e confiar em sua capacidade de ser mãe.

☆ Procure imediatamente ajuda profissional se você apresentar sintomas graves, como alucinações ou idéias de causar dano a si mesma e aos bebês. E procure ajuda se a insônia se tornar um problema sério.

☆ Procure na sua cidade pela ajuda de um grupo de apoio a pessoas com depressão.

COMO A CHEGADA DE MÚLTIPLOS INFLUENCIA O CASAMENTO OU O RELACIONAMENTO

Durante os primeiros meses, os pais não dormem, não têm privacidade e nem tempo. Eles conseguem apenas se concentrar na interminável seqüência de mamadas, trocas de fraldas e banhos. Os pais podem ficar sem tomar banho, sem se alimentar, sem se barbear.

"Nós nos tornamos muito primitivos", lembra uma mãe. "A privação do sono era tanta, que eu tinha a impressão de que faria qualquer coisa para poder dormir algumas horas."

Exatamente quando você acha que não agüenta mais, é o momento em que seu parceiro está mais carente. É nesse momento que nos alegramos por ter reservado algum tempo para avaliar as habilidades de comunicação, como sugerimos no Capítulo 2. Essas imperfeições no casamento, que você conseguiu evitar antes, se tornam inevitáveis agora.

Além disso, pais que anteriormente se comunicavam bem constatam que, na nova rotina, mal se vêem. Um talvez faça o turno da noite e o outro, do dia; ou um deles concentra-se nas necessidades dos filhos mais velhos enquanto o outro cuida dos gêmeos.

Às vezes, pais nesta situação refugiam-se no mundo profissional, passando cada vez menos tempo em casa exatamente quando são mais necessários.

O que fazer:

☆ É importante não permitir a proliferação de ressentimentos. Tente perguntar, diariamente, do que seu parceiro necessita.

☆ Abracem-se freqüentemente. Às vezes, o conforto silencioso de um abraço (ou de muitos abraços) é melhor do que palavras.

☆ Mostre gratidão pelo empenho do outro.

☆ Lembre-se, e ao seu parceiro, de que esta situação é transitória. É bom lembrar que o primeiro ano pós-parto é uma continuação da gravidez – você e os bebês ainda estão se adaptando. Com o tempo, esse processo chega ao fim.

☆ Encontre maneiras criativas de reservar tempo apenas para vocês dois – mesmo que seja só meia hora. Você pode preparar uma refeição, depois acomodar os bebês no carro, dirigir até que eles adormeçam, parar o carro e fazer um piquenique sob uma árvore.

SEXO E ROMANCE

Sexo? Romance? Você mal se lembra disso. Certamente os meses imediatamente após o parto – múltiplos ou não – não são propícios à paixão. No caso de gêmeos, contudo, a falta de tempo e energia é ainda maior e mais longa. Mães que estão amamentando vários bebês sentem que vivenciam a proximidade física mais do que o suficiente, enquanto os pais se sentem privados.

Além disso, talvez a casa esteja cheia de ajudantes, sogros, babás, empregadas e diversas outras pessoas bem-intencionadas (sem mencionar os bebês), e, assim, não existe privacidade nem mesmo quando o pai e a mãe têm tempo.

É importante lembrar a si mesma – e ao outro – que a situação não durará para sempre. E, mesmo durante aquelas primeiras semanas difíceis, vocês ainda podem se abraçar, ficar juntos e se elogiarem.

Às vezes, a melhor coisa a fazer é rir. Lembro-me de quando o assunto sexo surgiu durante uma de nossas reuniões familiares para pais de gêmeos. Um casal constrangido admitiu que, quando finalmente conseguiram uma tarde livre, longe de casa, fizeram um piquenique em um parque estadual nas proximidades – e não perderam tempo.

Depois de nos contarem essa história, vários outros casais no grupo começaram a sorrir. Logo confessaram ter feito a mesma coisa – no mesmo parque!

COMO A CHEGADA DE MÚLTIPLOS INFLUENCIA OS IRMÃOS E A FAMÍLIA COMO UM TODO

Se você já tem filhos, leva a vantagem da experiência, a sensação de perspectiva e uma idéia do que esperar.

Mas há também a desvantagem – você tem outros filhos para cuidar, além dos recém-nascidos, e precisa se preocupar com os sentimentos deles. O ciúme e a rivalidade entre os irmãos e o recém-nascido são comuns em qualquer nascimento, mas, com gêmeos, existe uma adaptação muito mais complexa.

A chegada de múltiplos afeta as crianças de várias maneiras, dependendo da idade.

CRIANÇAS ENTRE 12 E 36 MESES DE IDADE

É difícil os irmãos entenderem o que está acontecendo quando os bebês chegam. Não é fácil prepará-los para esse fato porque eles não conseguem perceber o futuro claramente. Porém, eles têm menos problemas como filho único do que os irmãos mais velhos.

Crianças nessa idade enfrentam questões de independência e separação. Podem sofrer quando a mãe se ausenta para dar à luz, e se apegam a ela (ou evitam-na) quando ela retorna. Podem regredir para comportamentos anteriores, pedindo para mamar no peito ou usar mamadeira novamente, ou começam a urinar na roupa ou na cama.

Quando você voltar do hospital com os gêmeos, dê ao pequenino duas bonecas ou dois ursinhos de pelúcia (ou três ou mais, segundo a situação). Assim, a criança poderá cuidar dos ursinhos enquanto você cuida dos gêmeos, dando a ela a chance de representar e expressar, com segurança, os sentimentos em relação aos bebês.

CRIANÇAS EM IDADE PRÉ-ESCOLAR

Lembro-me que li sobre uma mãe de trigêmeos cuja filha de 3 anos de idade veio até ela certa manhã e disse: "Livrei-me dos bebês para você, mamãe!" Após vários momentos de pânico, a mãe finalmente encontrou os três aninhados no guarda-roupa. Entretanto, ela nunca entendeu como a filha conseguiu colocá-los ali.

Esta história ilustra que as crianças podem, no mínimo, ter sentimentos contraditórios em relação aos bebês. Às vezes, elas têm dificuldade em expressar sentimentos negativos ou, como essa garotinha, acabam expressando-os com eloqüência excessiva.

No lado positivo, crianças nessa idade – entre 3 e 5 anos – desenvolvem habilidades rapidamente. Quase sempre conseguem entender mais sobre o que significa ter novos irmãos ou irmãs e se orgulham de poder ajudar.

Pais podem auxiliar ao compreenderem como deve ser complicado para as crianças. Lembre-se de que, embora elas pareçam grandes se comparadas aos bebezinhos, ainda são muito jovens e vulneráveis.

Ajude os filhos a expressarem os sentimentos dolorosos de uma maneira que eles se sintam melhor. Quando seu filho disser: "Mande-os de volta ao hospital!" ou "Odeio os bebês!", é tentador negar os sentimentos com uma afirmação do tipo: "Claro que você não os odeia!" É melhor dizer algo como: "É difícil para você agora porque estou muito ocupada com os bebês", ou "Às vezes a gente gostaria mesmo que eles fossem embora. Os bebês são muito barulhentos!" E sugira algo construtivo que possam fazer com os sentimentos negativos (desenhar, pedir um abraço especial à mamãe, brigar com a boneca e não com os bebês).

No livro *Siblings Without Rivalry,* Adele Faber e Elaine Mazlish sugerem lidar amorosamente com o filho mais velho quando ele for ignorado por familiares e amigos bem-intencionados, que inevitavelmente dão toda atenção aos bebês. Podemos dizer: "Aposto que é difícil ver todo mundo babando por causa dos bebês. Da próxima vez que isso acontecer, dê-me uma piscadinha e piscarei de volta. Então você saberá que eu sei." Obviamente, ainda queremos defender o filho mais velho quando as pessoas se comportam insensivelmente perto dele. Podemos elogiar as contribuições da criança na presença dela – como, por exemplo: "Obrigada por ter vindo ver os gêmeos e Jonas. Estou muito orgulhosa de ver como Jonas tem me ajudado com eles."

Incentive o envolvimento criativo de seus filhos. Mesmo nessa idade, as crianças conseguem apertar o botão na Polaroid e tirar fotos de eventos familiares. Crianças mais velhas podem tirar fotos sozinhas. Talvez, de vez em quando, essas fotos podem ser colocadas em um álbum com palavras ditas por elas, e que os pais, ou um filho já alfabetizado, passem para o papel.

CRIANÇAS EM IDADE ESCOLAR

Após a idade de 5 ou 6 anos, as crianças ficam mais preparadas para se separarem dos pais e de casa. Elas fazem amizades e passam um tempo longe dos bebês, o que lhes dá um descanso da intensidade dos sentimentos e do barulho e caos inevitáveis da casa (sem mencionar que elas precisam ficar caladas para não acordarem os bebês).

Crianças em idade escolar são excelentes ajudantes. Contudo, tente evitar sobrecarregá-las. Você não deseja lhes dar motivo para ressentimento. Na verdade, pense em remunerá-las adequadamente pelas tarefas fora de sua rotina.

Se seus filhos nessa faixa etária podem participar de projetos familiares que são mais divertidos do que tediosos – como montar o álbum de fotos citado anteriormente, ou ajudar os irmãos menores com a tarefa –, podem vivenciar um envolvimento que vai além da simples ajuda. Podem se sentir parte importante da unidade familiar, e experimentar a diversão contida no fato de ser um irmão mais velho.

Crianças dessa idade desenvolvem outros interesses e possuem outras fontes de apoio e aprovação fora da família. São mais capazes de expressar os sentimentos com palavras, argumentar e controlar os sentimentos negativos.

Na maioria das vezes, crianças nessa faixa etária gostam da fama causada por uma família tão interessante. Seus filhos podem até lhe pedir que leve os gêmeos à escola para mostrá-los, e deixar que os coleguinhas façam perguntas – que o irmão ou irmã mais velha é capaz de responder orgulhosamente.

É também o momento de pedir que avós, padrinhos e outros familiares convidem as crianças mais velhas para sair, para que desfrutem de momentos tranqüilos com um adulto que tem paciência para ouvi-los. Avós são um fator fundamental no bem-estar das crianças enquanto os pais estão bastante preocupados.

ADOLESCENTES

Geralmente, os irmãos mais velhos de múltiplos recém-nascidos são ainda pequenos, mas certamente alguns pais de adolescentes têm gêmeos. Conheço uma mãe de dois adolescentes que teve trigêmeos.

Adolescentes podem ficar apavorados com a idéia de que seus pais têm bebês (eles ficam horrorizados, quando percebem que é o resultado de fazer sexo). Talvez estejam em uma fase rude ou contestadora da vida e não sejam muito compreensivos.

Mas adolescentes são, obviamente, bastante capazes, e podem proporcionar uma assistência valiosíssima. A preocupação mais comum com irmãos mais velhos nesse grupo etário é que os pais passem a depender tanto deles que eles perdem a chance de ser crianças

O segredo é encontrar o equilíbrio entre esperar e agradecer um nível razoável de ajuda, sem dependência excessiva.

A maioria dos irmãos acaba adaptando-se à chegada dos irmãozinhos e irmãzinhas. Mas alguns têm mais dificuldade e precisam de ajuda. Procure ajuda para o filho mais velho se ele mostrar sinais de afastamento ou depressão grave, ou de agressão física séria em relação aos bebês. Não é raro um irmão mais velho beliscar ou bater no bebê, mas isso pode ser prevenido. Se você acha que não pode proteger os bebês do filho mais velho, procure ajuda externa – para o bem dele e dos bebês.

PREOCUPAÇÕES FINANCEIRAS

Não há dúvida de que a chegada de múltiplos perturba as finanças familiares. Nós mostraremos como lidar com sérios problemas financeiros no Capítulo 15. Para muitas famílias, decisões sobre a vida profissional da mãe podem ser agonizantes. Elas necessitam dos dois salários, e a mãe deseja continuar trabalhando, mas os bebês consomem 200% de seu tempo e de sua energia.

Para muitas famílias, a carreira profissional pode ser adiada ou redefinida. Elas preferem considerar esses primeiros anos como um investimento. É melhor sacrificarmos uma certa segurança financeira se compensar na força da família posteriormente. Podemos recuperar o tempo perdido quando o assunto é apenas dinheiro, mas não quando falamos de filhos.

À medida que vivenciamos as alegrias e os desafios de nos adaptarmos aos bebês, não podemos nos esquecer de nos dar permissão para curtirmos os bons momentos. Quando sentimos o coração doer de amor pelos bebês, quando outros nos elogiam e nos orgulhamos, quando temos uma experiência particularmente bem-sucedida e nos sentimos aptos e invencíveis, temos que nos permitir curtir esses sentimentos – eles fazem parte de nossas recompensas, e os merecemos.

CAPÍTULO 8

CADA UM NA SUA

Entender e Apoiar a Individualidade dos Filhos

"Meus gêmeos têm personalidades individuais e interesses bem distintos, mas se relacionam muito bem."

A idéia de gêmeos inspira pensamentos profundos sobre a condição humana e o que nos torna diferentes e singulares.

Trazemos para esse processo todos os mitos mencionados no Capítulo 3, além de outras histórias que ouvimos sobre pesquisas com gêmeos, e depois ficamos imaginando como eles se adaptam aos nossos filhos. Como cada múltiplo forja a própria identidade, individualidade e personalidade? Até que ponto os pais influenciam esse processo, e até onde vai a tarefa das próprias crianças? Como os gêmeos definem sua identidade? Como a condição de par os influencia?

Os pais precisam entender o que é a condição de ser gêmeos, até que ponto os gêmeos podem ser iguais ou diferentes, e como a personalidade de cada um se desenvolve. E os pais têm que ver o seu papel como mentores ou treinadores, e não criadores da individualidade dos filhos.

Individualidade, independência e o vínculo entre gêmeos – esses são temas recorrentes para os múltiplos durante toda a vida. E, para vocês, pais, essas questões surgem repetidamente, à medida que apóiam o amadurecimento dos filhos como indivíduos e incentivam o relacionamento positivo entre eles enquanto bebês, crianças em idade escolar, adolescentes e, até mesmo, adultos.

Na verdade, nós, pais, não transformamos os gêmeos em indivíduos; eles já nascem indivíduos. Nosso trabalho é criar um ambiente onde eles possam forjar a própria identidade enquanto crescem.

IMPLICAÇÕES DA ZIGOSIDADE

Como argumentamos no Capítulo 1, a zigosidade é um de vários fatores que influenciam até que ponto os múltiplos serão semelhantes ou diferentes.

Se os gêmeos forem dizigóticos, terão o mesmo grau de semelhança genética que quaisquer dois irmãos nascidos separadamente. Conseqüentemente, eles podem ter muitos traços em comum e forte semelhança entre si, ou não.

Se os gêmeos são monozigóticos, compartilham mais traços, mas também apresentarão algumas diferenças. Quando minhas filhas monozigóticas nasceram, não eram idênticas. Krista, a primeira a nascer, pesava 2,6 kg. Ela tinha muito cabelo, marca de nascimento em uma perna e a face um pouquinho mais longa do que a da outra. Kelda pesava 3 kg, tinha pouco cabelo, marca de nascimento em um braço e rosto redondo.

Kelda, que tinha muito mais liberdade de movimento no útero, estava relaxada. Krista, que ficara presa em espaço limitado, e que por ser a primogênita passara mais tempo no canal do parto, era uma observadora atenta. Tenho a impressão de que o fato de ela ter que se conter em espaço tão pequeno no útero lhe ensinou a ser estratégica. Nossa família brincava, dizendo que ela tinha mais cabelo do que Kelda porque era a única coisa com espaço para crescer. Talvez estivéssemos certos!

A IMPORTÂNCIA DE DIAGNOSTICAR A ZIGOSIDADE

Se você não descobriu a zigosidade antes de os bebês nascerem, certamente desejará fazê-lo após o nascimento – a menos que eles sejam um menino e uma menina, deixando claro que são dizigóticos.

Existem razões importantes para sabermos. Primeiro, é direito dos gêmeos e outros múltiplos conhecerem sua origem, e a zigosidade é um aspecto essencial dela. Acho inconcebível que eles e as famílias não saibam. Obstetras me diziam que achavam que não era bom para os pais saberem a zigosidade dos bebês porque isso poderia influenciar a maneira como cuidariam deles.

Porém, talvez os pais *devam* ser influenciados por um elemento tão importante da identidade dos filhos. Na verdade, existe evidência de que a zigosidade influencia o cuidado prestado pelos pais quando esses a desconhecem.

As pesquisas mostram que, quando os pais estavam enganados sobre a zigosidade dos gêmeos, cuidavam deles de maneira que refletiam a verdadeira zigosidade dos filhos. Pais de monozigóticos os tratavam mais similarmente mesmo quando acreditavam que fossem dizigóticos porque reagiam às necessidades similares dos bebês. E pais de gêmeos dizigóticos os tratavam mais distintamente, mesmo acreditando que eram monozigóticos em conseqüência das necessidades distintas.

Mas faz sentido para os pais conhecerem a zigosidade dos filhos. Se os gêmeos forem dizigóticos, por exemplo, terão as mesmas diferenças de desenvolvimento e personalidade que quaisquer irmãos comuns. Saber isso sobre os gêmeos significa que provavelmente procuraremos menos similaridades entre eles e ressaltaremos as diferenças.

ESTUDOS DE GÊMEOS – O QUE AS PESQUISAS REVELAM SOBRE A INDIVIDUALIDADE NO DESENVOLVIMENTO GEMELAR

Até o nascimento de minhas gêmeas levar-me a procurar informações sobre o desenvolvimento gemelar, supus que os “estudos de gêmeos” sobre os quais eu ouvira falar a vida toda eram apenas sobre gêmeos. Logo aprendi que não. "Estudos de gêmeos" no sentido geral refere-se ao uso de gêmeos como ferramentas de pesquisa.

Psicólogos e geneticistas comportamentais usam gêmeos para estudar a contribuição relativa de genes e ambiente para o desenvolvimento humano. Visto que gêmeos monozigóticos têm a mesma constituição genética, quaisquer diferenças na personalidade e comportamento são atribuídas ao ambiente. Muitas contribuições valiosas para a compreensão do desenvolvimento humano originam-se desse trabalho, mas grande parte das conclusões não é útil para orientação dos pais.

Os resultados de pesquisas que podem ajudar pais a educarem múltiplos não são difíceis de encontrar, mas às vezes são distorcidos. Quase sempre artigos sobre gêmeos e pesquisas sobre eles na mídia popular enfatizam aspectos sinistros ou estranhas coincidências, como gêmeos que se encontraram anos depois e constataram que tinham filiações partidárias, preferências por roupas e alimentos e profissões idênticas. De manchetes como "Gêmeos: Clones da Natureza" e "Problema Dobrado", chega-se à conclusão de que gêmeos não são pessoas comuns.

Os resultados que a pesquisa genética oferece sobre o desenvolvimento gemelar são, em grande parte, subprodutos da pesquisa, não seu enfoque disso. E porque faz parte da natureza da pesquisa genética mensurar características quantificáveis e não as nuances da situação de vida de determinada família, mesmo os resultados relevantes para os pais podem ser muito generalizados e de pouca utilidade.

Contudo, existem algumas exceções notáveis, e nos referimos aos resultados desses estudos mais detalhadamente neste livro.

O Louisville Twin Study, por exemplo, realizou pesquisas em longo prazo acompanhando centenas de gêmeos recém-nascidos e maiores dentro do contexto familiar, obtendo muitas informações úteis. Esses pesquisadores constataram, por exemplo, que gêmeos entre 12 e 36 meses de vida podem reduzir a ansiedade da separação um do outro quando a mãe sai do quarto, e que gêmeos com atraso no desenvolvimento, resultante da prematuridade, geralmente alcançam as outras crianças quando atingem a idade escolar.

Um estudo feito pelo psicólogo australiano David Hay documentou o impacto sofrido pelas famílias que têm gêmeos. Essa pesquisa proporcionou base para a idéia de que não é necessário separar gêmeos nas primeiras séries escolares, e demonstrou como a relação entre eles pode oferecer conforto e apoio mútuos durante a adolescência.

Em minhas primeiras buscas por informações sobre desenvolvimento de gêmeos, fiquei aliviada ao encontrar o livro *Twins and Twin Relations*, de Helen Koch. Ela descreve sua pesquisa pioneira na Universidade de Chicago, focada pura e simplesmente no desenvolvimento de gêmeos. A análise de Koch inclui a discussão de temas importantes para os pais, como, por exemplo, a situação escolar e a interação entre domínio e submissão entre gêmeos.

Minha busca levou-me à National Organization of Mothers of Twins Clubs (NOMOTC), nos Estados Unidos, e à Parents of Multiple Births Organizations (POMBA), no Canadá. Essas redes nacionais de associações de pais são uma fonte de informações, apoio e recursos mútuos para pais. Os integrantes são cortejados por cientistas em busca de um suprimento constante de gêmeos para participarem como sujeitos em estudos de questões de natureza – cuidados. Infelizmente, para nós, pais, muitos desses pesquisadores têm pouquíssimo interesse em analisar os aspectos do desenvolvimento de gêmeos que afetam a vida cotidiana. Apesar do fato de "estudos de gêmeos" existirem há cem anos, nós, pais, ainda não temos um quadro coerente das complexidades de seu desenvolvimento.

Grande parte dos trabalhos atuais que tenta contribuir para o contexto do desenvolvimento de gêmeos é feita não pela comunidade de "pesquisas de gêmeos", mas por psicólogos, lingüistas, obstetras, pediatras e assistentes sociais que buscam respostas para as questões intrigantes feitas pelas famílias de gêmeos – questões sobre cuidados práticos, relacionamento, vida escolar e maneiras pelas quais os pais podem ajudar os filhos a se desenvolverem como indivíduos.

CUIDANDO DE GÊMEOS SEGUNDO SUA NATUREZA

Qualquer pai de recém-nascido pode nos dizer muito sobre as características do bebê. Cada bebê apresenta traços de personalidade desde o início. Alguns são calmos e despreocupados, outros são dorminhocos. Alguns são hipersensíveis e assustados, tendo dificuldades para se acomodarem. E existem os observadores, facilmente distraídos por tudo o que acontece ao seu redor.

Gêmeos e outros múltiplos podem ter muitas características similares e muitas distintas. Como já dissemos anteriormente, similaridades e diferenças em gêmeos recém-nascidos estão relacionadas tanto à herança genética quanto às experiências na vida uterina.

O que nós, pais, fazemos com essas informações? Até que ponto influenciamos o desenvolvimento e o relacionamento dos bebês?

Há um volume crescente de pesquisas científicas sugerindo que a relação entre nossa constituição genética e nosso ambiente é muito mais complexa do que pensávamos. Não é mais uma questão do tipo ou/ou no que diz respeito a entender a influência relativa da natureza e cuidados no desenvolvimento do indivíduo. Estamos começando a compreender mais completamente que, além de as características herdadas pelas crianças serem influenciadas pelo ambiente, as próprias crianças influenciam o ambiente, incluindo o estilo de prestação de cuidados dos pais.

Devemos muitos desses enfoques aos pesquisadores pioneiros como Jerome Kagan, psicólogo cujas pesquisas com bebês e crianças revelaram muito sobre o temperamento e suas origens biológicas. Em seu estudo sobre crianças, que durou décadas, os psiquiatras Stella Chess e Alexander Thomas demonstraram a coerência da personalidade e do temperamento no decorrer do tempo.

Também estamos aprendendo que as influências genéticas se tornam mais fortes com o tempo. Visto que o útero é o ambiente mais provável de ter a influência mais forte sobre as diferenças entre gêmeos, é natural esperar que as similaridades entre gêmeos monozigóticos aumentem à medida que eles amadurecem. Isso, sem dúvida, foi válido para minhas filhas monozigóticas, que na vida adulta possuem mais aspectos semelhantes do que na infância.

Os cientistas discordam no que diz respeito ao impacto relativo de genes e educação sobre a personalidade do indivíduo. Thomas Bouchard, diretor do Minnesota Study of Twins Reared Apart, acredita que 70% da personalidade está relacionada à genética e 30% ao ambiente em que vive. Outros, como Adam Matheny, diretor do Louisville Twin Study, que acompanha gêmeos criados juntos, acham que é uma hipótese meio a meio.

DIFERENÇAS EM GÊMEOS RECÉM-NASCIDOS

Em um dos estudos de Louisville, gêmeos monozigóticos recém-nascidos apresentaram valores tão semelhantes quanto gêmeos dizigóticos recém-nascidos em uma escala de variáveis, incluindo atividade física, atenção e temperamento. Após seis meses, os gêmeos monozigóticos começam a apresentar mais similaridades, e os dizigóticos, mais diferenças.

Bouchard constatou que gêmeos monozigóticos criados separados são mais similares do que alguns criados juntos. Isso sugere que os gêmeos monozigóticos que crescem juntos criam, digamos, sistemas para divisão do território. É possível que, se estivessem separados, eles também pudessem ser mais parecidos.

REAÇÃO DOS PAIS ÀS DIFERENÇAS

A tecnologia ultra-sonográfica nos dá mais evidências dramáticas das origens genéticas do comportamento. Usada para estudar a atividade e as interações de gêmeos monozigóticos e dizigóticos no útero, ela revelou que todos os bebês, monozigóticos e dizigóticos, têm estilos comportamentais distintos. E cada par de gêmeos tem seu estilo distinto de interação – alguns buscando contato mútuo, e outros o evitando. Os bebês, então, continuam a apresentar o mesmo comportamento e estilo de relacionamento durante o primeiro ano de vida.

Os pais reagem a essas diferenças nos filhos, de maneira que nenhum par de gêmeos é tratado exatamente do mesmo jeito. Por exemplo, algumas mães dão atenção especial ao bebê com mais problemas de saúde. Obviamente, é natural dar mais atenção ao bebê que precisa de cuidados especiais. É possível, contudo, que isso se torne um hábito que persista além do necessário.

Todos esses resultados representam boas notícias para os pais. Estamos livres do antigo mito que dizia que dependia dos pais arquitetar o comportamento dos filhos, e, no caso de gêmeos, "fazê-los" diferentes.

Contudo, também temos que estar atentos para reajustar nossas reações às diferenças de nossos filhos à medida que eles crescem e mudam. Aqui está um exemplo de como as diferenças no peso de nascimento de minhas filhas influenciaram-me a demonstrar, inconscientemente, preferência por uma delas.

Como adolescente, Kelda se lembrava de quando elas eram pequenas. Ela quis saber por que sempre dei mais geléia com torrada a Krista. A minha primeira reação foi negar que eu fora injusta. Entretanto, quando me acalmei e pensei um pouco, me lembrei de que sempre que eu percebia ter colocado mais geléia em uma torrada do que em outra, enquanto levava o café para a mesa, eu automaticamente dava aquela com mais geléia para Krista, que nasceu pesando 400 gramas a menos do que Kelda. (Krista era saudável; ela era apenas magra em comparação à irmã mais gordinha.)

Fiquei contente por Kelda ter me perguntado aquilo, e ela se sentiu aliviada ao ouvir minha explicação. Não tive a intenção de demonstrar favoritismo, mas, do ponto de vista dela, eu favorecia Krista. O que vejo agora é que eu estava sendo influenciada pela diferença no peso de nascimento muito depois de ele ter qualquer conseqüência real. O peso de Krista igualou-se ao de Kelda em poucas semanas e permaneceu praticamente igual desde então.

TEMPERAMENTO

Marilyn Riese, do Louisville Twin Study, comparou a previsibilidade do temperamento entre gêmeos de peso de nascimento normal e aqueles de baixo peso. Ela observou o nível de atividade, intensidade de reação, estado de distração e outras mensurações do temperamento inato.

Riese constatou que a qualidade do temperamento vista em recém-nascidos de peso normal previa seu temperamento aos 30 meses de vida. Não havia previsibilidade para o temperamento de bebês de baixo peso de nascimento. Esses dados sugerem que as características do temperamento estão presentes no nascimento e costumam persistir em bebês de peso normal, mas em recém-nascidos com baixo peso o temperamento é menos fixo. Essa pesquisa comprova outros estudos que encontraram uma conexão entre temperamento e peso no nascimento, e sugere que o baixo peso de nascimento pode afetar o desenvolvimento do temperamento. Isso significa que, se os bebês nascerem com peso normal, podemos esperar que o temperamento deles permaneça relativamente inalterado à medida que crescem.

Um estudo de felicidade em gêmeos constatou que a felicidade de gêmeos monozigóticos era mais similar do que a de gêmeos dizigóticos criados juntos. Para os gêmeos monozigóticos no estudo, o grau de felicidade de cada indivíduo tinha maior probabilidade de espelhar a felicidade do outro e não as circunstâncias da vida. Fatores como poder aquisitivo e estado civil, que supomos influenciar a sensação de bem-estar, deram a impressão de causar menos impacto. Isso sugere que a felicidade pode estar fortemente relacionada a nossa constituição genética.

Pode-se esperar que a felicidade em gêmeos dizigóticos seja tão similar ou diferente como para a maioria de quaisquer irmãos, e, em gêmeos monozigóticos, ela seja a mesma com o passar do tempo. Se um de seus gêmeos monozigóticos apresentar declínio acentuado na felicidade, isso pode indicar um problema que precisa ser analisado.

Conheço gêmeos monozigóticos com 7 anos de idade, ambos atletas talentosos, que geralmente eram descontraídos e alegres. Quando um subitamente se retraiu, os pais se preocuparam e passaram a investigar a causa. Os garotos estavam no mesmo time de beisebol e o treinador insistiu que o time todo rebatesse com a mão direita. A principal diferença física entre os dois era um ser destro e o outro, canhoto (eram gêmeos "espelhados"), e essa regra irracional colocou um deles em nítida desvantagem em uma área que significava muito para ele. Os pais não teriam detectado o problema rapidamente se não tivessem percebido a diferença no humor dos garotos.

RESPEITANDO O RELACIONAMENTO ENTRE OS GÊMEOS E OS MÚLTIPLOS

O que é a relação entre gêmeos? É especial? É boa, ruim ou um pouco de cada? Por que ela permeia a vida familiar?

Múltiplos nascem com uma conexão especial que é certamente física: compartilharam o útero durante sete a nove meses, algo que nenhum outro ser humano vivencia. A conexão também é psicológica. Gêmeos recém-nascidos parecem cientes da presença do outro e mostram apego crescente entre si, assim como aos pais. Quando os múltiplos são monozigóticos, a semelhança física e mesmo o temperamento e as habilidades intensificam esse vínculo.

Para gêmeos dizigóticos, que podem ou não ter características físicas e temperamentos similares, a conexão talvez seja menos intensa, mas, independentemente do seu grau de compatibilidade, eles terão um vínculo vitalício.

A existência do vínculo entre gêmeos representa um paradoxo incomum para os pais, que precisam estimular o desenvolvimento de independência nos filhos enquanto, ao mesmo tempo, os incentivam a manter um relacionamento positivo. Nos capítulos seguintes, analisaremos a variedade de relacionamentos entre gêmeos nas diversas idades e etapas do desenvolvimento.

Lembre-se de que o relacionamento entre múltiplos é tão dinâmico quanto entre membros de qualquer outro par. Há ocasiões em que a parceria é harmoniosa, e, em outras, parece com uma cena de combate. Saber que essas flutuações constantes de sentimentos são normais nos ajudarão a curtir os bons momentos e enfrentar as tempestades.

Assim que descobrimos a zigosidade dos bebês e aprendemos o que esperar em termos de diferenças ou semelhanças, estamos prontos para a arte de educar múltiplos, que é realmente uma arte, e não uma ciência exata. É bom nos lembrarmos de que não somos responsáveis por transformá-los em indivíduos, como observamos anteriormente. Eles já nascem indivíduos. Nossa responsabilidade como pais é reagir às necessidades de cada bebê e respeitar o relacionamento entre eles, para que possam desenvolver o senso seguro de si mesmos e uma visão positiva do fato de serem gêmeos.

COMO HONRAR E PROMOVER A INDIVIDUALIDADE

"Qual dessas sou eu?", Kelda, de 3 anos de idade, perguntou ao pai enquanto olhavam antigas fotos de bebês. A confusão dela era típica do que pode acontecer quando os gêmeos são tão parecidos que nem mesmo eles podem se distinguir em fotografias.

Mas isso não significa que gêmeos não saibam quem são. Embora outros talvez não consigam diferenciá-los por fora, internamente cada um se conhece como indivíduo.

Enquanto vai se preparando para o nascimento dos bebês, você pensa sobre quem eles serão e como se relacionará com eles. E talvez você pergunte a si mesmo se será capaz de distingui-los, e se preocupa com o fato de misturá-los.

Se os bebês forem monozigóticos, dizigóticos ou uma mistura de ambos, reconheceremos a individualidade deles ao nascerem, ao menos de maneira geral. Talvez não sejamos capazes de identificar todas as características de suas personalidades, mas cada bebê demonstrará seu comportamento e temperamento singulares.

Se forem muito parecidos, provavelmente não conseguiremos distingui-los em um piscar de olhos. Mas indicações visuais não são o segredo para suas identidades. Lembre-se do antigo provérbio: "As aparências enganam". Quando os seguramos, um por um, ou todos juntos, começamos a perceber quem é cada um deles.

QUEM É QUEM¿ E DE QUEM É O QUÊ¿

"Quando eu era criança, me lembro de ser colega de escola de gêmeos parecidos e que se vestiam do mesmo jeito. Eles tinham nomes engraçadinhos que rimavam, e as outras crianças sentiam dificuldade para distingui-los. Assim que fiquei sabendo que teria gêmeos, eu queria acreditar que as outras crianças os veriam como indivíduos e fizessem amizades como tal. Nós começamos pela escolha de nomes completamente diferentes. Quando os bebês nasceram, evitamos vesti-los com roupas parecidas."

Muitos pais preocupam-se com os nomes e roupas que escolhem para os gêmeos. Os pais sabem que esses atributos afetarão a maneira como os filhos serão tratados e como as outras crianças o verão. Uma mãe surpreendeu-se com a intensidade da própria reação quando outra criança confundiu seus gêmeos.

"Eu lhe disse quem era quem, o menino me olhou e respondeu: 'O que importa¿' Embora ele fosse apenas uma criança, fiquei tão aborrecida que chorei."

No Capítulo 6, falamos sobre como diferenciar recém-nascidos enquanto cuidamos deles nas primeiras semanas. Tais técnicas simples, como atribuir a cada um determinada cor em alguns de seus objetos, ajudam não apenas a distinguir itens nos primeiros meses, mas também ajudam as crianças a identificarem o que é "delas" enquanto crescem.

ROUPAS

A codificação por cores pode ser útil nos primeiros meses, e até mesmo nos primeiros anos. À medida que crescem, as crianças podem escolher novas cores a cada aniversário. Mas essa técnica faz sentido apenas se for útil e divertida. Às vezes, as crianças começam a ver as roupas como uniformes a serem usados, querendo ou não. Suponha que suas duas filhas queiram usar cor-de-rosa!¿ "Mamãe deve gostar mais de você do que de mim. Você sempre usa os vestidos cor-de-rosa e eu tenho que usar os azuis", disse uma garotinha de 6 anos de idade.

Uma questão importante entre pais de gêmeos é se, e quando, deve vestir os filhos com roupas iguais. "Ouvi dizer que não devo vestir meus gêmeos com roupas idênticas, mas ganhamos muitos conjuntinhos iguais", disse uma mãe. "Perguntei à pediatra o que fazer, mas ela não soube me responder. Eles serão prejudicados se vestirem roupas iguais?"

A resposta para essa pergunta pode parecer complicada, mas na verdade é bem simples. Quando gêmeos vestem roupas semelhantes, cada um é submerso na identidade do grupo. Eles se tornam "os gêmeos" ou "os quádruplos". Quando se vestem individualmente, destacam-se como indivíduos – até certo ponto.

Quando se sentir tentada a vesti-los com roupas iguais, e isso acontece com todo mundo, ao menos de vez em quando, pense no impacto. Você é capaz de distingui-los? E as outras pessoas? Pense no efeito "estrela" que eles vivenciarão quando estranhos correrem até o carrinho, gritando: "Vejam, gêmeos!" Às vezes, gostamos dessa reação. Desfrutar o brilho da atenção pública pode ser um estímulo para o espírito durante uma semana longa e árdua. Mas, para as roupas cotidianas, deixe que cada bebê tenha seu guarda-roupa.

Obviamente, quando são recém-nascidos, podemos vesti-los da maneira mais prática para nós. Nas primeiras semanas, faz sentido manter juntas todas as roupas cotidianas dos bebês no local da troca de fraldas. Contudo, providencie para que cada bebê tenha, no mínimo, algumas peças de roupa individuais. (Isso também ajuda a identificá-los posteriormente em fotos).

Quando os gêmeos se tornam sensíveis à reação dos outros, use as roupas para ajudar as pessoas a distingui-los. Deixe que eles usem os conjuntinhos iguais em dias distintos. Cada criança pode ter um vestidinho cor-de-rosa, mas não é preciso usá-lo no mesmo dia.

Para crianças em idade pré-escolar, um broche individualizado para cada uma, que possa ser usado com qualquer traje, é outra forma de ajudar os outros a identificá-las.

A posse de roupas e brinquedos dá a cada bebê a percepção inicial de individualidade. Quando eles têm idade suficiente para começarem a se vestir sozinhos, poderão exercer certo controle sobre o que desejam trajar. Ao escolherem as roupas, cada um tem a oportunidade de expressar a própria individualidade.

Vestir é uma das poucas atividades em que as crianças podem ter permissão segura para fazer escolhas independentes. Para gêmeos, é uma maneira segura de demonstrar independência do relacionamento com o outro. Meias trocadas e camisas listradas com calças de bolinha são o pequeno preço a pagar por permitir flexibilidade nessa área.

Podemos constatar que nossos filhos desenvolvem sentimentos intensos sobre a propriedade de itens específicos do vestuário. Quando minhas filhas tinham cerca de 5 anos de idade, uma prima mais velha veio nos visitar, trazendo para Krista e Kelda vários de seus vestidos, agora pequenos para ela. Eu as mandei para o andar superior com a sacola para dividirem as roupas entre si. Quando elas se reuniram conosco, cada uma vestia um dos vestidos "novos".

Percebi que o de Krista estava estranhamente armado. Quando lhe perguntei por quê, ela me mostrou que estava com dois vestidos sobre o favorito, que tinha uma boneca no bolso. Seu estratagema fora planejado para impedir que Kelda visse e brigasse pelo prêmio – e funcionou!

Quando as roupas são iguais, talvez você não seja capaz de distinguir os filhos qualquer que seja a distância. É um problema sério quando nos perdemos deles em locais públicos, precisamos fazer um anúncio e não sabemos que nome chamar. Seria bom pensar em diferenciá-los por meio do corte de cabelo, fitas nos cabelos ou cadarços dos sapatos.

BRINQUEDOS

Outra área importante de propriedade e escolha é a de brinquedos. As crianças devem ter brinquedos próprios. Gêmeos, trigêmeos e outros também. Obviamente, podem compartilhar blocos de montar, como irmãos sempre fazem, mas cada criança deve ter alguns brinquedos individualizados.

Existem vantagens importantes na propriedade de brinquedos. Quando a criança possui determinado brinquedo, poderá aprender a compartilhá-lo. Não podemos compartilhar o que não nos pertence. É melhor comprar objetos menores e mais baratos para cada criança do que comprar um objeto caro para ser usado por todos. Os brinquedos podem ficar juntos em cestos ou prateleiras, desde que cada criança conheça os seus.

Escolher brinquedos para cada bebê é simples no início. No estágio mais precoce da vida extra-uterina, e até mesmo no início da infância para alguns, as preferências e os interesses dos gêmeos podem ser tão parecidos que eles reagirão melhor se receberem os mesmos brinquedos. Em nossa família, foi o que aconteceu até que cada uma atingisse idade suficiente para fazer a lista dos brinquedos desejados. Quando Kelda e Krista começaram a andar, tentamos lhes dar brinquedos distintos, mas equivalentes, como presentes, como um fantoche de gato e um de baleia ou um caminhão-betoneira e um de bombeiro.

Isso era sempre desastroso, porque uma achava que a outra ganhara o melhor presente. Na verdade, elas nem mesmo olhavam os presentes que estavam abrindo. Uma ficava de olho no pacote da outra. Quando o conteúdo era distinto, elas ficavam muito decepcionadas. Contudo, as duas encontraram uma solução criativa – trocavam! Isso se tornou sua prática padronizada. Quando o conteúdo era o mesmo, Kelda e Krista suspiravam aliviadas porque poderiam ficar com seu presente.

NOMES

Escolher o nome do bebê é um processo fascinante, que levanta inúmeras questões:

O nome combinará com as crianças?
O nome combina com o sobrenome?
Usaremos um nome já existente na família?
As iniciais formarão alguma palavra estranha? Esse nome provocará piadas ou brincadeiras?
O nome resultará em um apelido de que não gostamos?

O processo de escolher nomes para mais de um é mais complexo porque temos todos esses fatores a considerar, e mais alguns. Por exemplo, nós queremos nomes que enfatizem o fato de que eles são gêmeos ou mais? Esse seria o caso com nomes que começam com a mesma letra (Ana, Alberto, André), ou que rimam ou têm som similar (Deise e Denise, Taís e Laís). Nomes que são usados juntos em algum outro contexto (Romeu e Julieta, Vítor e Vitória) também enfatizam a condição de gêmeos.

Mas existem muitos nomes que soam bem juntos e enfatizam a individualidade. Nomes distintos os ajudarão, e aos outros, a terem a sensação nítida de quem está conversando com quem.

Podemos também questionar se os nomes soam bem quando ditos juntos, pois é isso que acontecerá, com o *e* entre eles. Ana e André, por exemplo, podem ser difíceis de pronunciar.

Se você pretende usar nomes de família, tanto como o primeiro ou o segundo nome, pense na escolha sob o ponto de vista de cada criança. É melhor dar aos gêmeos um nome de família, ou nenhum, do que dar o nome apenas a um deles.

Escolha nomes que você gosta de dizer, e comece a usá-los desde o início. É bom evitar chamá-los de "os bebês" ou "os trigêmeos" ou "os gêmeos" o tempo todo. Sinto-me constrangida ao recordar como cobrávamos de nossos vizinhos quando cumprimentavam "as gêmeas". Nós os repreendíamos e dizíamos que tinham que usar os nomes das meninas. Mas eles realmente não sabiam quem era quem e, por isso, se referiam a elas como "as senhoritas", e assim o fazem até hoje.

CONVERSAR COM OS MÚLTIPLOS SOBRE ELES MESMOS

Quando conversamos com outras pessoas sobre nossos bebês, naturalmente usamos os nomes. Quando os descrevemos, referimos às suas qualidades positivas: "Dora é muito tranqüila", "Sara está sempre de bom humor." Evite rótulos que possam prendê-las a estereótipos positivos ou negativos, ou papéis limitados. Rotulando-se um dos garotos como atleta aos 3 anos de idade, e sua irmã, como cantora, aumentamos seus desafios de desenvolvimento. Posteriormente, se a "cantora" desejar praticar determinado esporte e se o "atleta" quiser tocar algum instrumento, eles terão que combater esses rótulos e correr o risco de invadir o território do outro.

À medida que nossos filhos crescem, conversamos com eles sobre suas identidades como gêmeos também. Em algumas famílias que conheço, os pais não dizem aos filhos que são gêmeos. Embora essas crianças acabem descobrindo quando entram na escola e aprendem que nem todo mundo tem a mesma data de aniversário, podem achar que os pais não foram sinceros com eles, nem os prepararam para tantas perguntas e interesse dos outros.

Conheço uma família de trigêmeos em que um perguntou: "Mamãe, por que as pessoas sempre riem de nós?" Ele sabia que era trigêmeo, mas não entendia por que o fato era engraçado.

"O meu filho achava que ele e os irmãos estavam sendo criticados", a mãe disse. "Eu lhe expliquei que as pessoas nem sempre vêem trigêmeos, e, quando vêem, ficam surpresas e satisfeitas."

Assim que seus filhos tiverem idade suficiente para entender aniversários, você poderá lhes explicar que o deles é o mesmo, e que a maioria de seus amiguinhos tem aniversários distintos daqueles das outras crianças na família. Posteriormente, quando entenderem mais sobre reprodução, você pode falar mais sobre os dois bebês que cresceram dentro de você.

Acredito que os pais devam ser diretos e francos com os filhos sobre a condição de multiplicidade. Contudo, evitei o uso de "as gêmeas" quando eu falava sobre minhas filhas, me referindo a elas pelo nome ou como "minhas filhas".

Você também terá que decidir como conversar sobre a questão de quem é "mais velho". Certamente, nascer alguns minutos antes do outro mal confere maturidade maior, mas o mundo em geral parece muito interessado em saber quem nasceu primeiro. Falei recentemente com uma mãe de gêmeas adultas que até hoje se refere às filhas como "minha mais velha" e "minha caçula".

Evitei contar às minhas filhas quem nasceu primeiro até entrarem no ensino fundamental. Crianças muito pequenas dão muita ênfase à idade, e designar uma como "mais velha" pode lhe dar uma condição dominante artificial.

EDUCANDO E CUIDANDO DOS BEBÊS INDIVIDUALMENTE

Embora seja verdade que os nomes e guarda-roupas sejam uma expressão de sua atitude em relação à individualidade e condição gemelar deles, as maneiras como você se relaciona com os gêmeos terão maior influência sobre seu senso de individualidade em desenvolvimento e como participantes da "equipe de gêmeos".

Mas não é fácil. Como disse uma mãe de trigêmeos, exausta: "O pediatra me disse para passar momentos especiais com cada um dos meus filhos diariamente. Como? Mal vou ao banheiro."

A fórmula básica para aplicar aqui é dar a cada criança o que é necessário e quando for necessário. Quando não for possível, explique ou informe à criança que você compreende a situação de outras maneiras.

A melhor orientação que recebi do pediatra quando Krista e Kelda eram recém-nascidas foi prosseguir cuidando delas como uma unidade para o bem de nossa sobrevivência física. E como fiquei aliviada por ter "permissão" de fazer o que a necessidade me obrigava a fazer! Eu amamentava as duas juntas, dava banho em uma e logo depois na outra, e tentava, nem sempre com êxito, colocá-las para dormir no mesmo horário. Mesmo assim, durante muitas noites, pude dormir apenas duas horas.

Podemos ter a impressão de que esse cuidado "em grupo" seja impessoal. Mas, na realidade, existem muitas maneiras de criarmos vínculos com cada criança enquanto cuidamos delas em grupo. Aquela que chora é confortada, a faminta é alimentada e quem estiver com a fralda molhada será trocada.

Quando ambos ou todos precisam de alguma coisa ao mesmo tempo e você não consegue atendê-los de uma só vez, informe-os. Eles aprenderão a esperar! Você pode cantar uma canção tola sobre esperar, mesmo quando os bebês estão berrando. Pode tranqüilizá-los com a voz calma, suave, de que a vez de cada um deles chegará. E o tempo todo você se relaciona com aquele que está carregando ou trocando.

Você os chama pelo nome, conversa com cada bebê enquanto os troca, conta os dedinhos dos pés, explica-lhes o que está fazendo. "Mamãe está trocando sua fralda. André está chorando porque ele também precisa trocar a fralda."

Naturalmente, os bebês não entendem as palavras, mas entendem seu tom. Aos poucos, dia a dia, a mensagem é transmitida: "Mamãe (ou papai) cuida de mim. E mamãe (ou papai) cuida de você. Por isso tenho que esperar." A confusão diminui. Todos os bebês ouvem o que você diz ou canta enquanto cuida deles. Você pode ficar junto com cada bebê ao mesmo tempo em que cuida do grupo.

Ouvimos muitas orientações e conselhos para reservarmos tempo especial a sós com cada um dos bebês todos os dias, mas, provavelmente, não ouvimos isso de pais que têm gêmeos. Eles sabem que a idéia é boa, mas, nos primeiros dias, não é muito prática. Os pais também sabem que as oportunidades para momentos despendidos a sós aumentam à medida que os bebês crescem e podem divertir-se sozinhos em segurança. Então será possível deixar um no chiqueirinho com o brinquedo preferido enquanto você carrega o outro e prepara o jantar.

Naturalmente, a personalidade dos bebês começará a afetar as maneiras nas quais vocês passam momentos juntos – e separados. Talvez existam algumas atividades que todos os bebês ou crianças maiores adoram compartilhar, como fazer bolhas de sabão ou brincar com massinha, mas também há ocasiões em que eles desejam ficar separados.

Durante a lactância, a sua prioridade será dar atenção a cada bebê e responder às necessidades pessoais dele. Capitalize oportunidades que surgem para despender momentos especiais com cada um, mas não se preocupe em fabricar essas ocasiões. Com o tempo, você terá cada vez mais oportunidades para ficar a sós com um e com outro. Um pode acordar antes do outro e ir ao supermercado com o pai. O outro, ainda dormindo, fica em casa com a mamãe e tem uma hora especial de histórias quando acordar.

À medida que as crianças crescem, podemos reavaliar se estamos passando tempo suficiente com cada uma delas. Acrescentar mais tempo talvez exija alguns preparativos – como, por exemplo, caminhar juntos uma vez por semana, se houver alguém para cuidar do outro, ou horários de dormir distintos. Não é necessário ser muito tempo. O fato de saber que você estará disponível apenas para um de cada vez será reconfortante e positivo para a individualidade de cada filho.

Talvez seja um desafio ainda maior, mas devemos tentar fazer com que os dois passem algum tempo sozinhos. Não é fácil, e talvez não haja espaço disponível, mas, com o decorrer dos meses, eles precisarão sentir-se à vontade com o isolamento de vez em quando. Gêmeos adultos, ao analisarem o passado, às vezes não acreditam que nunca ficaram sozinhos por um minuto durante a infância.

Se você preparou tudo com antecedência, constatará que educar gêmeos como indivíduos ocorre naturalmente. Nem sempre você se concentrará em roupas e nomes. À medida que a família cresce e evolui, enquanto você amamenta seus filhos, ajuda-os com os deveres de casa e saem de férias, tratá-los como indivíduos será tão natural quanto amá-los.

Parte 2

Crescendo Juntos

CAPÍTULO 9

A MARATONA DOS BEBÊS

O Primeiro Ano dos Múltiplos

"Eles se dão as mãos e se tocam no rosto. À noite, eu os coloco em extremidades opostas do berço, mas os dois sempre acabam juntos, abraçados."

Os primeiros meses com os múltiplos são provavelmente confusos. Você está se recuperando da gravidez e do parto, sofrendo de fadiga e de todos os elementos do choque de ter gêmeos que já mencionamos anteriormente.

O período de adaptação pode variar de alguns meses a cerca de um ano. As interrupções no sono pelas mamadas noturnas serão substituídas pelas perturbações da dentição. Contudo, de tempos em tempos, o nevoeiro diminui, e podemos nos afastar um pouco e avaliar nossa família e o desenvolvimento dos bebês.

Os pais de um bebê podem facilmente ficar fixados em questões sobre o desenvolvimento do filho: "Por que ela ainda não vira na cama, se o irmão mais velho conseguiu com a mesma idade?", "Ela está mesmo sorrindo para mim?" Perguntas sobre a saúde, felicidade e realizações do bebê continuam a dominar as conversas familiares.

Se é assim com pais de bebês resultantes de gestação única, dobra (ou triplica ou mais) quando há vários bebês percorrendo o caminho do desenvolvimento ao mesmo tempo. Naturalmente, pais preocupam-se com os atrasos no desenvolvimento, que podem ser atribuídos à prematuridade à ou condição gemelar, e também com o relacionamento entre os bebês e como eles se comparam entre si. Os pais possuem um sistema embutido de comparação, e preocupam-se com as diferenças não apenas para a criança mais lenta, mas também em termos do vínculo entre os filhos.

Os pais vêem as diferenças entre os múltiplos no nascimento, e cada etapa de desenvolvimento traz mais áreas nas quais os bebês podem ser similares ou distintos. Diferenças na cor dos cabelos ou formato do rosto são fáceis de entender e aceitar, mas diferenças no ritmo do desenvolvimento são mais difíceis.

Como dissemos no Capítulo 8, gêmeos podem diferir significativamente mesmo quando são monozigóticos Contudo, geralmente, os gêmeos monozigóticos seguem um esquema similar com relação a sentar-se, dentição, caminhar e abandonar o uso de fraldas.

Existem algumas exceções, como observamos anteriormente. Entre gêmeos monozigóticos com pesos de nascimento muito diferentes, por exemplo, o menor pode não alcançar o maior em tamanho – talvez haja uma "massa crítica" de placenta necessária para o crescimento adequado, e, se a placenta de um dos gêmeos, ou o compartilhamento dela, ficou abaixo desse limite de tamanho, essa criança talvez nunca alcance o desenvolvimento do outro.

Entre gêmeos dizigóticos, o crescimento e o desenvolvimento podem ocorrer de acordo com esquemas muito distintos. Gêmeos podem engatinhar ou ter o primeiro dente em idades distintas, assim como ocorre entre os demais bebês. Essas diferenças não devem causar preocupação quando estão dentro da variação normal.

Neste capítulo, examinaremos o caminho do desenvolvimento que seus filhos seguirão durante seu primeiro ano decisivo. Analisaremos os marcos do desenvolvimento normal no contexto dos gêmeos, e como ser múltiplos afeta as habilidades sociais, o desenvolvimento intelectual e o bem-estar emocional. Ao olharmos esses marcos, teremos mais condições de prever o progresso das crianças. Seremos capazes de reconhecer –

e curtir – o que é normal, e agir adequadamente quando um ou mais de nossos filhos estiverem atrasados. Às vezes, "agir adequadamente" significa simplesmente esperar e ter paciência, mas pode envolver a obtenção de ajuda e avaliações externas (por exemplo, para ver se os atrasos de linguagem são conseqüência de problemas auditivos).

Os dados etários neste capítulo são para bebês a termo ou quase. Para prematuros – que inclui muitos gêmeos e múltiplos –, especialistas recomendam que usemos a *idade gestacional* de nossos filhos, e não a idade cronológica, para o primeiro ano. Para obter a idade gestacional, subtraímos da idade cronológica o tempo perdido no útero. Assim, se os bebês chegaram um mês antes, devemos considerá-los com 11 meses de vida no primeiro aniversário.

SEUS MÚLTIPLOS COMO BEBÊS

Muitos aspectos do desenvolvimento de seus bebês ocorrem como em todas as crianças. Eles aprenderão a se virar na cama, a engatinhar e andar como as outras crianças, e vão sorrir, balbuciar e falar como todos os bebês. Mais adiante falaremos sobre os marcos do desenvolvimento. Para mais enfoques sobre o desenvolvimento infantil em geral, procure os excelentes livros para pais existentes no mercado. Contudo, em algumas áreas, o desenvolvimento dos múltiplos é singular. Trataremos desse assunto aqui e nos capítulos seguintes.

Em particular, falaremos do desenvolvimento social de seus filhos. O relacionamento entre eles, como influenciam um ao outro, e como funcionam como par são coisas especiais para os múltiplos. Recém-nascidos, múltiplos ou não, se empenham em estabelecer a base para seu desenvolvimento social. Eles começam com a tarefa essencial da lactância – forjando uma ligação segura com os pais. Com o tempo, o círculo de entes queridos se amplia do lar para os avós, a babá e outros adultos e crianças.

O RELACIONAMENTO PRECOCE ENTRE GÊMEOS

Gêmeos passam a confiar nos pais e apegam-se a eles em um contexto muito mais complexo do que as outras crianças. Por nascerem juntos e necessitarem dos mesmos tipos de cuidados ao mesmo tempo, os gêmeos relacionam-se tanto como integrantes da "equipe de gêmeos" quanto como indivíduos: com cada um dos pais, irmãos e um com o outro. Gêmeos com um irmão mais velho têm *sete* relacionamentos para negociar; trigêmeos têm *onze.* O recém-nascido, resultante de gestação única, com irmã ou irmão mais velho, por outro lado, tem apenas três.

Lembre-se de que se trata de uma equipe que está junta desde antes do nascimento. O vínculo entre gêmeos já é uma realidade orgânica, estabelecida, quando os bebês respiram pela primeira vez, dando-lhes um impulso no desenvolvimento como seres sociais.

A complexidade das relações de gêmeos com outros e o vínculo existente entre eles no nascimento definem as diferenças na socialização de múltiplos comparados com outras crianças. Felizmente, o vínculo especial entre gêmeos proporciona conforto e facilita para as crianças lidarem com essa complexa rede de relacionamentos.

Visto que os bebês compartilharam o útero, eles nascem companheiros. Como recém-nascidos, confortam-se com a continuação desse companheirismo. Embora recém-nascidos não possam declarar sua preferência pela companhia do outro, eles dão indicações claras. Pais observadores que respondem permitindo que recém-nascidos fiquem juntos o máximo possível, descrevem enormes benefícios. Uma certa mãe descreveu como ela subitamente compreendeu essa necessidade quando seus gêmeos, um menino e uma menina, tinham 6 semanas de vida.

"Tínhamos um berço de vime aos pés da cama para que eu pudesse estender as mãos e apanhar o bebê para a mamada noturna. Certa noite, nosso filho estava inquieto e com cólica e, por isso, nós o colocamos em outro berço, para que a irmã pudesse descansar. Mas depois os dois começaram a dar pequenos gemidos tristes – sem dúvida, sentiam falta um do outro. Finalmente os colocamos juntos de novo e tudo ficou bem."

À medida que os bebês crescem, seu relacionamento torna-se mais complexo, assim como o relacionamento com outros familiares. Entretanto, durante as primeiras semanas, a proximidade física (que é, afinal de contas, a continuação da proximidade fetal) é reconfortante e proporciona base sólida para o desenvolvimento de vínculos com pais e irmãos.

O cuidado físico de múltiplos recém-nascidos é tão exaustivo nas primeiras semanas, que os pais geralmente cuidam deles em meio a um nevoeiro de privação do sono. Talvez você esteja cuidando dos bebês como uma unidade, amamentando-os, trocando-os, e dando-lhes o banho em conjunto. Durante todo o tempo, eles têm a companhia um do outro e mais oportunidade do que os outros bebês de dar e receber conforto. Eles praticam a dança da ação e reação, esforço e resposta. Aconchegam-se na posição fetal, cabeça com pés, seguram os cabelos um do outro, orelhas, pés, e sugam os polegares. Desde os primeiros meses, eles estão buscando – literalmente – os outros, e sentindo a resposta reconfortante de outra pessoa buscando-os também.

No decorrer dos anos, os pais nos enviaram muitas fotos que mostram vividamente esse vínculo: gêmeos com 3 meses de vida sentados lado a lado na cadeirinha, de mãos dadas, gêmeos recém-nascidos deitados lado a lado com o braço de um sobre o ombro do outro, bebezinhos rolando no piso com a mão de um na boca do outro.

Em meados de seu primeiro ano, gêmeos compartilham reações – ao som do trovão, por exemplo – e se ajudam mutuamente a lidar com as situações. Logo sairão do berço para se confortarem. Sua capacidade de identificar a tristeza do outro e oferecer ajuda é um desenvolvimento natural de seu relacionamento especial. Portanto, não é de surpreender que, quando atingem a idade de 12 a 36 meses, gêmeos estejam bem à frente das outras crianças no desenvolvimento de empatia.

Quando observamos a incrível proximidade entre nossos bebês, ficamos imaginando como eles se relacionarão *conosco*. Mães quase sempre expressam certo pesar, até mesmo ciúme, quando comentam sobre a força do vínculo entre os bebês.

Embora a ligação entre eles pareça ter preferência, o processo de vínculo pais–filho ocorre ao mesmo tempo. Por ser mais complexo, leva mais tempo. No início, podemos nos sentir tão sonolentas que não temos certeza de qual é a criança que estamos lidando em determinado momento. Com o decorrer do tempo, aprendemos a tirar vantagem de oportunidades para despendermos tempo individualizado com cada um. Conversamos carinhosamente com eles enquanto trocamos a fralda e mantemos contato visual durante a amamentação, aprofundando assim o vínculo pais–filho.

DESENVOLVIMENTO E CRESCIMENTO FÍSICO

Durante os primeiros 12 meses, os bebês triplicam o peso – um feito surpreendente. E bebês prematuros ou com baixo peso de nascimento que são saudáveis podem crescer até mais rapidamente enquanto se esforçam para alcançar os outros.

Portanto, é compreensível que uma tarefa importante dos bebês seja comer – e comer. Durante os primeiros meses, é difícil vê-los como mais do que pequenas fábricas que recebem alimento por um lado e produzem fraldas sujas do outro.

Porém, os bebês estão atarefados em outras áreas também. Recém-nascidos têm sentidos funcionais de visão, audição, paladar, olfato e tato, embora eles ainda não sejam apurados.

Enquanto você segura seus bebês para amamentar, lavar, embalar e brincar, os dois se comunicam pela pele. Os bebês estão organizando as sensações externas e conhecendo-a pela voz, pelo rosto, tato e odor.

Quando os gêmeos são dizigóticos, as diferenças podem ser óbvias – um menino e uma menina, por exemplo. Suas feições e cor podem ser similares ou acentuadamente distintas. Curiosamente, gêmeos monozigóticos quase sempre têm aparência bem distinta ao nascerem porque o peso pode diferir, e sua posição no útero ou ordem de nascimento talvez afete a forma da cabeça.

Como dissemos no Capítulo 8, gêmeos monozigóticos costumam tornar-se mais parecidos com o tempo em termos de comportamento e aparência. Em um estudo que comentamos anteriormente, gêmeos monozigóticos apresentaram a mesma pontuação que os dizigóticos ao nascerem em relação a diversas variáveis indicativas de temperamento, incluindo o nível de atividade e grau de vivacidade. Após 6 meses de vida, os gêmeos monozigóticos começaram a mostrar mais similaridades nessas variáveis, e os dizigóticos, mais diferenças.

Aos 2 meses, bebês começam a erguer a cabeça. Aos 4 meses, podem aprender a virar de bruços. Aos 6 ou 7 meses de vida, sentam-se sozinhos, sobretudo se apoiados por travesseiros – uma posição que libera as mãos para brincar e curtir os brinquedos. Nos meses seguintes, eles conseguem engatinhar e rastejar.

Quando isso acontece, necessitamos aceitar a mudança ocorrida em nossa vida: não temos apenas gêmeos, temos gêmeos que *engatinham* – e que logo poderão andar e correr.

Até o final do primeiro ano, alguns bebês começam a se erguer, e logo conseguem ficar em pé sozinhos ou com o apoio de um móvel conveniente.

No primeiro aniversário, a maioria dos bebês já está tentando dar os primeiros passinhos ou se preparando para andar. Contudo, muitas crianças não andam sozinhas até o início do segundo ano de vida. Minhas filhas não andaram antes de 14 meses de vida – mas fiquei aliviada, e não preocupada, porque eu sabia que o atraso adiaria a próxima etapa de confusão.

DESENVOLVIMENTO MOTOR FINO

Durante o primeiro ano, os bebês também desenvolvem a habilidade motora fina – sobretudo os músculos e coordenação das mãos. Podemos ver o desabrochar das habilidades dos bebês quando suas mãozinhas se abrem do punho fechado, tão típico do recém-nascido, para os instrumentos de destreza da criança com 1 ano de vida. A capacidade dos bebês em segurar e manipular objetos parece seguir o desenvolvimento cerebral nesses meses. Por volta do terceiro mês, as mãos se abrem e podem conseguir envolver um objeto. Aos 5 meses, eles aprendem a apreensão palmar, que lhes permite segurar um objeto com a mão toda.

Logo conseguem segurar objetos firmemente, embora tenham dificuldade em soltá-lo. Ou arremessam o objeto ou o deixam cair quando o esquecem. A liberação controlada de objetos se desenvolve por volta de 9 meses de vida. À medida que a apreensão se desenvolve, o interesse em se auto-alimentar também – você verá seus bebês tentando apanhar a colher enquanto você a segura para alimentá-los. Por mais tentador que seja lhes dar de comer para minimizar a confusão, deixá-los praticar aprimora o desenvolvimento físico e o senso de domínio.

Entre 7 e 9 meses, os bebês tornam-se mais capazes de apanhar pequenos objetos com o polegar e o indicador, abrindo oportunidades para manipulação do ambiente.

Bebês resultantes de gestação única praticam todas essas atividades sozinhos ou com outros familiares, mas gêmeos têm um parceiro conveniente. "Acho que eles estão além do normal em desenvolvimento de habilidades motoras", disse a mãe de um menino e uma menina gêmeos, com 5 meses e meio de vida. "Acho que é porque eles têm a oportunidade de se observarem mutuamente e aprenderem com o progresso do outro."

Por volta de 7 a 8 meses, os bebês apresentam os primeiros dentes – e, no caso de gêmeos monozigóticos, isso ocorre quase ao mesmo tempo.

DESENVOLVIMENTO INTELECTUAL E DE LINGUAGEM

Durante o primeiro ano dos múltiplos, seus cérebros crescem em tamanho, e as conexões neurológicas aumentam e aprimoram-se. Esse crescimento possibilita as surpreendentes habilidades que os bebês demonstrarão durante esse ano. Nas primeiras semanas, eles prestam atenção às imagens e sons, e focam o olhar em nosso rosto. Durante os meses seguintes, os bebês começam a sorrir quando nos vêem. A mãe torna-se mais ligada ao que cada um dos múltiplos reage – se forem dizigóticos, um pode focar mais minuciosamente do que o outro. Se forem monozigóticos, é possível apresentarem reações semelhantes.

Quando os bebês choram e resmungam durante os primeiros meses, estão comunicando – expressando as sensações de fome, desconforto ou prazer. Aprendemos a reconhecer o que cada choro significa, e a responder adequadamente.

Bebês por volta de 6 meses de vida são famosos pelos sons, pelo balbucio repetitivo que lembra a fala em cadência e entonação. Bebês praticam a "música" da fala, por meio do balbucio, antes de aprenderem "palavras".Você e o restante da família adorarão ouvir as conversas no berço nesta fase – é como se estivessem cantando as frases curtas e repetitivas do jazz. Um deles diz "blá-blá" e "bo-bo", e o outro repete. Depois, o segundo varia o som, talvez "bá-bo, bá-bo," E o jogo – e a aprendizagem – continua.

Esse balbucio evolui para palavras no segundo semestre do ano, mas, para que isso ocorra, os bebês precisam de um parceiro de linguagem. Bebês resultantes de gestação única geralmente usam os pais como parceiros de linguagem, assim como os múltiplos. Contudo, quando os pais não estão por perto, eles se comunicam entre si.

Embora a comunicação entre os bebês seja benéfica, eles precisam ouvir a fala adulta para que desenvolvam a linguagem padronizada. É assim que as crianças adquirem, aos poucos, a gramática e o vocabulário. E essa fala adulta não pode ser apenas palavras e imagens na televisão – tem que ser a comunicação íntima com uma pessoa querida. As palavras que dizemos carinhosamente a cada um dos bebês, e as palavras que as babás, os enfermeiros e outros familiares usam, são as que mais suscitam reações e com as quais eles mais aprendem.

Por isso é tão importante conversar todos os dias com cada um dos múltiplos. Não é necessário complicar a situação programando "lições de fala" para momentos em que você mal consegue sobreviver àquele dia. Contudo, o que podemos fazer é introduzir a linguagem e a conversação nas rotinas diárias. Enquanto você troca cada bebê, diga o nome dele; converse diretamente com eles durante o banho e enquanto os veste ou alimenta.

À medida que os bebês desenvolvem os rudimentos da memória, apreciarão brincadeiras de esconde-esconde, indicando sua compreensão da permanência do objeto. Eles estão começando a entender que determinado objeto, como o ursinho de pelúcia ou uma bola, ainda existe mesmo se não estiver visível. Eles respondem alegremente à voz e ao rosto da mãe, e começam a nomear objetos, e a nos chamar – e aos irmãos – pelo nome.

Quando completam 1 ano de idade, os múltiplos vão manifestar uma grande facilidade com a linguagem, embora talvez não possam produzir muitas palavras reconhecíveis porque a compreensão do vocabulário se desenvolve antes de sua produção. Portanto, os gêmeos com 10 ou 11 meses de vida provavelmente ainda não digam a palavra *coelhinho,* mas são capazes de apontar para o bicho de pelúcia certo quando você diz: "Me mostre seu coelhinho".

Antes que possam falar, os múltiplos desenvolvem habilidades de comunicação não-verbal altamente sofisticadas. Eles apontam, gritam e empurram um ao outro (sobretudo quando estão disputando determinado brinquedo), e se fazem entender entre si e para outros familiares. Quando se tornam mais móveis, gêmeos entre 12 e 36 meses de vida na etapa pré-verbal movem-se ao redor da área de recreação como participantes de uma dança coreografada. Recentemente, observei dois garotos monozigóticos passarem, em silêncio, das cortinas, que tentaram puxar, para os livros de gravuras, que eles colocaram sobre a cabeça, para caminhões de brinquedo, que os dois jogaram sob o sofá. Eles se revezavam liderando e copiando, mas também agiam em uníssono, empreendendo projetos semelhantes ao mesmo tempo sem qualquer cópia aparente.

Essa coordenação silenciosa pode reduzir a motivação dos gêmeos para usarem palavras, e suas conversas mútuas provavelmente reforçam a pronúncia imatura e balbucios de cada um. Mas a condição de gêmeos lhes dá a vantagem de ter um parceiro com o qual praticar alternadamente os papéis de líder–seguidor e a arte do revezamento, que é essencial para o desenvolvimento da conversação. Um balbucia ou pratica determinada palavra, enquanto o outro fica calado. Depois trocam, com o segundo conversando e o outro escutando. Sem palavras, determinam regras sobre o compartilhamento dos pais e brinquedos. Usam expressões faciais, gestos e muito barulho para impor as regras. E provavelmente nós os entenderemos muito bem.

DESENVOLVIMENTO PSICOLÓGICO E EMOCIONAL

Geralmente, os bebês não parecem muito sociáveis durante as primeiras semanas, mas, assim que completam 1 mês de vida, começam a mostrar vivacidade na expressão facial quando falamos com eles. Por volta de 2 meses de idade, essa expressão transforma-se em sorriso.

Posteriormente, esses sorrisos são dirigidos a determinadas pessoas. Não há nada como ver o rosto de seus filhos se iluminando quando você entra no quarto. É impressionante pensar que os bebês, tão pequeninos, são capazes de reconhecer o rosto da mãe e traduzir esse reconhecimento em emoção adequada (prazer) e expressão facial (sorriso). E, por volta dos 4 meses de vida, dão risadas de prazer.

Bebês únicos geralmente reservam os primeiros sorrisos para os pais, mas múltiplos também os compartilham entre si. Comecei o Capítulo 1 com as observações do diário sobre o momento em que percebi, pela primeira vez, que minhas gêmeas se reconheciam. Foi como se elas dissessem: "Ah, olá! É *você!*" Essa "descoberta" do outro geralmente ocorre por volta dos 4 meses de idade.

Durante o segundo semestre do primeiro ano, bebês tornam-se mais observadores. Eles fazem distinção entre os entes queridos e desconhecidos, e podem mostrar cautela ou até mesmo ansiedade na presença de estranhos. Apresentam uma amplitude emocional em expansão – prazer, medo, raiva, afeição. Freqüentemente, gêmeos pegam as emoções do outro, chorando quando o outro chora ou parece inquieto.

Por exemplo, por volta de 8 meses de idade, é comum que bebês anteriormente tranqüilos fiquem assustados ao verem um rosto inesperado ou desconhecido. Embora você fique perturbada com o fato de os bebês gritarem ao ver o avô (quando um mês antes sorriam contentes para ele), a reação deles é um sinal de amadurecimento intelectual, à medida que se tornam mais capazes de distinguir rostos e atribuir significado emocional a cada um.

Gêmeos podem ter a mesma reação, ou não. "Meu menino é indiferente à reação pública", disse uma mãe, "mas a menina apresenta ansiedade diante de desconhecidos. Ela se assusta e chora quando pessoas que ela não conhece se aproximam."

Como eu disse no início deste capítulo, gêmeos e múltiplos de ordem superior têm uma rede complexa de relacionamentos para negociar muito cedo na vida, e o fazem muito bem. O que eles mais requerem dos pais é a admiração pelas habilidades sociais (por exemplo, o revezamento) que aprendem tão bem e tão cedo, e paciência quando determinada área do desenvolvimento da linguagem (como a produção de vocabulário) estiver um pouquinho atrasada em relação à dos outros bebês.

CAPÍTULO 10

DILEMAS E PRAZERES

Gêmeos entre 1 Ano e 3 Anos de Idade

"Quando completam 1 ou 2 anos de idade, eles são como um casal antigo. Brigam, mas se amam. Sabem que têm que viver juntos, e possuem uma conexão muito mais profunda do que podemos entender."

Se o apego é tarefa essencial dos bebês, a pauta para crianças entre 1 ano e 3 anos de idade é a autonomia – separar-se e tornar-se independente, em determinado nível, mas permanecer ligado e apoiado ao mesmo tempo. Não é uma tarefa fácil, nem para as crianças nem para os pais. Desafios, protestos em voz alta e birras ocasionais são subprodutos naturais e previsíveis nesse período.

As crianças nessa idade adquirem uma variedade surpreendente de habilidades – e esse aprendizado traz a sensação poderosa de realização, ajudando a aprimorar a percepção do eu. Não há nada como o orgulho estampado no rosto de uma criança com 1 ano de idade que começou a andar, ou a alegria daquela com 2 anos que está explorando o mundo e tem as palavras para compartilhar conosco suas descobertas.

Por terem capacidade de andar sozinhas, crianças nessa faixa etária conseguem seguir os próprios interesses. Elas podem se aproximar ou se afastar de outras pessoas. Por um lado, usam tanto a mobilidade física quanto a capacidade nascente com a linguagem para manter a independência e, por outro lado, para demonstrar afeição.

Esse período da vida infantil desencadeia os ciclos de comportamento de distanciamento que se repetem na infância e atingem o clímax na adolescência. Geralmente, crianças entre 1 ano e 3 anos de idade oscilam entre o afeto intenso e a proximidade com os pais e a hostilidade e o protesto, fazendo de tudo para testá-los.

DIFERENÇAS ENTRE GÊMEOS

Filhos múltiplos fazem todas essas coisas, mas em um contexto muito mais complexo. Precisam aprender que são diferentes da mamãe e do papai, do irmão mais velho e do outro gêmeo. Além da autonomia crescente, as crianças vivenciam a insegurança e a ansiedade pela separação dos pais e de uma da outra. Gêmeos têm a proteção de seu relacionamento para amortecer o estresse da separação quando a mãe volta ao trabalho, ou quando chega o momento do desafio de se separarem um do outro. Naturalmente, o processo de separação é gradativo.

Para gêmeos e outros múltiplos, o comportamento de distanciamento, tão comum em crianças de 12 a 36 meses de idade, é complicado pela necessidade de se distanciarem um do outro *e* dos pais.

Rachel Biale, assistente social clínica licenciada da Twin Services, há muitos anos, observou que existem duas fases no processo. Gêmeos unem forças enquanto estão na fase de se separarem dos pais. Obviamente é uma época irritante! Dois tornados gritando "Não! Não vou!", e fugindo, podem rapidamente acabar com a paciência de qualquer pai.

Exatamente quando os pais começam a ter idéias macabras, como, por exemplo, enviar os gêmeos com 2 anos de idade para algum internato, as crianças se tornam amáveis e obedientes. Elas sorriem, abraçam a mãe e o pai, e buscam sua aprovação.

Mas esse período agradável é apenas o prelúdio da fase dois, diz Biale. Aqui, as crianças, fortalecidas por relacionamentos positivos com os pais, começam a brigar *entre si*. Assim como a situação dos gêmeos proporciona oportunidades precoces para aprender empatia, também oferece oportunidade para agressão – bater, puxar os cabelos e morder.

"Minhas filhas com 2 anos de idade mordem os braços uma da outra até ficarem roxos", uma mãe nos escreveu na Twin Services. "Tento detê-las, mas nada parece funcionar por muito tempo. Será que algum dia vão parar de agir assim?"

Sim, foi nossa resposta. Um dia elas acabam parando. Mas esse tipo de agressão é compreensível. Em geral, esse comportamento "violento" começa inocentemente, e não indica raiva ou agressão legítimas, mas origina-se do acesso fácil a outra criança ou crianças. Bebês talvez estejam na fase de dentição e mordem o que estiver mais próximo. Batem e agridem o irmão, assim como batem em objetos. Quando a vítima grita, o vilão fica igualmente chocado e começa a gritar também. A maneira pela qual a família reage é importante, e influencia se as crianças começarão a usar o comportamento agressivo como estratégia para chamar atenção e controlar tudo e todos.

Nós recomendamos uma técnica de três pontos para lidar com crianças nessa faixa etária que batem e mordem:

- ☆ Console as duas – tanto a que mordeu quanto a vítima.
- ☆ Tente determinar se o ato de morder costuma se repetir em certas situações ou horas do dias (constatamos que geralmente ocorre no final da tarde, quando as crianças estão cansadas e famintas).
- ☆ Mude um pouco a rotina durante as horas de pico. Talvez mudar o banho para aquele horário ou servir um lanche antes do jantar, ou fazer com que as crianças brinquem isoladamente nesses horários.

À medida que os gêmeos aprendem a controlar os impulsos agressivos, a luta pela independência torna-se cada vez mais verbal.

Essa empatia e companheirismo compartilhados desde o início e a oportunidade precoce de agressão física diferenciam o processo de socialização dos múltiplos. Eles praticam uma gama de comportamentos sociais, positivos e negativos, dentro de sua unidade. Enquanto estão na faixa entre 12 e 36 meses de idade, os gêmeos começam a aplicar sua capacidade avançada de compartilhar e cooperar à medida que socializam com outras crianças.

"Meus dois filhos sempre ficavam mais à vontade em novas situações por causa do outro", relata a mãe de meninos monozigóticos. "Eram muito melhores na hora de dividir brinquedos do que as outras crianças." Ela observou que isso também era válido para outros gêmeos no mesmo grupo.

Na década de 20, Jean Piaget, o pioneiro do desenvolvimento infantil, fundamentou suas teorias de desenvolvimento infantil precoce na dinâmica de brincadeiras de seus filhos. Assim, Piaget observou o fenômeno da "brincadeira paralela", que ele caracterizou como o estágio mais precoce de brincar. Um bebê ou criança entre 12 e 36 meses de idade brinca lado a lado com outra crianças, sem cooperação.

Mas os filhos de Piaget não eram múltiplos – e ele, pelo jeito, não estudou gêmeos! Sim, gêmeos também sentam-se de costas um para o outro entre os brinquedos, construindo cada um sua torre de blocos. Mas gêmeos e outros múltiplos começam a engajar-se em atividades cooperativas e interativas muito mais depressa do que as outras crianças.

Lembro-me de que as minhas filhas esquadrinhavam a pilha de letras do alfabeto para ajudar a outra a encontrar a cor desejada. "Aqui está! Aqui está o alaranjado!", a que encontrava gritava enquanto entregava o objeto à irmã.

Dianne Thomas, terapeuta familiar e conjugal, há muitos anos leciona cursos sobre crianças entre 12 e 36 meses de idade, múltiplos ou não, em Palo Alto, Califórnia. Ela observa que os gêmeos demonstram maturidade social avançada. Eles se separam da mãe mais facilmente para ir à sala de jogos, por exemplo. Reagem à tristeza do irmão ajudando-o, e também tentam socorrer qualquer criança em dificuldade ou que dá a impressão de estar aborrecida, enquanto os outros costumam continuar brincando, imperturbáveis.

Evidência dramática da capacidade precoce dos gêmeos de colaborar é sua tendência a burlar as melhores medidas de segurança. Enquanto uma criança apenas não consegue abrir o portão de segurança sozinha, gêmeos ajudam um ao outro a escalá-lo ou (como as minhas fizeram) a desparafusar as dobradiças, mantendo-o no lugar no topo da escada.

Cooperação e colaboração também podem ser positivas. Múltiplos trocam informações, confiam um no outro e explicam o mundo um ao outro. Agem tão naturalmente que raras vezes ficam perturbados pela falta de conhecimento. Lembro-me de ouvir uma de minhas filhas contando à irmã sobre helicópteros, depois de assistir a um programa sobre eles na televisão. Kelda falava sem parar sobre "helicopos", o que eles faziam e como funcionavam. Quando ela terminou, fez uma pausa e perguntou à irmã: "O que é um helicopo¿"

Toda essa cooperação é ótima, mas pode resultar em múltiplos compartilhando sua ignorância. Naturalmente, os pais têm que ficar atentos para ajudar os filhos a desenvolverem uma imagem exata do mundo.

DESENVOLVIMENTO E CRESCIMENTO FÍSICO

Exceto no caso de bebês prematuros e com baixo peso de nascimento, gêmeos seguem o mesmo esquema de desenvolvimento dos outros. Por volta do primeiro aniversário, bebês que pareciam ter fome insaciável apenas alguns meses antes começam a melhorar. A taxa de crescimento reduz; entre 12 e 24 meses, o peso médio aumenta de 9 kg para 12 kg e a altura, de 71 cm para 81 cm. Em média, meninos são maiores e mais pesados do que meninas.

Por volta de 15 meses de idade, a maioria dos bebês anda. O andar tardio geralmente não é motivo de preocupação, sobretudo se a criança cumpriu as etapas preliminares que precedem o andar: engatinhar, ficar em pé com apoio, segurando em móveis. Contudo, a criança que não fica em pé sozinha ao final de 18 meses, nem anda no segundo aniversário, deve ser avaliada por um especialista.

Aos poucos, os bebês tornam-se mais estáveis durante esse ano, até que, por volta de 2 anos de idade, andam como crianças – e não como bebês – e às vezes com grande velocidade.

Quase sempre, durante o primeiro semestre desse ano, a emoção de andar e correr ofusca o desenvolvimento da habilidade motora fina. Porém, essas habilidades menos espetaculares estão se desenvolvendo. Com 1 ano de idade, os bebês conseguem empilhar blocos, uma aptidão bastante notável quando consideramos todos os sistemas – visual, intelectual e muscular – que eles precisam controlar para atingir aquele objetivo.

Por volta de 18 meses de idade, bebês podem começar a mostrar preferência pela mão direita ou esquerda quando lhes entregamos uma colher ou tentam apanhar um brinquedo. Logo estarão segurando colheres ou copos, embora provavelmente não consigam usá-los com agilidade. Por volta do segundo aniversário, eles são capazes de empilhar cinco ou mais blocos.

Entre o segundo e o terceiro aniversário, as crianças continuam a crescer lentamente – o grande estirão de crescimento da lactância está encerrado, e não se repete até a adolescência. O ganho médio de peso é apenas cerca de 1,8 kg a 2,3 kg. A altura aumenta cerca de 6 cm, de 86 cm ou 89 cm para 94 cm ou 97 cm.

De agora em diante, as crianças concentram-se em organizar suas habilidade e desenvolver aptidões, e não em acumular peso e tamanho. Elas caminham melhor, pulam, andam para trás, sobem escadas. À medida que os músculos se desenvolvem e o corpo emagrece, tornam-se mais crianças, e não bebês roliços.

QUESTÕES ESPECIAIS

Em gêmeos dizigóticos, o crescimento físico e o desenvolvimento de habilidades podem variar. Um talvez seja menor e menos ágil, enquanto o outro cresce sem parar. Gêmeos monozigóticos geralmente desenvolvem-se de acordo com esquemas similares.

Mesmo quando os pais entendem as diferenças de desenvolvimento entre gêmeos, e quando esses parecem à vontade com elas, é difícil evitar intromissões de estranhos e familiares que fazem alarde porque um está andando e o outro não. Isso é controlável quando se trata de uma conversa particular entre você e uma tia bem-intencionada, por exemplo. Mas, quando adultos fazem comentários inadequados diante das crianças, a situação pode causar estresse, a não ser que você tenha um certo jogo de cintura.

Um desconhecido pode perguntar a um dos gêmeos: "Por que sua irmã é bem maior que você?" Ou o tio Rafael talvez diga: "Você ainda está usando fraldas? Seu irmão já usa cueca." As crianças são muito pequenas para responderem de acordo, mas você pode dizer algo como: "André está na altura certa no momento". Ou diga ao irritante tio Rafael: "Jonas também está aprendendo a usar o vaso sanitário. Ele usará cueca assim que estiver pronto."

DESENVOLVIMENTO INTELECTUAL

O primeiro aniversário dos múltiplos é uma ocasião memorável. Além de você ter sobrevivido aos desafios de cuidar deles o tempo todo, você e eles estão prestes a embarcar em uma grande aventura, porque a habilidade recém-adquirida de andar e falar abre novas portas para eles.

Mais uma vez, marcos intelectuais são diferentes para os gêmeos, em comparação às outras crianças, apenas em casos de prematuridade e/ou baixo peso de nascimento.

Nessa faixa etária, o cérebro da criança desenvolveu-se até quase o tamanho adulto. As áreas funcionais do cérebro já se definiram e, assim, é possível processarem dados sensoriais e regularem a atividade motora com eficiência razoável. O cérebro agora está atarefado, forjando vínculos e associações entre várias regiões; esse processo não é completo, mas, à medida que o cérebro amadurece, a capacidade da criança lembrar, criar e planejar aumenta.

De agora em diante, o aprendizado não é tão limitado pela biologia; comportamento e cultura começam a exercer mais influência. Assim, no primeiro ano, os bebês ficaram mais inteligentes porque o cérebro cresceu e amadureceu. Agora eles ficam mais inteligentes em conseqüência das brincadeiras, observações, tentativas e erros, e daquilo que aprendem dos pais por meio da linguagem.

Quando completam 2 anos de idade, seus filhos começam a entender abstrações como tempo, futuro, passado e a diferença entre real e imaginário. No decorrer do ano, a brincadeira torna-se mais imaginativa. Em vez de empilhar blocos e derrubá-los, eles combinam blocos, caixas de papelão e panos de prato para fazer um castelo, depois criam jogos imaginativos e complexos. Desenvolvem os rudimentos do humor, demonstrando gosto por canções tolas e palavras sem sentido.

Crianças dessa idade começam a reconhecer formas – e conseguem separar objetos segundo categorias, como tamanho e cor. Algumas crianças nessa faixa etária podem nomear diversas letras.

DESENVOLVIMENTO DA LINGUAGEM

Entre o primeiro e o segundo aniversário, os gêmeos nomeiam objetos que os cercam – brinquedos, roupas, animais – e figuras nos livros que lemos para eles. Essa aquisição de substantivos é chamada de *nomeação,* e as crianças adquirem entre uma dúzia e cem nomeações até completarem 2 anos de idade (a faixa normal é muito ampla). Nessa época, as crianças também terão combinado duas ou mais palavras, formando uma simples sentença com substantivo e verbo, como, por exemplo, "Papai ir" ou "Jamie chorar".

Entre o segundo e o terceiro aniversário, o vocabulário aumenta até mil palavras. Agora você pode curtir a maneira pela qual seus filhos reúnem as palavras, formando sentenças originais. Elas provavelmente não são sofisticadas, mas demonstram percepção das regras de gramática. Mesmo os erros demonstram coerência surpreendente. Por exemplo: crianças nessa idade percebem que, em português, acrescentamos a letra *"s"* ao substantivo para formar o plural, mas ainda não entendem que devem flexionar o verbo de acordo com o sujeito. Esse entendimento pode resultar em uma sentença como: "O*s* vestido*s* *é* da Luisa".

QUESTÕES ESPECIAIS

Como dissemos no Capítulo 3, na maioria das vezes, supõe-se que os gêmeos estão fadados ao atraso na aquisição de linguagem. Embora isso não seja necessariamente verdade – múltiplos não são menos capazes de aprender a falar do que outras crianças –, existem fatores que podem levar ao atraso.

Gêmeos e outros múltiplos prematuros freqüentemente apresentam atrasos no desenvolvimento físico e intelectual durante a lactância e entre 12 e 36 meses de idade. Contudo, seu crescimento durante esses anos é mais rápido do que em outros bebês a termo, e a discrepância diminui. De acordo com determinado estudo, essa defasagem intelectual provavelmente acaba por volta de 6 anos de idade; as disparidades físicas desaparecem aos 8 anos.

Mas há também uma outra maneira de os gêmeos desenvolverem a linguagem. Tem a ver com seus parceiros de linguagem – as pessoas com quem passam a maior parte do tempo conversando quando eles ainda são pequeninos.

Um estudo australiano que mensurou a duração de interações mãe–filho constatou que mães passavam, em média, dois minutos com filhos resultantes de gestação única, 90 segundos com cada gêmeo e 20 segundos com cada trigêmeo. Quanto maior o número de filhos, menor o tempo que cada criança passa ouvindo e respondendo à fala adulta – um elemento essencial para aprender a falar. Visto que gêmeos entre 12 e 36 meses de idade costumam usar linguagem mais madura quando falam com adultos do que quando falam com os irmãos, eles necessitam conversar com adultos para que o desenvolvimento da linguagem ocorra no tempo correto.

Seus gêmeos talvez usem fala de criança de uma maneira difícil para os adultos entenderem, mas perfeitamente clara para outras crianças. Gêmeos têm maior probabilidade que os demais de se comunicarem eficientemente dessa maneira porque têm um ou mais parceiros constantes que os entendem melhor do que adultos. O uso de "palavras inventadas" é universal em crianças dessa faixa etária; a maioria diz coisas como "papá" para *comida* ou "burrum" para *carro.*

O uso dessas palavras inventadas entre múltiplos não é uma linguagem secreta, mas, sim, um vocabulário de fala de criança compartilhado.

Quando ouvimos nossos gêmeos com 1 ano de idade "conversando" assim, ficamos convencidos de que eles se entendem. Essa linguagem aparentemente "secreta" é, na verdade, algo chamado de "linguagem autônoma" – uma versão imperfeita da linguagem adulta que é quase sempre desenvolvida e reforçada por irmãos mais próximos. Na maioria das vezes, ela se desenvolve em gêmeos – talvez 40% dos gêmeos –, mas não se limita a eles; ela ocorre sempre que as crianças na família estão aprendendo a linguagem ao mesmo tempo, e reduziram o contato com adultos que lhes servem de exemplo. Palavras inventadas, linguagem autônoma e fala de criança podem continuar entre 12 e 36 meses de vida, mas aos poucos desaparecem, à medida que as crianças se comunicam mais com amiguinhos fora da família – talvez por volta de 3 ou 4 anos de idade.

É importante nos lembrarmos de que é normal para crianças nessa faixa etária adquirir linguagem socialmente compreensível em diversos ritmos. Em qualquer grupo de crianças com 2 ou 3 anos de idade, múltiplos ou não, elas conversam entre si com ampla faixa de sofisticação. Alguns falam parágrafos completos, outros apenas sentenças com duas ou três palavras. Muitos falam claramente, enquanto outros pronunciam palavras incorretamente.

É difícil não comparar os gêmeos enquanto aprendem a falar. Aos 20 meses de vida, José fala formando sentenças e Mateus ainda diz uma palavra de cada vez – porém ambos são normais. Diferenças na linguagem que seriam consideradas perfeitamente normais em dois irmãos de idades distintas assumem importância gigantesca em gêmeos e múltiplos. Você se pegará comparando – mas é melhor comparar seus filhos a outras crianças de mesma idade, não apenas um ao outro.

As diferenças no ritmo de aquisição de linguagem são maiores em gêmeos dizigóticos, que podem apresentar a mesma variabilidade que todas as crianças demonstram nessa faixa etária. E, sobretudo, casais de gêmeos podem variar bastante porque, em média, as meninas adquirem a linguagem mais cedo do que os meninos.

Portanto, salvo a presença de profundos distúrbios da fala, crianças (múltiplos ou não) com atrasos na linguagem ainda farão parte do mundo social de outras crianças, e, provavelmente, alcançarão as outras no início do ensino fundamental.

Contudo, é importante que múltiplos entre 12 e 36 meses de vida e em idade pré-escolar desenvolvam a capacidade de se comunicarem razoavelmente bem com outras crianças fora da família. Às vezes, em conseqüência de sua proximidade e empatia, eles desenvolvem um sistema de comunicação não-verbal tão eficaz que a capacidade de serem entendidos fora da família progride lentamente.

Em qualquer criança, atrasos na linguagem dificultam ainda mais sua interação com as outras pessoas; em gêmeos, esse atraso pode ainda isolá-los e confiná-los à condição de par. Gêmeos acham mais fácil e confortável focar a comunicação verbal para o irmão, e não lutar para se comunicarem com outras crianças que talvez não os compreendam.

Se os gêmeos forem mais lentos que as outras crianças para se comunicar verbalmente com os amiguinhos, as seguintes estratégias podem ajudar:

☆ Continue a proporcionar oportunidades de brincar que incluam outras crianças.

☆ Intervenha discretamente para traduzir quando seus filhos parecem frustrados, ou quando não conseguem se fazer entender por outra criança.

☆ Não critique pronúncia ou gramática precária. Se seus filhos conseguem pedir coisas, abordam terceiros verbalmente e participam de atividades, estão usando a linguagem social eficazmente.

☆ Quando seus filhos cometerem erros, resista à tentação de corrigi-los. Ao contrário, reproduza a palavra ou frase correta. Assim, se um dos gêmeos diz "Ursinho machucou amanhã", você pode responder: "Coitadinho! Como ele se machucou ontem¿" Seguindo seu exemplo, as crianças se corrigem com o tempo.

Se você está preocupada com o desenvolvimento de linguagem de seus filhos, é válido buscar a opinião de um profissional. Ou o pediatra pode orientar você ou um especialista pode avaliar a fala e linguagem de seus filhos.

Qualquer que seja o nível de desenvolvimento de linguagem dos gêmeos é importante criar um ambiente rico em linguagem em casa, informalmente, durante o banho, enquanto troca as fraldas ou cuida deles. Você deve apontar e nomear objetos na casa e na rua – pássaros, gatos, caminhões, aviões. Leia em voz alta para seus filhos, comentando as gravuras e fazendo perguntas no decorrer da leitura.

DESENVOLVIMENTO PSICOLÓGICO E EMOCIONAL

Crianças com 1 ano de idade começam a vida com um comportamento particularmente encantador e afetivo – mas é uma fase, e isso logo se degenera para irritabilidade e negatividade em meados do ano. Quase sempre, crianças por volta do primeiro aniversário ficam tão fascinadas com a própria capacidade de se moverem que parecem ignorar os outros, e perdem o interesse em interações sociais.

Cerca de seis meses depois, as crianças se tornam altamente negativas, mesmo se sentindo intensamente ligadas aos pais. A tarefa delas nessa fase é separar-se e definir-se, mesmo ansiando pela proximidade com os pais. Defendem sua independência gritando "Não!", e recusando-se a cooperar.

Certamente, todo esse desafio pode ser complicado para os pais, mas é importante reconhecer que se trata de um sinal positivo. Procure não achar que esses gritos de independência são um ataque direto a você, mas use as técnicas de controle infantil que mostraremos a seguir.

Ao mesmo tempo, as crianças demonstrarão a necessidade de proximidade apegando-se aos pais. Durante essa fase, birras tornam-se corriqueiras. Pesadelos podem começar à medida que a capacidade imaginativa infantil se desenvolve.

Bebês resultantes de gestação única nem sempre mostram evidência de empatia durante os primeiros anos; parecem ver os outros como objetos – interessantes e adoráveis, mas não pessoas com sentimentos iguais aos deles.

Por outro lado, os gêmeos quase sempre demonstram empatia acentuada. Se um está irritado e chorando, o outro rapidamente o imita. Em um determinado estudo, as mães saíram da sala com um bebê, deixando o outro para trás. A criança "abandonada" chorou, e correu para a mãe em busca de conforto quando ela retornou. O outro – que ficou com a mãe o tempo todo – mostrou inquietação com a infelicidade do irmão e também buscou apoio na mãe.

Durante esse ano, a maioria das crianças apresenta sinais de ansiedade pela separação – choro ou outra reação adversa quando separadas dos entes queridos, geralmente a mãe ou o pai. O Louisville Twin Study observou o apego em gêmeos e constatou que, com 1 ano de idade, eles se adaptavam tranqüilamente quando a mãe os deixava com um desconhecido – desde que o irmão estivesse junto.

Ficavam muito mais agitados se ela saísse com um deles, deixando o outro sozinho com um desconhecido. Isso sugere que estar com o irmão proporciona uma proteção impressionante contra a ansiedade em situações novas; certamente, o fato demonstra que os pais devem tomar cuidado com a separação dos gêmeos nessa faixa etária ao planejarem os cuidados com as crianças.

Aos 2 anos de idade, as crianças passam a cooperar um pouco mais – uma condição que desmente a famosa imagem da "crise dos dois". Geralmente, elas se engajam em brincadeiras paralelas com outras crianças – lado a lado, e não juntas. Quase sempre, os gêmeos passam a demonstrar cooperação nas brincadeiras mais cedo do que as outras crianças. Como dissemos antes, mesmo gêmeos que ainda não falam sincronizam a brincadeira de maneira a prenunciar a verdadeira cooperação que ocorre no final dessa fase.

Durante esse ano, as crianças desenvolvem amor pela rotina e prazer por rituais, desde receber o pai à porta até a rotina elaborada na hora de dormir, repleta de bichos de pelúcia e livros de história. Esses rituais e rotinas ajudam os filhos a aprender o que se espera deles, e isso também é calmante e reconfortante.

Por volta de 2 anos e meio de idade, as crianças geralmente se tornam mais difíceis, mais contestadoras com os adultos, e mais mandonas e gananciosas nas interações com outras crianças. Birras atingem o máximo durante essa fase. Crianças nessa idade quase sempre desenvolvem comportamento medroso. Em meados do ano, os medos são razoavelmente concretos – barulhos e cães enormes, por exemplo; ao aproximarem-se do terceiro aniversário, elas abrem espaço para medos mais imaginativos da idade pré-escolar: fantasmas, bruxas e imagens assustadoras da televisão.

Por volta do terceiro aniversário, a maioria das crianças é muito mais bem-comportada. Começam a entender regras e expectativas familiares, e se esforçam para ter um bom comportamento. Contudo, esse esforço é quase sempre imperfeito, e os erros e as recaídas são comuns.

SEGURANÇA À PROVA DE GÊMEOS

A segurança de crianças é importante em qualquer lar, porém é ainda mais quando existem dois ou mais colaboradores potenciais envolvidos em atividades arriscadas. Múltiplos entre 12 e 36 meses vão procurar problemas de acordo com o temperamento deles. Às vezes, eles trabalharão em equipe, e, outras vezes, acompanharão o líder.

"Quando estava grávida e imaginando como seria assim que eles estivessem começando a andar", disse uma mãe de trigêmeos, "pensei que todos mexeriam nas tomadas ao mesmo tempo. Isso nunca aconteceu. As crianças sempre buscavam o perigo isoladamente."

As estratégias para proteção infantil no caso de múltiplos são semelhantes àquelas necessárias para manter apenas uma criança em segurança, e é por isso que precisamos de um bom manual sobre o assunto. Contudo, temos que ler esses manuais supondo que os múltiplos vão procurar encrenca *antes* das outras crianças, porque eles contarão com ajuda mútua.

Isso nos leva às três diferenças essenciais nas questões de segurança infantil para múltiplos. A primeira é o fator distração. Uma criança pode engatinhar e correr perigo enquanto você troca a outra, ou pode ir ao encontro do ferro de passar roupa enquanto você lida com a birra do irmão.

Segunda: duas ou mais crianças são fisicamente mais capazes do que uma só. Dois bebês conseguem chegar mais alto do que apenas um bebê, porque um ajuda o outro a alcançar a prateleira alta (ou a chaminé, como aconteceu em uma família). Trigêmeos trabalhando juntos exercem três vezes mais força em uma grade de proteção do que uma criança sozinha.

E, finalmente, a terceira diferença: gêmeos colaboram. Uma criança sozinha talvez nunca sonhe em subir à janela do segundo andar, mas duas podem muito bem planejar a fuga. Se um dos gêmeos tem a brilhante idéia de provar o sabão em pó, o outro provavelmente o imitará.

No começo é bom termos lugares seguros para os bebês dormirem e para a troca de fraldas, onde um deles possa ficar enquanto amamentamos ou trocamos o outro. Em determinado momento, durante o segundo semestre do primeiro ano, os múltiplos desenvolvem mobilidade, e é aí que a diversão começa.

Nunca subestime a capacidade que eles têm de arrastar ou derrubar móveis pesados. Eles também ajudam um ao outro a escalar tudo. Por fim, eu tive que remover todas as prateleiras e cômodas do quarto de minhas filhas, substituindo-as por cubos baixos. Outra opção é parafusar os móveis pesados à parede. Uma família com sêxtuplos não tem nenhum móvel no quarto das crianças, exceto os berços. Guardam tudo em cestos.

Certifique-se da segurança de todas as janelas do andar superior. Conheço uma família cujas filhas empurraram silenciosamente o berço até a janela do quarto no segundo andar. Elas o usaram como escada para subir ao peitoril da janela aberta, e sentaram-se, abraçadas, olhando a lua. As crianças sobreviveram porque o pai, sempre atento, viu a cena e pegou as duas antes que pudessem cair.

Preste atenção em onde deixa seus filhos quando os colocar e os retirar do carro, acomodando-os às cadeirinhas. Deixe um bebê no chiqueirinho enquanto você leva o outro ao carro, depois volte para o pegar. Posteriormente, você poderá designar um local seguro ao lado do carro para eles ficarem e esperarem enquanto você os coloca ou os retira do carro.

Considerando-se a dificuldade de manter sobre controle dois ou mais bebês, entre 12 e 36 meses de idade, eles precisam ser contidos de algum modo, quando estiverem em locais públicos, perto de carros ou outros perigos. Use carrinhos e cangurus quando os filhos forem bem novos. Se necessário, use um sistema com correias quando eles forem mais velhos.

The Triplet Connection, um grupo americano de apoio para pais de múltiplos de ordem superior, sugeriu escolher um quarto na casa para os bebês, e depois protegê-lo minuciosamente. É claro que ainda será necessário vigiá-los, mas nesse quarto praticamente não haverá perigo algum para eles.

Uma família com trigêmeos agiu exatamente assim. "Reservamos um quarto para eles ao lado da cozinha", a mãe explicou. "Não havia móveis – apenas brinquedos adequados, e nada mais. Algumas pessoas podiam achar que eu os privava de estímulos, mas era necessário ter um lugar onde eles pudessem ficar em segurança quando não houvesse ninguém para observá-los. E os três tinham a companhia um do outro."

LIDANDO COM O PERÍODO ENTRE 12 E 36 MESES DE IDADE

"Bem, hoje, as crianças colocaram cereal na tubulação de aquecimento central e agora eles estão voando pelas saídas de ar quente", contou a mãe de gêmeos, com 2 anos de idade.

"A situação não melhora quando os filhos chegam aos 12 meses de vida", explicou outra mãe. "Apenas muda."

É claro que as coisas melhoram, mas é verdade que essa faixa etária traz novos desafios. Agora temos pequeninos capazes de correr, pular e escalar. E os bebês começam a falar – e a contestar você!

Bebês nessa idade são famosos pelo barulho, contestação e todo tipo de comportamento que desequilibra os pais. Mas eles também sabem ser doces, amorosos, divertidos, criativos e encantadores. No caso de múltiplos, os pontos negativos e positivos são – bem – multiplicados.

AJUDANDO OS FILHOS A APRENDEREM LIMITES E AUTOCONTROLE

Embora certo mau comportamento seja esperado, a melhor coisa a fazer é planejar a casa e as rotinas para minimizar conflitos. Por exemplo, se você deseja que os gêmeos fiquem longe de sua coleção valiosa de porcelana, é melhor escondê-la do que deixar a tentação ao alcance daquelas mãozinhas rápidas.

As regras para uma casa segura que acabamos de analisar têm um objetivo maior do que manter os bebês em segurança. Quanto mais seguro o ambiente, mais as crianças podem aprender e se mover com liberdade. Elas podem se tocar, empurrar e manipular objetos, e começam a entender causa e efeito. Possuem certa autonomia, e já podem aprender a controlar seus impulsos.

Minimize as confrontações mudando o cenário. Por exemplo: quando uma criança tenta empurrar a outra do seu colo, coloque as duas no chão e recomece. Mantenha a calma (ou ao menos, finja), mesmo se elas gritarem. Se as crianças não conseguem dividir seu colo ou esperar pela vez de cada uma, mude o contexto. Deite-se no chão e leia para elas durante algum tempo, e não haverá mais colo para causar brigas.

Tente prever problemas e encontrar soluções antes que a situação fique fora de controle. Por exemplo: se você sabe que seus filhos sempre brigam para ser o primeiro a escolher a história na hora de dormir, coloque em funcionamento um esquema de revezamento. E refresque a memória deles: "João escolheu primeiro hoje. Sara, amanhã será sua vez."

Lembre-se de que a fadiga e a fome podem irritar as crianças, sobretudo no final do dia. Evite problemas preparando lanches e tentando fazer com que tirem uma soneca antes de chegarem à exaustão.

Use linguagem positiva, mas firme, ao orientá-los. Em termos práticos, essa linguagem deve originar-se naturalmente da conversa que você e os gêmeos mantêm o tempo todo ("Agora vamos calçar os sapatinhos de José, e depois os do Bruno"). Digamos que um dos gêmeos está maltratando o gato da casa. Você poderá orientá-lo, dizendo: "José, o gatinho quer que você faça carinho. Dói quando você puxa o rabo dele."

É melhor minimizar as ocasiões em que é preciso dizer não. Se você as limitar para situações realmente perigosas ou grandes infrações, a probabilidade de gerar rebelião é menor. Um pai que conheço obtém bons resultados com "Pára!", em vez de "Não!", em situações emergenciais. Quando os gêmeos estão correndo em direções distintas, há uma boa chance de que ao menos um deles obedeça a uma ordem.

Além disso, usar comandos positivos tira vantagem do fato de que crianças entre 12 e 36 meses de idade costumam ouvir a última parte da sentença. Se você disser "Não corra na rua", elas poderão entender "Corra na rua". Mas, se você disser "Pára!" ou "Venha cá", a probabilidade de compreensão é maior.

Quando as crianças nessa faixa etária desobedecem, colocá-las de castigo é melhor do que uma punição mais severa. No início, os castigos podem ser bem curtos. À medida que as crianças amadurecem, começarão a entender que, quando não se comportam em determinada situação social, precisam ficar sozinhas, de castigo, até que possam retornar ao convívio do grupo.

A American Academy of Pediatrics recentemente publicou diretrizes contrárias ao uso de espancamento como método disciplinar, recomendando outras abordagens, como castigos e, para crianças maiores, a perda de privilégios.

INCENTIVANDO A COOPERAÇÃO

Assim que tiverem capacidade, crianças entre 12 e 36 meses de idade adoram ter permissão para ajudar com tarefas. Elas gostam de rotinas, de mostrar que sabem o lugar certo de cada objeto e como fazer algo.

Sua "ajuda" nem sempre é útil – ajudar com a roupa suja provavelmente significa derrubar todas as peças limpas no chão. Regar as plantas significa molhar o quintal e a si mesmos. Porém, ao permitir que eles tentem, você apresenta a *idéia* de ajudar. Ao crescerem, as crianças farão mais e sem se queixarem tanto.

Durante esse período da infância, as "tarefas" de seus filhos são vistas por eles como brincadeiras – brincadeira prestativa. Eles talvez gostem de fazer a mesma tarefa ao mesmo tempo, ou cada um pode preferir "ter" um trabalho. Uma criança pode ser responsável por guardar as compras nos armários, enquanto a outra prefere arrumar a mesa para as refeições da família.

Os múltiplos aprendem tudo o que fazem com os pais. Ao colocarem uma colher para cada pessoa da família, eles aprendem conceitos matemáticos elementares. Quando eles rasgam as folhas de alface, aprendem sobre causa e efeito. Ao misturarem a massa de bolo, e observam a massa crescer, aprendem sobre os estados físicos.

Sobretudo, as atividades ensinam as crianças o conceito de que elas fazem parte de uma família, e todos – até mesmo os pequeninos – podem contribuir.

PENICOS, PENICOS POR TODA PARTE

Acredite se quiser, aquelas fraldas que parecem dominar sua vida, com o tempo, desaparecerão. Os múltiplos aprenderão a usar o penico sozinhos! Um gêmeo, agora adulto, que cresceu durante a era de fraldas de pano convencionais, lembra-se dos familiares fazendo piadas sobre a "Floresta Branca" na lavanderia – metros e metros de fraldas secando no varal.

O segredo é esperar até que eles estejam realmente prontos e dispostos a começar o processo de aprendizagem. Não há maior desperdício de energia em uma família com múltiplos do que tentar treiná-los a usar o penico quando ainda não estão prontos ou motivados. Dizem que os gêmeos aprendem a usar o vaso sanitário seis meses mais tarde do que as outras crianças; os seus podem aprender mais cedo ou mais tarde, mas apressá-los é, sem dúvida, desaconselhável.

É válido para bebês em geral, e duplamente válido para gêmeos: quanto mais cedo você começar, mais tempo gastará tentando treiná-los. Se você os deixar usar fraldas até mostrarem sinais de prontidão, o processo será rápido, e você passará menos tempo naquele período de transição onde todos fazem xixi no chão.

E como saber quando as crianças estão prontas? Em determinado momento, entre o segundo e o terceiro aniversário, a maioria delas adquire a maturidade e o interesse suficientes para dar início ao processo. Sabemos qual é o momento certo quando os gêmeos:

☆ Conseguem entender e seguir instruções simples, envolvendo duas ou três etapas.

☆ Possuem uma compreensão básica de causa e efeito: "Se eu fizer xixi na fralda, ela fica molhada".

☆ Emocionalmente, se encontram em uma fase em que desejam agradar aos pais e cooperar com eles. Não tente começar a treiná-los no auge das birras, na fase do "Não!" nem durante uma ocasião de estresse incomum ou alterações na vida familiar.

☆ Estão fisiologicamente prontos para aprender a controlar as excreções. Eles precisam saber como é estar com vontade de fazer as necessidades fisiológicas, para, então, reconhecerem e controlarem as sensações de eliminação.

Se você achar que os gêmeos têm idade suficiente, tente começar o processo quando estiverem curtindo fazer coisas juntos e copiando um ao outro, e não brigando e competindo. Assim, eles se tornarão parceiros no desafio.

Lembro-me de quando as minhas filhas estavam aprendendo. Uma corria ao banheiro e chegava tarde demais, deixando uma poça no chão. A irmã ia atrás para ver, pisando na poça de xixi deixada pela outra. Enquanto isso, o xixi escorria em direção aos brinquedos espalhados pelo chão, e eu tinha que limpar o chão, os brinquedos e as crianças – incluindo quatro pezinhos.

Assim que começam, os gêmeos quase sempre aprendem esse marco do desenvolvimento mais rapidamente do que as demais crianças porque podem observar e aprender um com o outro. Contudo, não é incomum que o processo se estenda até depois dos 3 anos de idade. Por volta de 3 anos e meio, a maioria das crianças estará seca à noite e durante o dia.

É bem provável que os gêmeos não atinjam esse marco ao mesmo tempo. Se for o seu caso, resista à tentação de fazer tempestade em copo d'água em relação às diferenças. A criança retardatária certamente tem noção da situação. Demonstre naturalidade e aceitação. Encoraje o comportamento de "mocinho/mocinha", mas não repreenda quando ocorrerem lapsos inevitáveis.

Contudo, preste atenção quando a criança volta a molhar a cama continuamente. Talvez seja um sinal de estresse, e será necessário rever fatores na vida dela responsáveis pelo problema.

O SONO E MÚLTIPLOS ENTRE 12 E 36 MESES

O sono adequado é essencial à saúde perfeita e uma abordagem positiva em relação à vida – tanto para os pais quanto para os gêmeos. Ficamos mais tranqüilos e nos adaptamos melhor à lida com os filhos quando estamos descansados, e eles ficam mais alegres e prestativos quando dormem o suficiente.

Porém, crianças nessa faixa etária resistem ao sono noturno e à soneca diurna, mesmo estando exaustas. Com gêmeos, essa resistência natural pode gerar mais dificuldades, porque um acorda o outro ou impede que adormeça.

Nem todas as crianças têm a mesma necessidade de sono. Um pode ficar mais sonolento no início da noite ou acordar mais cedo pela manhã do que o outro. Um às vezes adormece rapidamente, sem nenhum problema, enquanto o outro é mais ligado, e exige um ritual mais longo na hora de dormir para se acalmar.

PADRÕES DE SONECAS

Se você tiver sorte e seus múltiplos apresentarem necessidades de sono e padrões de desenvolvimento semelhantes, será fácil coordenar o horário das sonecas. Provavelmente, dormirão no meio da manhã e no meio da tarde até 15 a 18 meses de vida, abandonando, com o passar do tempo, a soneca matinal. É bem provável que ambos estejam prontos para dormir à noite ao mesmo tempo, logo após o jantar ou banho.

Contudo, é provável que os gêmeos tenham padrões distintos. Um pode mostrar-se sonolento após o desjejum, enquanto o outro fica ativo até o meio-dia. Se um de seus filhos necessita dormir mais do que o outro, você terá que atender a essas necessidades, deixando que o dorminhoco tire uma soneca. A vantagem é que você terá mais tempo para dedicar ao filho que ficar acordado. A desvantagem, obviamente, é que haverá menos tempo livre para si mesma.

Quando gêmeos tiram a soneca ao mesmo tempo e no mesmo lugar, um pode manter o outro acordado. Na maioria das vezes, eles "cochilam" esvaziando as gavetas da cômoda ou reposicionando os móveis no quarto. Se a hora da soneca se transforma sempre em hora de brincar, é preferível separá-los para que possam dormir.

Outra opção é definir a hora da soneca como "hora do silêncio" – as crianças têm que ficar no quarto, olhando livros de histórias ou brincando tranqüilamente. Embora talvez não durmam, ao menos descansarão. E você também.

PADRÕES DO SONO NOTURNO

Em nossa casa, Kelda estava sempre pronta para dormir à noite, mas Krista queria conversar sobre as atividades do dia. "Fale mais!", ela gritava para Kelda. "Não", Kelda respondia, suspirando. Às vezes, Krista saía do berço e ia ao de Kelda, onde se sentava, apesar dos protestos de "Estou dormindo!" Às vezes, Kelda ganhava, e Krista adormecia; às vezes, Krista vencia, e elas conversavam durante meia hora mais ou menos.

Não tenho certeza se nós separaríamos as duas mesmo que tivéssemos espaço. Com o tempo, essas conversas noturnas, durante as quais elas "se interrogavam" sobre os acontecimentos do dia, tornaram-se um benefício especial de seu relacionamento. Por outro lado, separá-los na hora de dormir é uma alternativa razoável se as perturbações forem contínuas e debilitantes, e se houver espaço suficiente para a alteração. Contudo, os pais sempre me diziam que, apesar de darem a cada filho um quarto separado, pela manhã encontravam os dois dormindo juntos.

BRINQUEDOS E LAZER

No Capítulo 8 falamos sobre a importância de presentes e propriedade individuais de brinquedos. Gêmeos entre 12 e 36 meses de idade beneficiam-se ao possuir bonecas, ursinhos de pelúcia, caminhõezinhos e outros tesouros. Mesmo se adoram os brinquedos, eles podem decidir compartilhá-los, revezarem-nos ou trocá-los pelos pertences do outro.

Do ponto de vista prático, alguns brinquedos infantis serão comuns – blocos de montar e outros conjuntos de construção, jogos e certos itens mais caros. Esses brinquedos compartilhados proporcionam oportunidades de aprendizagem também, pois, ao revezarem os brinquedos, os gêmeos se comprometem a usá-los.

Algumas sugestões para o lazer de crianças entre 12 e 36 meses de idade:

✰ É fácil ficar soterrado sob uma montanha de brinquedos, caminhõezinhos, blocos, bonecas e quebra-cabeças em uma casa onde há gêmeos. Além de ser difícil manter tudo organizado, há também a probabilidade de que as crianças se aborreçam com os brinquedos acessíveis o tempo todo. Portanto, é interessante reciclar os brinquedos, guardando-os de vez em quando. Cada semana você pode apanhar os itens menos usados e trazer a caixa com os brinquedos que foram guardados antes. Uma boneca ou jogo que as crianças redescobrem é tão interessante quanto o novo brinquedo, recém-adquirido na loja – e muito mais barato.

✰ Crianças adoram "jardinagem" – molhar as flores, cavar a terra, brincar com areia e lama.

☆ Se você tem um pátio ou varanda de concreto, em um dia de verão, dê a cada criança um baldinho e um pincel velho e deixe-as pintarem com água. Os "desenhos" ficarão visíveis até evaporarem.

☆ Posicione caixas de papelão como se fossem casinhas de brinquedo, uma para cada criança. Faça aberturas representando portas e janelas e desenhe cortinas e outros adereços. Crianças adoram ter o próprio espaço, e gêmeos aproveitam a chance para ficarem sozinhos.

CRIANÇAS ENTRE 12 E 36 MESES DE IDADE E OS IRMÃOS

Falamos anteriormente sobre a reação dos irmãos à chegada de múltiplos recém-nascidos. À medida que os bebês crescem, os filhos mais velhos também. As rotinas familiares evoluem no mesmo ritmo. Os filhos mais velhos podem ajudar de muitas maneiras, e ainda podem encontrar outros motivos para se irritarem com os pequeninos.

Se conseguir, tente proteger o território de seus filhos mais velhos. Se eles tiverem idade suficiente para ficarem com portas trancadas, deixe que as tranquem; ou dê-lhes grades de segurança.

Continue a validar seu papel como irmão ou irmã mais velha e elogie as contribuições deles. Contudo, procure incentivá-los a se envolverem de outra maneira que não esteja relacionada apenas à sua condição de ajudantes. Sempre que possível, crie situações para que eles compartilhem a alegria de viver com os múltiplos. Quando eles brincam com os pequeninos, se divertindo também e não apenas como babás, todos levam vantagem. Por exemplo: as caixas que você usa como casas para os gêmeos podem ser enfeitadas pelos mais velhos, desenhando cortinas, persianas ou outros detalhes.

CAPÍTULO 11

NOVOS AMIGOS, OUTROS HORIZONTES

Os Múltiplos na Pré-escola

"Minhas filhas são ótimas amigas e grandes inimigas. No mesmo instante em que estão brigando, furiosas, uma diz à outra: "Vamos brincar de princesa?"

Entre 3 e 5 anos de idade, as crianças aprendem sobre o mundo existente além da família, e o lugar que nele ocupam. Ao embarcarem nessa aventura, gêmeos contam com um companheiro – e às vezes adversário – eterno.

À medida que sua mente e alma florescem, enquanto aprendem, pensam e imaginam, eles reúnem informações ou a falta delas. Gêmeos provocam-se mutuamente para experimentar coisas novas, e exercem uma influência limitante também. Ensinam, confortam, perturbam e desafiam.

Muitas vezes esses são os "anos dourados" para os pais de gêmeos. Os desafios do período entre 12 e 36 meses de idade acabaram-se, e as crianças conseguem realizar mais coisas sozinhas, aceitando limites e regras familiares.

Neste capítulo, falaremos sobre o desenvolvimento das habilidades intelectuais e sociais dos gêmeos, seus autoconceitos evolutivos e como o relacionamento entre eles se desdobra.

O AMADURECIMENTO DO RELACIONAMENTO ENTRE OS GÊMEOS DURANTE A IDADE PRÉ-ESCOLAR

Quando os múltiplos são ainda bem pequenos, prosperam na companhia um do outro, mas, por volta de 3 anos de idade – como todas as crianças na fase pré-escolar –, eles estão prontos para brincadeiras cooperativas, e para amizades fora da família. Lembro-me de certa ocasião em que minhas filhas me disseram que estavam entediadas. "Não temos com quem brincar", queixaram-se. Krista me disse: "Não quero brincar apenas com a Kelda".

Durante esses anos, as crianças tornam-se mais interessadas em outras crianças e sentem-se mais à vontade para se separarem dos pais. Se elas passaram os primeiros anos em casa, estão prontas para a pré-escola, embora as crianças certamente apresentem diferenças – sutis ou não – nessa situação.

Não importa se estiverem em uma escolinha infantil ou em casa, elas começam a aplicar suas habilidades sociais em um contexto mais amplo. À medida que brincam mais com crianças fora da família, desenvolvem preferências distintas – mesmo que de curta duração – por certos indivíduos e gravitam em torno dos favoritos.

Durante esses anos, os gêmeos às vezes socializam-se individualmente com outras crianças e, outras vezes, como equipe. Os amiguinhos começam a notar seu relacionamento diferenciado. Às vezes, o poder dos gêmeos tenta outras crianças a separá-los. Certo dia, quando apanhei minhas filhas e outra garota na escolinha, Kelda mascava chiclete. Quando perguntei onde ela o conseguira, descobri que a garota a subornara – em troca do chiclete, ela exigiu que Kelda fosse sua amiga e nunca mais falasse com Krista!

Quando outras crianças escolhem um dos gêmeos como favorito, preste atenção aos sentimentos de ambos. A criança "escolhida" não pode evitar o prazer da atenção especial. Contudo, se tiver idade suficiente, ela poderá entender a injustiça de uma amizade conquistada com a exclusão deliberada do outro gêmeo e decidir cortá-la por conta própria.

Embora gêmeos e outros múltiplos continuem a cooperar e colaborar mais do que outras crianças durante os anos pré-escolares, essa cooperação varia segundo a personalidade do indivíduo – e de sua zigosidade. Nancy Segal, diretora do Twin Study Center na California State University, em Fullerton, registrou em vídeo a brincadeira cooperativa de vários gêmeos enquanto tentavam montar um quebra-cabeça. Os gêmeos dizigóticos separavam as peças do quebra-cabeça em pilhas distintas, ambos tentando montá-lo sozinhos e – inevitavelmente – brigando pelas peças. Os monozigóticos reuniam as peças e trabalhavam em cooperação mútua.

Como dissemos, os gêmeos desenvolvem empatia muito antes de outras crianças. Trocam brinquedos, ajudam em situações emergenciais, confortam-se mutuamente. O elogio – quando praticam boas ações um para o outro – os encoraja e faz com que se sintam bem em relação a si mesmos e ao seu relacionamento.

Essa solicitude floresce entre os pré-escolares. Se uma de minhas filhas acordasse com um pesadelo, a outra a consolava. Uma ajudava a outra a se lembrar de um poema, ou ensinava-lhe como dar um nó.

Uma mãe descreveu os filhos, com 3 anos de idade, dando e recebendo apoio. "Mateus estava triste. Ele procurou o irmão e disse: 'Preciso de um abraço'. Bruno o abraçou e respondeu: 'Tudo bem, Mateus. Estou aqui.'"

À medida que crescem, gêmeos aprimoram o tipo de apoio que dão um ao outro. Lembro-me de minhas filhas, com quase 3 anos e meio de idade, conversando sobre sair da cama à noite para beber água. Krista disse que estava com sede, mas queria que Kelda fosse com ela e segurasse sua mão no escuro. Kelda concordou, mas se recusou a segurar a mão da irmã: "Você não precisa segurar minha mão. Você sabe que não tem medo de nada."

Juntamente com as expressões de carinho, os gêmeos continuam a brigar e discutir, mas, na maioria das vezes, as brigas são de curta duração ou equilibradas com carinho verdadeiro.

Como disse a mãe de uma garota e um garoto gêmeos, com 4 anos de idade: "Minha filha é uma peste, e bate no irmão como nunca vi. Ela não recua. Mas, se ele for a algum lugar sozinho, toda hora ela quer saber o que ele está fazendo e quando chegará em casa."

MÚLTIPLOS TAMBÉM SE BENEFICIAM DA COMPANHIA DE OUTRAS CRIANÇAS PARA BRINCAR

Às vezes, os pais não aproveitam as oportunidades que os múltiplos têm de brincar com outras crianças porque os gêmeos "têm um ao outro". Visto que múltiplos quase sempre brincam juntos, pais excessivamente estressados não têm tempo nem energia para programar brincadeiras, sobretudo se os filhos desejam brincar com diversos amigos. Porém, é importante criar oportunidades para cada criança brincar e ter a chance de desfrutar o convívio social necessário.

Um grupo de mães que conheço criou uma série de brincadeiras para gêmeos em um parque local. As cinco mães e as dez crianças reuniam-se mensalmente. As crianças divertiam-se muito, e ainda tinham a oportunidade de conhecer outras crianças, enquanto os pais podiam se socializar.

Conviver com outros múltiplos também pode ser valioso em outro aspecto. Conheço um casal de gêmeos dizigóticos em que uma das meninas é grande, extrovertida, barulhenta e disposta. A irmã é menor, calada, e parece sumir de cena quando estão juntas. Os pais encontraram outro casal de gêmeos com desigualdades parecidas e combinaram para que as crianças brincassem juntas em alguns dias – os gêmeos mais extrovertidos brincariam em uma casa e os mais introvertidos, em outra.

Às vezes, o número par de crianças em um grupo de brincadeiras funciona melhor porque reduz a probabilidade de alguém ser excluído. Para algumas crianças, contudo, um grupo de três é a melhor solução. Gêmeos estão acostumados a brincar como se fossem uma equipe, e adoram ter uma terceira criança na brincadeira. Contudo, essa criança precisa de muita energia e disposição. Minhas filhas tinham um amigo chamado Thomas, com quem se revezavam nas brincadeiras. Uma se cansava e descansava, e a outra continuava brincando com Thomas. Elas se revezavam o tempo todo, até a hora de Thomas ir embora – muito exausto.

HORA DE IR PARA A PRÉ-ESCOLA

Dizer adeus aos pais e ir para a escola pode ser uma transição interessante, embora às vezes dolorosa, para crianças que passaram os primeiros anos de vida em casa. O início da pré-escola pode trazer à tona a questão da colocação na sala de aula para os múltiplos. Se há várias salas de aula na escolinha, os pais começam a questionar se os filhos devem ficar juntos ou separados.

Esse é um tema constante na vida escolar, e nós o abordaremos detalhadamente no próximo capítulo. Com múltiplos nessa idade, uma boa regra prática é: mantenha-os juntos, por enquanto. Deixe que se beneficiem de seu relacionamento durante a transição para um mundo maior. Quando os gêmeos fazem a primeira viagem juntos para longe da proteção familiar, eles têm o apoio um do outro. Teoricamente, as atividades e outras crianças os incentivam a brincar individualmente, mas na presença reconfortante do outro.

"No início, meus gêmeos ficavam sempre um ao lado do outro", disse uma mãe. "Mas, depois de algumas semanas na escolinha, os dois não sentiam mais essa necessidade. Agiam individualmente, mas, se algo acontecesse a um, o outro ia ao seu socorro imediatamente. Já vi isso acontecer muito com gêmeos. Eles reagem da mesma maneira em relação a outras crianças, não apenas com o irmão. Se alguém chora ou fica aborrecido, eles procuram ajudar. Gêmeos estão acostumados a agir assim."

DESENVOLVIMENTO FÍSICO

Entre 2 anos e meio e 3 anos e meio de idade, nossos filhos se tornam menos bebês e mais crianças. Caminham e correm com confiança e maestria crescentes. Passam a usar o banheiro como "gente grande".

Nos primeiros anos de vida, os bebês aprendiam a coordenação motora grossa e fina de forma tão drástica e rápida que as mudanças em sua capacidade podiam ser mensuradas quase diariamente. Contudo, dos 3 aos 5 anos de idade, as crianças aperfeiçoam as novas habilidades por meio da prática diária. A capacidade de manipular objetos – colheres, escova de dente e lápis – os torna mais capazes de cuidar de si mesmos, e de se expressarem por meio de brincadeiras.

Agora as crianças sabem lidar com pincéis e lápis de cor. O trabalho artístico torna-se cada vez mais realista. São capazes de usar talheres à mesa de refeições e também sabem como arrumá-la. Podem desmontar objetos para ver como funcionam, sabem abrir e fechar prendedores com velcro, desabotoar roupas, abrir e fechar zíperes, e logo serão capazes de amarrar o cadarço dos sapatos.

Seus gêmeos talvez tenham o mesmo nível de energia, ou sejam completamente diferentes – um sempre ativo e o outro satisfeito em brincar tranqüilamente. Podem ou não ter a mesma habilidade esportiva. Essa é outra área em que os dons individuais começam a brilhar. A tarefa dos pais é elogiar, sejam eles iguais ou diferentes, e evitar comparações negativas.

Nessa idade, as crianças tornam-se muito mais conscientes das diferenças. Mesmo se os pais aceitam e elogiam essas variações nos filhos, estranhos e conhecidos talvez não façam a mesma coisa. Conheço uma família com trigêmeos trizigóticos e, portanto, bastante diferentes em tamanho e aparência. Um dos garotos é muito menor do que os irmãos.

"Estranhos percebiam", disse uma mãe, "e comentavam diante dele. Alguns diziam coisas como: 'Ah, ele é a rapinha do tacho'. Diferenças físicas como essa são mais acentuadas em múltiplos porque eles possuem a mesma idade e freqüentam os mesmos ambientes." Quando as pessoas fazem comparações desagradáveis diante de seus filhos, responda com um comentário do tipo: "Todos os meus filhos estão muito bem, obrigada".

DESENVOLVIMENTO INTELECTUAL E DE LINGUAGEM

Por volta do terceiro aniversário, uma mudança maravilhosa ocorre. É como se as crianças estivessem no limiar de um excitante mundo novo – um mundo repleto de maravilhas a serem exploradas, experimentadas, imaginadas. Constataremos essa mudança nas perguntas que nossos filhos nos fazem e na maneira como ouvem nossas respostas.

Durante a idade pré-escolar, todas as crianças apresentam um excelente progresso na capacidade de pensar, raciocinar, falar e se expressar. Elas são capazes de se lembrarem do passado e de preverem o futuro (como demonstram no uso do tempo verbal passado e futuro nas conversas). Seu raciocínio é mais abstrato e não mais limitado ao mundo físico.

Naturalmente, haverá limites para as habilidades cognitivas. Piaget refere-se a esse período como o estágio "pré-operacional" do desenvolvimento intelectual, no qual as crianças conseguem manipular símbolos (como palavras e gravuras que representam a realidade), mas ainda não estão aptas para distinguir o que é real e o que não é.

No último capítulo, falaremos sobre o processo inicial da aprendizagem da linguagem. Por volta dos 3 anos de idade, a maioria das crianças conta com um vocabulário razoável – talvez 900 palavras – e já forma frases. A pronúncia melhora, mas talvez não seja perfeita. A fala torna-se cada vez menos infantil.

Exceto as dificuldades de desenvolvimento relacionadas à prematuridade, gêmeos e trigêmeos e outros múltiplos têm a mesma capacidade intelectual que as demais crianças. Visto que tantos múltiplos nascem prematuros, eles podem apresentar, durante os primeiros anos de vida, os atrasos associados à prematuridade ou ao baixo peso de nascimento. Mesmo assim, a maioria supera os atrasos quando estão prontos para ir à escola.

Mas múltiplos desenvolvem as habilidades intelectuais e de linguagem em um contexto diferente daquele vivenciado por outras crianças.

Crescem ao lado de um ou mais irmãos de mesma idade e, portanto, geralmente têm menos interação individual com adultos, o que gera vantagens e desvantagens.

Para desenvolver a linguagem, crianças precisam de bons exemplos do idioma que estão aprendendo. Precisam de prática para falar em um ambiente tranqüilo, sem pressões. É mais fácil para os pais com apenas um bebê oferecer essas condições ideais; pais de múltiplos precisam fazer um esforço consciente.

Na maioria das vezes, múltiplos têm que competir para conseguir falar alguma coisa. Algumas táticas comuns são falar em voz alta, falar ao mesmo tempo, interromper e falar rapidamente. Esses comportamentos podem transformar-se em hábitos que dificultam a conversa fora da família ou do casal de gêmeos, afetando sua vida social.

Por outro lado, como dissemos no capítulo anterior, múltiplos geralmente têm um parceiro de conversa ou de linguagem sempre presente. Podem praticar diálogos, compartilhar informações, fazer e responder perguntas, e ajudar um ao outro a se lembrar de palavras e idéias.

Apesar das histórias repetidas de gêmeos inventando o próprio idioma, existe pouquíssima pesquisa sistemática sobre como eles aprendem a falar. Contudo, sabemos que o contexto dos gêmeos influencia o ambiente de aprendizagem da linguagem. Grande parte das pesquisas concentra-se na documentação das dificuldades de linguagem em gêmeos.

Um estudo australiano constatou que gêmeos tinham pequenos atrasos na pronúncia e domínio da gramática, mas apresentavam uma capacidade normal de conversa para sua idade. Trigêmeos demonstravam atrasos de maneira geral. Não foi constatada nenhuma conexão entre atrasos na linguagem e peso de nascimento ou zigosidade. Contudo, havia uma correlação entre competência de linguagem e múltiplos concebidos com a ajuda de tratamentos de fertilidade. Talvez isso tenha ocorrido porque os pais com recursos e sofisticação para buscar esses tratamentos provavelmente têm maior grau de instrução e mais apoio para cuidar dos múltiplos.

Algumas pesquisas indicam que os primeiros estudos sobre deficiências de linguagem em gêmeos eram inexatos porque usavam mensurações padronizadas de linguagem incoerentes com o contexto dos gêmeos. Por exemplo: gêmeos costumam finalizar as frases um do outro. Esse processo lingüístico sofisticado reduz o tempo que cada gêmeo fala durante um diálogo. Porém, o desenvolvimento de linguagem é muitas vezes mensurado pela extensão – em termos de número de palavras – do que é dito. Esses testes descrevem uma deficiência, e não a habilidade avançada demonstrada pelos gêmeos.

Desde o início, gêmeos e trigêmeos têm que participar de uma conversa com mais de uma pessoa de cada vez – os pais e mais outra criança (ou crianças). Conseqüentemente, eles logo aprendem a direcionar a conversa a um determinado indivíduo. Quando houver oportunidade, um dos gêmeos vai direcionar a sua fala ao adulto e não ao irmão.

A LINGUAGEM COMO UMA JANELA NO MUNDO DOS GÊMEOS

Kelda: O que você acha que *para* significa?

Krista: Não sei.

Kelda: *Para* significa ficar quieta.

Krista: Não, significa que não pode andar.

Kelda: Oh!

Krista: *(cantando)* Parabéns para você... Oh! *Para* aqui é outra coisa, mas é a mesma palavra!

O domínio crescente da linguagem de nossos filhos nos permite entender a evolução de seu desenvolvimento intelectual. Agora eles podem falar sobre idéias e abstrações, e somos capazes de entender a evolução de sua visão da realidade.

No diálogo acima, minhas filhas estavam tentando descobrir o significado de palavras e como uma palavra pode ter mais de um significado. Elas contaram com a vantagem de lidarem juntas com esses conceitos – e juntas conseguiram analisar assuntos complexos quando ainda eram bem pequenas. Como todos os gêmeos, elas ensinaram e aprenderam uma com a outra – conversaram, discordaram, ponderaram, afirmaram e, às vezes, planejaram.

É importante que os adultos na família permaneçam sintonizados com as conversas das crianças para verificarem a veracidade do que elas dizem. Embora nenhuma das crianças tenha mais experiência de vida do que a outra, uma sempre demonstrará autoridade desmerecida sobre a outra. Denomino esse fenômeno de "regra da tribo". Por volta de 3 anos de idade, todas as crianças tiveram contato suficiente com crianças maiores para admirá-las e para tentar copiar seus comportamentos "sofisticados". Observe qualquer criança pequena fitar, admirada, as crianças maiores no parque de diversões. Aquelas que têm irmãos mais velhos têm exemplos constantes de comportamento mais maduro, e os irmãos mais velhos geralmente tornam-se as principais autoridades sobre o mundo e os pais.

Isso é válido também para gêmeos e trigêmeos, mas com uma diferença. Gêmeos certamente respeitarão a autoridade de irmãos mais velhos, mas costumam atribuir autoridade principal ao gêmeo. O mais importante é o que o irmão gêmeo diz e faz, o que é perfeitamente normal quando compartilham informações corretas, mas isso pode se transformar em problema quando essas visões da realidade são distorcidas ou incorretas, ou quando compartilham uma fantasia como se fosse realidade – um elemento comum do pensamento pré-operacional da criança em idade pré-escolar.

Um dia, minhas filhas chegaram em casa muito aborrecidas com a perspectiva de um bombeiro visitar a escola na manhã seguinte. Finalmente entendi o que estava acontecendo: elas acreditavam que, como o carteiro trazia a correspondência e o leiteiro entregava o leite, o bombeiro traria fogo.

Nada que eu dissesse poderia convencê-las do contrário. Pela manhã, minhas filhas recusaram-se a ir à escola, até que eu prometi um sorvete a cada uma delas após a aula se o bombeiro aparecesse. Ele foi, compramos os sorvetes, e teve início um ritual familiar. Toda vez que um bombeiro aparecia na escola ou realizava um treinamento antiincêndio, comprávamos sorvete depois.

"EFEITOS DOS GÊMEOS"

Em minha pesquisa sobre desenvolvimento de linguagem, identifiquei o que chamo de "efeitos de gêmeos", relacionados aos conceitos que as crianças têm de si mesmas como equipe. Essa linguagem são adaptações do idioma – padrão, usadas para expressar a realidade especial dos gêmeos. Elas se comparam ao desenvolvimento do uso padrão, mas não o substituem necessariamente.

Esses efeitos de gêmeos incluem:

- ✰ O uso de um nome de equipe, como "eu e eu também" ou "a gente" (oposto de "vocês"), que as crianças usam para se referir a si mesmas quando estão juntas.
- ✰ O uso de verbos no singular com o nome de equipe: "A Krista-Kelda vai ao parque, papai¿"
- ✰ O uso de *a gente* para eles se referirem a si mesmos como equipe: "Sente-se entre a gente, mamãe".

Em um levantamento que fiz sobre esses efeitos em gêmeos e trigêmeos, com idade de 2 a 5 anos, em 166 famílias canadenses, 44% dos pais descreveram alguns tipos de efeitos nos filhos.

Vários pais responderam que não havia efeitos de gêmeos na linguagem dos filhos porque eles "não permitiam isso". Aparentemente, o medo do atraso na linguagem levou esses pais a proibirem o uso criativo da linguagem para expressar o relacionamento dos gêmeos.

Quando e se seus filhos usarem "efeitos de gêmeos", como, por exemplo, um nome duplo para se referirem adequadamente a si mesmos como equipe, não se preocupe, desde que cada um saiba e possa usar o próprio nome. O uso do nome de equipe diminui à medida que o horizonte social das crianças se expande além da dupla e dá aos pais uma idéia de seu amadurecimento.

Contudo, se seus filhos parecem confusos em relação aos próprios nomes – se Sara chama a irmã de "Sara", por exemplo –, faça o possível para ajudá-los a entender que o nome é uma propriedade individual. Reveja todos os contextos em que seja possível validar a sua individualidade – certifique-se de que cada um tenha suas roupas, seus brinquedos e o próprio espaço. Use os nomes individualmente, o máximo possível, quando você se referir a eles.

Nomes de equipe não devem ser confundidos com nomes substitutos. Às vezes, as crianças não conseguem pronunciar as letras de um dos nomes. Portanto, invente um substituto. As gêmeas Jéssica e Paula, com 2 anos de idade, não conseguiam dizer "Jéssica", e por isso Jéssica chamava a si mesma de "Não Paula". Isso não significava que Jéssica possuía uma auto-imagem negativa. Ela estava usando a palavra *não* com criatividade para dar a si mesma um nome distinto, diferente do da irmã.

À medida que a linguagem de seus filhos se desenvolve, eles lhe dão mais destaques sobre a imagem de si mesmos como indivíduos e como "casal" ou "tribo". Kelda, aos 3 anos de idade, disse à irmã: "Você e eu somos iguais porque as pessoas dizem que você e eu somos iguais". Porém, elas sabiam que eram diferentes, e exploravam essas diferenças nos diálogos.

Enquanto amadurecem, os pais podem esperar ouvir uma pronúncia menos infantil, menos efeitos de gêmeos, como o nome de equipe, e idéias e sentenças cada vez mais complexas. Agora podemos conversar com cada um deles sobre suas necessidades e desejos e, assim, discutir seu relacionamento.

CRIANDO UM AMBIENTE RICO PARA A LINGUAGEM

O desafio de encontrar tempo suficiente para o diálogo gerador de linguagem com cada um dos filhos não é muito difícil de ser superado. Pense nas inúmeras vezes em que você tem contato com cada um deles durante o dia todo: ajudando-o a abotoar a roupa, pentear os cabelos, lavar as mãos, e servir as refeições.

Podemos tirar proveito lingüístico de cada contato, falando sobre aquilo que estamos realizando. Faça perguntas – sempre um excelente estímulo para a linguagem – e ouça atentamente as respostas de cada criança. Em vez de dizer: "Michel, gosto dos botões vermelhos de sua jaqueta", pergunte: "Michel, de que cor são esses botões?" Incentive seus filhos a responderem com frases. Se você disser: "Nós nos divertimos no parque, não é?", a resposta obtida será apenas "É!" Se você disser: "Conte ao papai sobre o passeio no parque", provavelmente vai inspirar uma descrição das atividades do dia.

Outras sugestões:

☆ Transforme os passeios de carro em oportunidades para brincar com o idioma: inventar canções juntos, falar sobre ontem e amanhã, inventar rimas engraçadas. Uma mãe que conheço improvisava uma canção sobre uma baleia, à qual acrescentava partes interessantes sobre cada criança, enquanto se dirigiam para a escola toda manhã. As crianças ouviam atentamente as partes sobre si mesmas, e acrescentavam algumas palavras à música.

☆ Incentive outros adultos a conversarem com cada criança – avós ou outros familiares podem ser uma ajuda maravilhosa. Se você acha que seu tempo é pouco para manter diálogos significativos com cada criança, descubra uma maneira de conseguir ajuda de outros adultos.

☆ Insista para que cada criança fale por si mesma: "Se você não pedir, não tem biscoito".

☆ Resista às interrupções. Recompense o revezamento e a paciência. Quando um dos filhos interromper, você poderá responder calmamente, comentando o que está observando: "Ouço Carlos tentando falar, mas André está me mostrando a gravura. Carlos, quando o André terminar, será sua vez."

☆ Leia para seus filhos todos os dias. Quinze a trinta minutos de leitura de histórias antes de dormir ou do cochilo diurno proporcionam uma oportunidade maravilhosa para enriquecer seu relacionamento com os filhos. Faça com que esse seja um momento tranqüilo e sossegado.

Desligue a televisão e o telefone. Você pode ler para cada um de seus filhos ou para todos juntos. Apenas certifique-se de que cada um deles tem a oportunidade de escolher uma história, olhar as gravuras e fazer comentários. No processo, você dará exemplo de boa linguagem e poderá detectar e corrigir quaisquer conceitos ou informações erradas. Quando eles brigarem para sentar em seu colo, interrompa a história e busque, junto com eles, uma solução.

Lembre-se de que sempre há uma variação enorme no desenvolvimento da linguagem. Quando um de seus filhos der a impressão de estar atrasado em relação aos outros, compare a linguagem dele com a de outras crianças de mesma idade. Talvez esteja na faixa normal para a idade, apenas diferente dos seus irmãos. A maioria das variações não passa disso – variações.

Você não deve se preocupar com cada pronúncia incorreta, balbucio e gaguejo. Eles fazem parte do processo de aprendizagem. Contudo, se você se sentir ansiosa em relação à fala de um ou mais de seus filhos, procure ajuda de um profissional especializado no assunto para receber orientação.

O primeiro passo é verificar a audição da criança. Se não existem problemas auditivos, peça a alguém familiarizado com múltiplos para avaliar a fala de seu filho, para que nenhum problema corrigível seja desprezado. Se alguma deficiência for diagnosticada, veja se todos os seus filhos compreendem os objetivos de qualquer terapia de fala que você escolher para um ou mais deles, para que possam ajudar, em vez de atrapalhar, o processo.

Geralmente, por volta dos 4 anos de idade, a fala infantil deve ser clara o suficiente para que as crianças sejam compreendidas ao deixarem o contexto familiar para irem à escolinha ou participarem de qualquer outra atividade social.

Se seus múltiplos com 3 ou quase 4 anos de idade têm as características que apresentamos a seguir, provavelmente estão dentro do desenvolvimento normal de linguagem. Verifique se eles:

- Formam frases com cinco ou seis palavras;
- Ouvem histórias atentamente;
- Contam histórias curtas ou compartilham idéias;
- Referem-se a si mesmos como "eu" ou "nós";
- Contam até três;
- Dizem o primeiro nome e o sobrenome.

COMO O PAPEL DOS PAIS MUDA COM OS MÚLTIPLOS

Durante os primeiros anos de vida do bebê, os pais são responsáveis pela formulação e cumprimento de regras. Antes de 2 anos e meio de vida, pouquíssimas crianças internalizam as regras com eficiência para que possam estabelecer limites sobre o próprio comportamento. Não podemos ter certeza de que elas não quebrarão as regras. A maturidade traz cada vez mais controle interno. Elas podem impedir a si mesmas (e uma à outra) de ir longe demais.

Todas as crianças precisam de orientação sobre brincadeiras honestas em jogos de tabuleiro e em esportes, sobre compartilhar brinquedos e se revezar. Nessa idade, elas aprendem muitas lições com os amiguinhos e irmãos. A situação é um pouco mais complexa para gêmeos. Por volta de 3 anos de idade, eles provavelmente já experimentaram diversas maneiras de equilibrar o poder no relacionamento. Já experimentaram diversos papéis: líder e seguidor, valentão e vítima, cidadão exemplar e anarquista. E já desenvolveram regras próprias sobre compartilhar, revezar e o que é ou não justo. Agora as crianças estão adaptando essas regras com as dos pais e da sociedade em geral, e aí precisam de nossa orientação.

Isso significa que nosso papel evolui da supervisão intensa exercida quando os gêmeos tinham entre 1 ano e 3 anos de idade para o de treinador ou juiz.

VOCÊ COMO TÉCNICO E JUIZ

Como técnico de seus filhos, você determina as regras familiares do jogo honesto, ensina as aptidões necessárias, incentiva os jogadores e os ajuda a negociar os pontos de conflito.

Como juiz da família, você se certifica de que seus filhos entendem as regras e as conseqüências de desobedecê-las. Você arbitra desentendimentos, pede tempo quando necessário e aplica as penalidades adequadas quando as regras são violadas.

Existe uma arte na arbitragem e treinamento no contexto familiar. Precisamos de senso de humor para encararmos o impulso dos filhos de testar nossos limites e os deles mesmos. É preciso flexibilidade e paciência. Sobretudo, é necessário lembrarmos que manter um sistema familiar saudável e funcional é um processo. Às vezes, nada parece dar certo, e aí temos que recomeçar. Assim, nossos filhos aprendem lições importantes: que não há problema algum em cometer erros, e como prosseguir.

Suponha que você e os gêmeos estabeleçam um quadro de trabalho para designar tarefas. Mesmo assim, as crianças começam a brigar sobre de quem é a vez de arrumar a mesa. Você está resfriada. À medida que as crianças discutem, sua cabeça lateja. Então seu marido telefona para avisá-la que chegará tarde do trabalho. Você simplesmente perde a paciência, e impulsivamente, sente-se tentada a dizer que o quadro de trabalho não está funcionando e que a partir daquele momento você decidirá quem deverá fazer cada tarefa. Embora esse atalho pareça poupar tempo, ele provavelmente terá conseqüências desagradáveis.

Uma abordagem melhor seria: "Crianças, sei que isto é importante e quero ajudar a resolver a situação, mas agora não posso. Só esta noite, cada um pega seus talheres. Tentaremos solucionar o problema amanhã."

DOIS (OU MAIS) CONTRA UM

Agora os múltiplos ultrapassaram o desafio do período entre 12 e 36 meses de idade, quando a contestação e a resistência fazem parte do desenvolvimento normal. Os pais podem esperar que os filhos em idade pré-escolar tenham mais controle sobre o comportamento, que falem mais sobre suas preferências e desagrados em vez de simplesmente fazerem birra.

Porém, nossos filhos estão no processo de buscar comportamentos mais maduros, e ainda não atingiram seu objetivo. Temos que manter o bom humor quando formos confrontados com uma rebelião dupla ou tripla. Os gêmeos ou trigêmeos podem anunciar em uníssono que odeiam espaguete, não querem brincar com o primo ou não vão trocar de roupa para a festa.

Obviamente, essa rebelião pode nos causar certas inconveniências e precisa ser tratada como uma violação grave da etiqueta familiar, mas é importante lembrarmos que se trata de um experimento emocionante do ponto de vista infantil. As crianças estão exercendo seu poder coletivo e testando limites de outra maneira – em equipe. Não há nada melhor do que um inimigo comum para unir a oposição. Naturalmente não queremos ficar na posição de "inimigo" deles.

Analisemos alguns dos outros comportamentos negativos que, às vezes, observamos em nossos gêmeos. Embora todas as crianças em idade pré-escolar possam apresentar alguns desses comportamentos, eles são pontos de atenção especial em gêmeos. Porque as crianças são de mesma idade, e porque compartilham grande parte do tempo e a maioria das atividades, comportamentos negativos em gêmeos podem tornar-se um problema maior do que com outras crianças.

Esteja alerta para o seguinte.

☆ *Autoritarismo.* A mãe de garotas monozigóticas telefonou à Twin Services com esta pergunta: "Minha filha de 4 anos de idade manda na irmã gêmea o dia todo. Ela até mesmo decide com o que a irmã pode ou não brincar." Essa mãe achava que esse tipo de autoritarismo por parte de um dos gêmeos desapareceria com o tempo, e ela queria saber se deveria intervir ou não.

Embora saibamos que gêmeos experimentam diversos papéis e se revezam como dominadores, se um parece acomodar-se no papel de autoritário, precisamos intervir, sim.

Talvez um dos gêmeos esteja dando ordens ao outro – por exemplo, exigindo que ele pare de brincar com os cavalinhos e vá jogar bola. Você pode dizer: "Eric, não gosto quando você diz a Molly o que fazer. Molly lhe disse que agora deseja brincar com os cavalinhos. Se você não pode esperar até que ela termine, terá que encontrar outro lugar para brincar."

Se Eric insistir, você pode chegar ao exagero de pedir um tempo. Se negociar bem com a irmã, é hora de elogiar seus esforços.

Você pode encontrar outro amiguinho mandão para brincar com o gêmeo autoritário. Ao enfrentar um adversário mais forte, a criança aprende o valor do compromisso. Da mesma maneira, encontrar um amiguinho tranqüilo para o "seguidor" poderá lhe dar a oportunidade de liderar.

☆ *Superproteção.* Não é raro um dos gêmeos "proteger" o outro de uma maneira que parece carinhosa, mas que, de fato, é bastante controladora. Talvez um sempre amarre os sapatos do outro, lembre-o de levar o casaco para a escola, ajude-o a colocar o cinto de segurança ou antecipe-se e responda às perguntas antes que o outro possa falar.

Na maioria das vezes, a menina do casal de gêmeos assume o papel de proteção porque, geralmente, elas são mais maduras do que os garotos de mesma idade. Nesse caso, o desequilíbrio vai, por fim, corrigir-se à medida que o menino alcança a irmã nas etapas de desenvolvimento.

Contudo, se um dos gêmeos dá a impressão de estar no controle, essa atitude poderá atrasar o desenvolvimento do outro. Naturalmente, não desejamos desestimular a bondade e a cooperação nos gêmeos, mas podemos lembrar ao superprotetor que existem certas atividades que o irmão precisa aprender a fazer sozinho, como, por exemplo, amarrar os sapatos ou responder às perguntas. Ele será capaz de entender que ajudará mais ao irmão se permitir que aprenda sozinho.

☆ *Intimidação.* É natural as crianças experimentarem o papel de valentão – conseguindo o que desejam por meio da força física, abusos verbais e ameaças. Antes de poderem se comunicar verbalmente, os gêmeos experimentam a agressão física. Aos 3 anos de idade, esses experimentos geralmente são substituídos por comportamentos mais maduros.

Contudo, às vezes, o comportamento persiste e pode causar grandes perturbações para os gêmeos porque é difícil evitá-lo. Se o seu filho tem um amiguinho intimidador, ele pode fugir dele quando vem para casa. Quando o valentão é um dos gêmeos, a criança sente-se sufocada. Conheci uma garotinha que se sentia tão intimidada pelo irmão gêmeo que cresceu temendo outras crianças – a ponto de temer sentar-se ao lado dos coleguinhas na pré-escola durante a hora do círculo.

Se você constatar que seus filhos usam técnicas intimidantes, interfira imediatamente. Proíba intimidação de qualquer tipo. Imponha as mesmas regras com crianças visitantes: se uma delas continua intimidando, cancele o dia de brincadeiras.

☆ *Auto-estima baixa.* Todo mundo tem dias ruins. Mas, se a criança não se sente bem consigo mesma diariamente, a auto-estima diminui. A criança afasta-se do contato social, torna-se apática e talvez possa parecer taciturna e irritável. Se isso acontecer com um de seus múltiplos, procure as possíveis causas, incluindo problemas com a relação entre gêmeos. A criança tem oportunidades suficientes para agir independentemente? Há problemas com outros familiares? A criança sente-se tolhida pelo irmão gêmeo? Há relações difíceis com outras crianças na vizinhança? Na escola?

Se os pais não conseguem identificar uma causa e agir positivamente com rapidez, devem buscar ajuda de um profissional familiarizado com a dinâmica de gêmeos. Não devemos deixar a situação prosseguir sem tomarmos uma atitude. É preciso agir de maneira preventiva o mais rápido possível.

APOIAR OS GÊMEOS COMO INDIVÍDUOS E COMO EQUIPE

Há vários anos, um diretor de escola pediu-me que ajudasse uma família cujos gêmeos, em idade pré-escolar, interferiam no trabalho um do outro. Se um construísse uma torre de blocos, o outro imediatamente a derrubava. Se um fizesse um desenho, o outro o rabiscava. Os pais, a professora, o diretor e a psicóloga da escola tentaram tudo para colocar um ponto final na rivalidade.

Juntas, eu e a mãe dos garotos, analisamos o ambiente doméstico, procurando pistas. Os gêmeos tinham camas separadas. Perguntei se eles tinham roupas e brinquedos próprios. "Não!", ela disse, assustada. "Guardamos todas as roupas em um cesto enorme, e os brinquedos também são guardados juntos."

Quando ressaltei a importância da propriedade para desenvolvimento da identidade, a mãe mostrou-se disposta a fazer mudanças. Ela ajudou os garotos a dividirem os brinquedos e roupas, e reorganizou as áreas onde guardá-los, para que cada um tivesse seus pertences e seu espaço. Dentro de uma semana, a mãe e a diretora telefonaram para me contar que as crianças tinham mudado drasticamente. Em vez de desprezarem-se mutuamente, cooperavam e colaboravam, e era um prazer desfrutar a companhia deles.

Se você perceber que um dos gêmeos perturba o outro, preste atenção. Eles estão apenas brincando? Acontece de vez em quando ou diariamente? Se ocorrer regularmente, à mesma hora do dia, pode estar relacionado à fadiga e fome; nesse caso, você pode colocar um fim na situação com lanches e uma mudança no horário das atividades, incluindo brincadeiras mais tranqüilas no final da tarde.

Se a comida e o descanso não acalmarem os ânimos, é hora de prestar mais atenção ao ambiente. É preciso certificar-se de que as duas crianças têm o necessário para lhes dar a sensação de maior domínio sobre seu destino. Cada uma delas tem o espaço ou território pessoal suficiente? Cada uma delas tem sua cama, roupas e brinquedos separados?

Constatei que a falta de propriedade e controle geralmente é a força motriz desse tipo de comportamento inoportuno constante. Mas propriedade não significa que as crianças não possam compartilhar alguns pertences ou gostar das mesmas coisas. É normal se ambas desejam outra história ou querem tomar sorvete. Em muitas ocasiões, não é isso que acontece. Não precisamos fabricar diferenças. Na verdade, se o fizermos, estaremos gerando estresse desnecessário para nossos filhos e dando-lhes a mensagem silenciosa de que há algo errado com suas semelhanças.

Responda às suas diferenças. Conheço uma família cujas filhas dizigóticas são tão diferentes quanto o vinho da água. Uma, extrovertida e dramática, dominava a brincadeira e roubava a cena, encobrindo sempre a irmã, calada e contemplativa. Após muito empenho, os pais descobriram um artifício natural que garantia que cada filha tivesse a oportunidade de tomar decisões: a menina cuja hora de nascimento fosse um número par daria as ordens em dias pares, e a irmã, cuja hora de nascimento fosse ímpar, ficaria encarregada dos dias ímpares.

O método não era mágico e não eliminou todas as diferenças, mas acalmou o conflito diário e as ajudou a sobreviverem em sua infância tumultuada.

ESTRATÉGIAS ÚTEIS

Aqui estão algumas outras sugestões para ajudar a honrar os múltiplos como indivíduos e como equipe:

✰ *Ajude seus filhos a se pronunciarem sobre quem são.* Se eles forem muito parecidos, incentive-os a dizerem seus nomes aos amigos e familiares. E ensine amigos e familiares a perguntarem em caso de dúvida. Gêmeos me disseram que estão acostumados à confusão das pessoas, e preferem que perguntem seus nomes a se tornarem objetos de mais um jogo de adivinhação.

✰ *Planeje momentos especiais com cada criança.* Ao completarem 5 anos de idade, crianças têm uma compreensão muito maior do tempo, o que as ajuda a concordar em se revezarem para passar momentos especiais com os pais. Comece aos poucos com eventos especiais de curta duração, como ler uma história ou ir ao parque ou biblioteca. Certifique-se de que a outra criança tenha momentos especiais o mais rápido possível. Se ocorrer alguma emergência, explique e marque imediatamente a próxima data.

A mãe de trigêmeos disse que o marido e ela começaram a proporcionar momentos especiais a cada filho quando eles tinham 3 anos de idade. "Embora tivessem a companhia um do outro, os dois que ficavam em casa se irritavam. Naquela idade, eles não entendiam a situação. Mas, quanto mais insistíamos, mais eles se acostumavam. Eu sempre mantinha esses momentos especiais próximos um do outro e de curta duração, para que nenhum deles tivesse que esperar muito pela sua vez."

☆ *Planeje algum tempo e espaço para cada criança ficar sozinha.* É preciso que cada criança tenha a oportunidade de ficar sozinha se ela assim o desejar. Se o espaço for limitado, prepare um lugar tranqüilo em um determinado cômodo e reserve-o para aqueles que querem ficar a sós. Estabeleça uma regra: quem desejar ficar sozinho usará esse local e ninguém poderá perturbá-lo. Dê-lhes cada vez mais liberdade para decidirem quando e como brincar juntos. E, é claro, vigie-os sempre que necessário.

Obviamente, é mais fácil dar espaço a cada criança quando cada uma delas tem seu quarto. Em famílias sem múltiplos, o irmão mais velho quase sempre deseja ter o próprio quarto quando chega à idade pré-escolar; em famílias com gêmeos, as crianças contentam-se em compartilhar o quarto. A decisão de mantê-los no mesmo quarto ou não depende de dois fatores: se existem quartos suficientes disponíveis e se os gêmeos desejam a separação. Não há necessidade de pressa. Mas, se os gêmeos forem um menino e uma menina, eles precisarão de privacidade antes que os múltiplos de mesmo sexo.

☆ *Dê-lhes presentes segundo seus interesses e pedidos.* Ajude-os a fazer uma lista de presentes preferidos para o aniversário e atenda aos seus pedidos. Se cada um desejar o mesmo robô, compre dois. Se um quer o robô e o outro, uma bola, obedeça. Ao reagir aos seus desejos expressos, você estará ajudando cada um a formar sua identidade. Resista à tentação de dar presentes distintos se eles desejam receber a mesma coisa.

Lembre-se de que são os processos internos que estabelecem a individualidade e auto-estima, não os pertences materiais. Se você e seu parceiro usam o mesmo tipo de raquete ou óculos de sol, ninguém dirá que vocês estão perdendo a individualidade. Vocês apenas fizeram escolhas semelhantes.

☆ *Permita que seus filhos tomem decisões sobre o que vestir.* Quando os gêmeos podem escolher as roupas que desejam usar, também estão decidindo se eles vão ou não se vestir igual ao outro. Essa é uma etapa importante no desenvolvimento do domínio de seu destino. Ao afirmarem sua individualidade e testarem os efeitos de roupas iguais ou diferentes, eles estão tomando decisões que influenciam o eu e sua percepção do relacionamento.

Sempre que possível, incentive as escolhas individuais de cada criança em termos de vestuário e aparência, mas não tente se preocupar excessivamente com o fato de eles serem muito parecidos ou não. Explique sucintamente que é mais fácil para outras pessoas saberem quem é quem se os dois usarem roupas e cortes de cabelo distintos.

☆ *Ajude seus gêmeos a canalizarem a competitividade de maneira saudável.* A competição é um aspecto natural do desenvolvimento. Quando equilibrada com preocupação genuína pelos outros, quando não sufoca, ela pode gerar interesse e iniciativa. Seus gêmeos competirão de muitas maneiras desde o início – pela sua atenção, dos irmãos mais velhos, e até pelo seu colo. Quando suas reações a esse desejo natural são tranqüilas e reconfortantes, você os está orientando para um relacionamento equilibrado. Reconheça os sentimentos deles e estabeleça limites para o comportamento agressivo.

Quando crianças em idade pré-escolar acusarem você de favorecer um em relação ao outro, comece perguntando: "O que o faz pensar assim? O que posso fazer para que se sinta melhor?" Quando eles brigarem para decidir quem vai se sentar perto da janela no ônibus, peça-lhes que estabeleçam uma regra para a situação. Algumas situações exigem revezamento; em outras, tirar cara ou coroa resolve o problema.

Quando você estiver ajudando os múltiplos a resolverem desentendimentos, desestimule a idéia de que um gêmeo obtém sucesso à custa do outro. Às vezes, seus filhos têm necessidades distintas e, até mesmo, opostas. Para satisfazer um, você sacrifica o outro, ou é essa a impressão que temos. Se você se encontra nesse tipo de situação, recue e procure alternativas. Tente encontrar uma maneira de transformar quaisquer de suas ações em uma posição na qual todos ganham. Embora em situação desigual, a criança que leva vantagem pode parecer satisfeita, mas a lição que as crianças estão aprendendo é que o sucesso de um depende do fracasso do outro. Queremos que os filhos aprendam que há espaço para ambos – ou para todos – alcançarem o sucesso.

☆ *Oponha-se firmemente ao favoritismo.* Gêmeos são particularmente sensíveis aos adultos que escolhem favoritos porque grande parte de seu cotidiano é compartilhada – incluindo o aniversário. Quando um filho mais velho recebe algum privilégio especial, você pode explicar ao menor: "Jeferson pode ficar acordado até às 10 horas da noite porque ele é mais velho. Quando você tiver 12 anos de idade, também poderá dormir mais tarde."

Mas com gêmeos isso não é possível. Os gêmeos costumam analisar quaisquer diferenças no tratamento com olhos de auditores. É por isso que você precisa de uma posição firme quando outros adultos esquecerem esse detalhe. Uma gêmea adulta que conheço conta sobre a tia idosa que dava presentes apenas à sua irmã. Agora ela ri sobre o caso, mas foi difícil quando ela era criança, embora a irmã depois compartilhasse os presentes.

Se seus amigos ou familiares costumam escolher favoritos, tente ajudá-los a entender a importância de serem justos com todas as crianças. Se continuarem a escolher um de seus filhos como favorito, pense seriamente em limitar o contato que eles têm com as crianças.

ADMINISTRAÇÃO DOMÉSTICA, ESTILO PRÉ-ESCOLAR

Crianças com 3 anos de idade são maduras o suficiente para ajudarem outros familiares. Por exemplo: podem tirar as roupas da secadora, ajudar a limpar a mesa depois das refeições e guardar os brinquedos em cestos ou nas prateleiras.

Se receberem tarefas que possam realizar com facilidade, crianças em idade pré-escolar sentem-se contentes em ajudar. Adoram ter responsabilidades e beneficiam-se com a sensação de realização que acompanha o trabalho bem-feito. Aqui está uma área em que cada criança poderá brilhar, sobretudo se seus filhos puderem escolher a tarefa a ser desempenhada.

O sistema familiar para designação de tarefas evolui. À medida que as crianças se tornam mais competentes, os brinquedos e o sistema familiar que as controla ganham sofisticação. Podemos fixar um quadro de tarefas na porta do refrigerador, em que cada criança assina semanalmente. Ou podemos adotar um revezamento automático. Uma semana Jeferson alimenta os peixes e coloca a louça na pia após as refeições; Catarina apanha o jornal matutino e ajuda a preparar a mesa para o jantar. Na semana seguinte, eles trocam.

Como treinador, você dará lições sobre como alimentar os peixes, dispor os talheres sobre a mesa, colocar a louça na pia e apanhar o jornal. Você ajudará quando houver dificuldades, e elogiará os sucessos de cada criança: "Catarina, gostei da maneira pela qual arrumou a mesa hoje à noite". "Jeferson, você entende tudo de alimentação de peixes."

Obviamente, chegará o dia em que alguém se esquece de realizar a tarefa ou se recusa a fazê-la. Quando isso ocorrer, a outra criança será a primeira a informá-la. Subitamente, você se torna juiz em duas direções. Há a criança rebelde que não quer alimentar os peixes e a outra, à sua frente, delatando o irmão.

O que delatou o irmão pode estar adorando a perspectiva de colocá-lo em apuros, ou sinceramente aborrecido com a injustiça de fazer suas tarefas enquanto o outro as ignora. Ele aprenderá com sua reação. Se você convidar os dois a explicarem tranqüilamente seus desejos e sentimentos, eles aprenderão a agir assim sozinhos.

SEU NOVO PAPEL COMO EDUCADORA

Durante os anos pré-escolares, seus filhos passam mais tempo longe da família – na vizinhança, no parque, na creche ou na escolinha. Como múltiplos, eles atraem atenção considerável e comentários.

A maioria dos pais de múltiplos adapta-se à condição de "celebridade" – eles aceitam ou até mesmo curtem esse fato. Certamente não é fácil ignorar isso. Mas, à medida que você cada vez mais se expõe ao mundo com seus gêmeos em idade pré-escolar, ouvirá mais comentários e perguntas. Às vezes, pessoas completamente desconhecidas darão sermões a você.

A variedade de perguntas de pais, professores e desconhecidos aumenta e se torna cada vez mais complexa. Até mesmo uma pergunta inocente – "Eles são gêmeos?" – pode irritar os pais, porque será invariavelmente seguida por uma avalanche de outras perguntas: "São idênticos? Você fez tratamento para engravidar? Por que estão trajando as mesmas roupas (ou não)?" Perguntaram a uma mãe: "Você fez sexo três vezes na mesma noite para ter trigêmeos?"

Dependendo de sua disposição e tempo, você ficará tentada a ignorar os comentários, dar uma resposta neutra ou arregaçar as mangas e dar uma palestra sobre o desenvolvimento de gêmeos. Todas essas reações são perfeitamente normais.

Se seus filhos em idade pré-escolar estiverem com você, eles ouvirão as conversas e prestarão atenção à sua reação. Você poderá conversar com eles a respeito posteriormente, explicando por que deu aquela resposta ou por que gostaria de ter dito outra coisa.

Esse tipo de conversa é um treinamento excelente para as próprias crianças, que terão que desenvolver um estilo próprio para lidar com esses comentários.

Uma mãe que conheço permitia que as filhas, com 3 anos de idade, escolhessem o que vestir diariamente, para que tivessem a experiência de tomar decisões. Algumas vezes, as meninas se vestiam iguais, e a mãe enfrentava repreensão de outros pais quando ela as deixava na escolinha. "Eu acho que você não deveria vestir as duas com roupas iguais", diziam.

Em certas ocasiões, a mãe se dava ao trabalho de explicar que as meninas estavam apenas experimentando; em outras, ela apenas sorria e seguia seu caminho. Contudo, com o decorrer do tempo, ela passou a fazer com que as filhas usassem etiquetas com nome, qualquer que fosse a roupa que estivessem usando, e as críticas desapareceram.

Querendo ou não, você terá a oportunidade de tornar-se educadora pública sobre questões relacionadas aos gêmeos. Falando ou não sobre esses tópicos, outros pais observarão e aprenderão com o comportamento de sua família. É importante que você fique firme na realidade de sua família e nas necessidades de seus filhos para fazer o melhor por eles – não importa o que os outros digam.

CAPÍTULO 12

JUNTOS E SEPARADOS

Múltiplos em Idade Escolar

"Nossos filhos, com 7 anos de idade brigam muito. A maior parte de seu relacionamento, desde que completaram 6 anos, é composta de brigas. Discutem questões de justiça, quem ganha mais e quem ganha menos. E brigam fisicamente, mas não se machucam. São como leõezinhos briguentos. Além de toda essa batalha, há muito carinho e conexão física. Há uma certa provocação, uma alegria e um conforto entre eles, uma intimidade e proximidade que não vejo em seus amigos."

A idade escolar – de 5, 6 a 12 anos de idade – pode ser tanto estimulante quanto frustrante à medida que os múltiplos enfrentam o mundo, fazem amizades, envolvem-se em atividades escolares e reestruturam o relacionamento com a família e os irmãos. Aprendem a jogar basquete, tocar piano e fazer continhas. Competem, irritam um ao outro, e depois voltam atrás e se apóiam carinhosamente.

Durante os anos do ensino fundamental, as crianças desenvolvem uma série de habilidades e interesses. A criança em idade escolar assume desafios – aprender a ler, dançar *com sapatilha de ponta,* jogar futebol. As amizades e interações sociais florescem. As crianças forjam ligações que variam da intimidade com o "melhor amigo" ao companheirismo mais casual de equipes esportivas, atividades escolares e interesses compartilhados.

As crianças também aprendem o idioma e os comportamentos de cortesia e comunicação social. Obviamente, elas também aprendem a língua da grosseria e da intimidação. Excluem outras pessoas do círculo de amigos assim como os incluem. Portanto, esse período pode levar a sentimentos de mágoa em qualquer criança, seja ela parte de um grupo de múltiplos ou não.

Trata-se daquela etapa intermediária da infância que cai entre dois períodos de maior agitação: de 12 a 36 meses de vida e o desenvolvimento da sexualidade na adolescência. É o momento em que as crianças podem concentrar-se mais facilmente na aquisição de conhecimentos, aprendizagem e desenvolvimento de habilidades – as atividades comuns da criança em idade escolar.

Este período pode ser mais tranqüilo em famílias sem múltiplos. Na maioria das vezes, pais de múltiplos descrevem mais brigas e desentendimentos durante esses anos porque as crianças aplicam ao relacionamento seus novos conhecimentos e habilidades cognitivas.

Neste capítulo, examinaremos como as questões de desenvolvimento da idade escolar influenciam os múltiplos, e depois analisaremos com profundidade a questão delicada de como determinar se as crianças devem ficar juntas ou separadas na escola.

O RELACIONAMENTO DOS GÊMEOS

Agora seus filhos já tiveram 5 anos ou mais para estabelecerem e negociarem seu relacionamento. Eles experimentaram diversas possibilidades e combinações de domínio e submissão, de líder e seguidor, de consolador e consolado. Geralmente eles são bons amigos segundo seu estilo, que pode ser alegre e cooperativo ou tempestuoso e agressivo.

O CONFLITO VEM COM O TERRITÓRIO

Por volta de 6 ou 7 anos de idade, e pelos dois anos seguintes, é comum os gêmeos engajarem-se em batalhas, tão poderosas quanto no período entre 1 ano e 3 anos de idade, mas geralmente mais verbais do que físicas. Os gêmeos enfrentam-se de manhã até a noite. "Odeio seu rosto!", gritam um para o outro.

Assuntos típicos para essas explosões podem ser rivalidade ferrenha, ciúme e mágoa, disparidades sociais ou abandono de um gêmeo pelo outro.

O que acontece aqui é um processo preliminar de separação, como antes de um divórcio. Eles estão treinando para a separação mais madura que vem com a adolescência.

"Os dois brigam muito", disse a mãe de um casal de gêmeos, "e sempre. Ele é provocador, e a aborrece. Precisam aprender sobre brigas e conflitos e como solucioná-los."

Por outro lado, ela disse, algumas vezes seus filhos apóiam-se mutuamente. Se um não entende alguma coisa, o outro lhe explica.

"E eles brincam também", ela logo lembrou. "Brincam com bonecas e bichinhos."

COMPETIÇÃO E COMPARAÇÕES

A competição, seja social, acadêmica ou esportiva, pode surgir nesse período, como acontece entre irmãos que não são múltiplos. Crianças em idade escolar demonstram enorme interesse em criar regras e manter pontuações. Seus múltiplos também agirão assim, mas terão muito mais oportunidades do que outras crianças. Por desempenharem as mesmas atividades ao mesmo tempo, qualquer distinção ou injustiça percebida se torna um problema importante.

"Está bem diante deles", diz uma mãe. "Tento lhes dizer que a vida não é justa, que não tem nada a ver com o que o irmão conseguiu, mas, sim, com o fato de cada um ter o suficiente. Essa preocupação com justiça é importantíssima para crianças aos 7 anos de idade, e é exacerbada pelo fato de serem gêmeos."

Certa mãe descreve os filhos monozigóticos, que têm alguns interesses e habilidades em comum, mas estão desenvolvendo outros interesses próprios também. Um é ativo no teatro; o outro interessa-se mais por pintura e desenho.

"Há uma competição, mas não por amigos", ela diz sobre seus filhos. "Agora a competição é por notas. Peço-lhes para que não ajam assim – se tiverem que competir, então procurem competir com o melhor da classe em matemática ou ortografia."

Aqui está o que fazer em relação ao conflito:

☆ *Ensine seus filhos a lidar com ele.* Isso significa aceitar que um certo conflito é inevitável, mas que existem maneiras de controlá-lo. As crianças podem aprender a "brigar com justiça" em relação aos seus desacordos e a evitar o uso de palavras ferinas.

☆ *Ensine-os a usar afirmativas com "eu" e não com "você".* Por exemplo, elogie seus filhos se eles disserem: "Não gosto quando você entra em meu quarto sem pedir", e não "Você sempre bagunça minhas coisas".

☆ *Ajude-os a negociar o que pode ser compartilhado e o que deve ser de propriedade individual, e a definir o tempo que passam "juntos" e "sozinhos".*

☆ *Resista à tentação de solucionar os problemas deles por eles.* Às vezes, precisamos deixar que encontrem a solução sozinhos.

☆ *Tente ajudar os gêmeos a concentrarem-se no desempenho acadêmico em relação à turma ou às notas, e não apenas ao irmão.* Ajude-os a focar a competição esportiva em relação ao outro time ou ao recorde que desejam quebrar, e não ao irmão.

O RELACIONAMENTO DOS GÊMEOS COM OS COLEGAS

Se os múltiplos estiverem ou não na mesma sala de aula, ainda precisam aprender a se impor como indivíduos, social e academicamente. Eles continuam o processo de separação e diferenciação dos irmãos, assim como dos pais. Durante a idade escolar, eles desenvolvem uma série de interesses. Com base nesses interesses e em sua personalidade, eles gravitam em torno de algumas crianças e afastam-se de outras. Como geralmente ocorre com gêmeos monozigóticos, eles podem gravitar em torno dos *mesmos* interesses – e isso também é normal.

Amizades podem desenvolver-se naturalmente em múltiplos à medida que seus interesses se expandem. Assim, a criança apaixonada pelo teatro geralmente passa mais tempo com outras crianças que têm o mesmo interesse; ciências ou atletismo atraem outro irmão em outra direção. Esse tipo de amizade é natural, seguro e não costuma gerar ciúme ou competição entre múltiplos. Durante o ensino fundamental, múltiplos talvez tenham não só amigos em comuns, mas também outros amigos que "pertencem" a um ou outro. Nem todas as brincadeiras funcionam sem esforços. Uma mãe com um casal de gêmeos constatou que o filho, que é mais extrovertido, costumava monopolizar a brincadeira quando a irmã estava acompanhada por uma amiga. "Isso ocorria mesmo quando estavam brincando com bonecas", ela destaca. "Ele participava, brincando de um jeito que fizesse a convidada prestar atenção nele. E acabava monopolizando a amiga, excluindo a irmã."

Preocupada com o fato de que a filha estava sendo privada de experiências sociais valiosas, ela começou a fazer com que Mateus brincasse em outro lugar quando Laura convidava uma amiga para brincar em casa. Isso deu a Laura a oportunidade de desenvolver e curtir amizades à sua maneira.

À medida que as crianças fazem amizades cada vez mais independentes, é inevitável terem oportunidades distintas. Uma delas pode ter uma amiga que a convida para a casa de praia da família. Talvez o irmão gêmeo esteja tão envolvido no time de futebol que não percebe a ausência da irmã. Mas, se ele não tiver um interesse fervoroso, ficará em casa, sentindo pena de si mesmo enquanto a irmã está fora.

Como pais, desejamos tanto que nossos filhos sejam felizes que nos sentimos tentados a igualar a diversão que os gêmeos têm, negando uma determinada oportunidade a um deles ou abandonando nossos planos para o final de semana para fabricarmos um evento divertido ao filho que se sente abandonado.

Contudo, a melhor estratégia é recuar e ajudá-los a perceber que a vida tem seus altos e baixos, e que nem todos terão as mesmas oportunidades de diversão ao mesmo tempo. Incentive-os a tirar vantagem das oportunidades que a vida lhes oferece, e lhes dê apoio quando tiverem a chance de fazer algo divertido, seja ou não ao mesmo tempo.

A VANTAGEM DOS MÚLTIPLOS

Múltiplos são muito bem preparados para ingressar no mundo social fora da família. Sua experiência com o equilíbrio mutável do próprio relacionamento dentro da família lhes dá vantagem, assim como o conforto e a confiança que encontram um no outro.

"Eles levavam vantagem socialmente", disse uma mãe sobre os filhos. "Afinal, tinham um ao outro. Fazer amizades é muito natural para gêmeos. Os outros garotos eram muito curiosos em relação aos gêmeos e queriam tê-los como amigos. Os dois usam a condição de gêmeos como vantagem na hora de fazer amigos."

Quando os gêmeos são muito diferentes um do outro, essas diferenças podem na verdade ajudá-los a ampliar o convívio social. "Com um irmão extrovertido", diz a mãe de meninos dizigóticos, "o introvertido envolve-se mais com o 'mundo dos garotos' do que se o irmão gêmeo não fosse do jeito que é."

O DESAFIO DOS MÚLTIPLOS

Contudo, existem momentos em que ser múltiplo pode prejudicar ou complicar o desenvolvimento social. Por exemplo: outras crianças podem não tratar os múltiplos como indivíduos, mas, sim, como um conjunto, como se não fossem seres humanos completos se considerados separadamente. Como pais, desejamos que os outros respeitem o relacionamento excepcional de nossos filhos, mas também queremos que sejam vistos como indivíduos.

Além disso, a competição social (como todos os tipos de competição) pode ser um problema. Isso é sobretudo válido quando familiares ou outras pessoas focam em diferenças sociais entre as crianças, ou enfatizam os sucessos de um à custa do outro. Sentimentos de competição, ciúme ou exclusão podem ser mais dolorosos do que em famílias sem múltiplos, em conseqüência da forte intimidade e vínculo entre os gêmeos.

Isso pode ser um problema especial se uma criança for mais extrovertida do que a outra.

Às vezes, crianças maiores transformam os gêmeos menores em "animais de estimação", incluindo-os na mesa do lanche na escola ou convidando-os para jogos. Embora os gêmeos possam curtir a condição social de celebridade e a atenção de crianças maiores, eles precisam de uma oportunidade para se socializarem com os colegas. Se isso se tornar um problema, peça ajuda ao professor responsável pela equipe da escola ou do parque para que seus filhos sejam direcionados para atividades com crianças da mesma faixa etária.

FESTAS DE ANIVERSÁRIO E OUTRAS EMERGÊNCIAS

A questão de convites individuais é um problema para gêmeos. Antes de 5 ou 6 anos de idade, é difícil para os múltiplos no período pré-escolar entenderem um convite a apenas um membro do grupo, sobretudo quando são do mesmo sexo. Contudo, quando chegam ao ensino fundamental, a maioria dos múltiplos tem maturidade suficiente para entender que ambos não serão incluídos em todos os eventos sociais.

Festas – e sobretudo festas de aniversário – podem gerar tanto prazer quanto estresse e mágoa em famílias com múltiplos. Certamente, aqueles vídeos familiares com três bolos, cada um com três velas, são um tesouro. Mas, com o passar do tempo, há a pergunta irritante: de quem é a festa e quem é amigo de quem?

Na maioria das vezes, o planejamento da festa pode satisfazer a todos. "Eu queria que eles tivessem festas de aniversário separadas", diz a mãe de um casal de gêmeos no segundo ano do ensino fundamental. "Eu queria que as pessoas considerassem que, sim, eles são um par, mas que também são crianças com individualidade, e interesses distintos. Havia muita sobreposição na lista de convidados, mas eles tinham a oportunidade de convidar os próprios amigos."

Outra mãe que preparava festas combinadas para o casal de gêmeos concordou em fazer festas separadas quando seus filhos completaram 7 anos de idade. Mas as crianças não se decidiam – um dia, elas queriam compartilhar a festa, no outro, mudavam de idéia.

É sempre difícil para múltiplos de pouca idade entenderem completamente que o mundo social das outras crianças não depende de pares ou grupos. Geralmente, o convite é feito apenas a um amigo, mas, quando o anfitrião conhece a família, os gêmeos ou todos os múltiplos são convidados. "Fico satisfeita com o convite mesmo se os dois não o aceitarem", disse uma mãe.

Dificuldades com convites podem provavelmente ser evitadas quando conhecemos os pais dos amigos dos nossos filhos gêmeos e conversamos com os professores da escolinha sobre como evitar essas situações constrangedoras.

O pai cujo filho dá o convite talvez não saiba que o convidado tem um irmão gêmeo. Quando isso acontecia com minhas filhas, eu geralmente conversava com os pais e explicava a situação; se fosse um evento informal, como uma festa de aniversário no quintal da casa, a outra também era convidada.

Outras situações podem ser negociadas para que os gêmeos possam participar sem fazer imposições ao anfitrião. Por exemplo: os pais podem se oferecer para acompanhá-los ou ajudar como motoristas.

Na idade escolar, múltiplos geralmente começam a diversificar seus interesses e a fazer amizades independentes, e eles também são capazes de entender convites separados. Você pode explicar ao outro que a maioria das pessoas convida indivíduos e não famílias. Talvez um gêmeo seja convidado esta semana, mas o outro terá a oportunidade mais tarde.

Múltiplos de mesmo sexo têm maior dificuldade em compreender quando o convite não os inclui. Garotos e garotas múltiplos aceitam melhor a idéia de festas e passeios apenas para meninos ou meninas.

"Na semana passada, Christine foi a uma festa apenas para meninas", disse uma mãe de gêmeos que estão na segunda série do ensino fundamental. "Este é o primeiro ano em que eles foram convidados separadamente para festas de aniversário. Adam não gostou da idéia, mas, quando lhe explicamos que era uma festa apenas para garotas, daí, sim, ele entendeu."

O pai de Adam fez questão de planejar uma atividade que o menino queria experimentar há tempos – nesse caso, ajudar o pai no trabalho de reforma da casa. O segredo foi escolher alguma coisa que desse a impressão de ter sido preparada apenas para Adam.

Essencialmente, o início de vidas sociais separadas proporciona oportunidades, além de mágoas. Quando a vida social das crianças começa a divergir, há mais espaço para atividades individuais entre os pais e um dos filhos de cada vez.

CORPOS EM CRESCIMENTO, MENTES EM DESENVOLVIMENTO

DESENVOLVIMENTO FÍSICO

Por volta de 6 anos de idade, as crianças sentem-se à vontade com o corpo. Crianças nessa faixa etária variam em estatura e peso, mas o estirão de crescimento da adolescência ainda não começou. Se seus gêmeos eram pequenos quando nasceram e atrasados em tamanho e força em relação aos outros bebês, provavelmente já superaram esse atraso ou o farão em um ou dois anos.

No final do ensino fundamental, geralmente as garotas superam os garotos em estatura e peso, uma situação que causa constrangimento para garotas mais altas e garotos mais baixos. Para casais de gêmeos, essa disparidade em tamanho pode apresentar dificuldades, principalmente quando os gêmeos têm muitos amigos e colegas em comum, e que provavelmente farão observações e comentários. O melhor caminho para os pais é continuar, como antes, a aceitar e apoiar os filhos, admirar suas qualidades excepcionais e garantir aos gêmeos que seu crescimento é normal e se estabilizará na adolescência.

A coordenação pode variar bastante, sobretudo em gêmeos dizigóticos, e a habilidade esportiva talvez não seja a mesma. Um pode ser ágil e bem-sucedido no campo de futebol, enquanto o outro apresenta dificuldade em atividades esportivas.

Na pré-escola, as crianças mal podem esperar para perder o primeiro dente e desfrutar as comemorações e recompensas associadas ao acontecimento. Gêmeos monozigóticos geralmente perdem os primeiros dentes juntos, mas os dizigóticos podem diferir.

Geralmente, quando ingressam na escola, as crianças estão começando a cuidar de si mesmas de diversas maneiras. Elas podem abotoar a roupa e amarrar os sapatos, não precisam mais da soneca diurna, a maioria usa o banheiro sozinha e os acidentes são raros. Às vezes, a criança pode voltar a molhar a cama em épocas de estresse. Se for constatada uma causa fisiológica, provavelmente ocorrerá em ambos os gêmeos monozigóticos. Se afetar apenas um dos gêmeos monozigóticos, talvez seja um sinal de estresse.

DESENVOLVIMENTO INTELECTUAL E DE LINGUAGEM

Durante esse período, a escola muda a maneira pela qual as crianças adquirem conhecimentos. Não estão mais limitadas às experiências e brincadeiras imediatas. Agora passam a aprender com os professores, com os projetos de sala de aula, textos e outros livros, com a televisão e os colegas.

A capacidade infantil para distinguir entre o real e o imaginário aprimora-se. O pensamento abstrato e a manipulação de símbolos são rudimentares nas primeiras séries, mas desabrocham à medida que a adolescência se aproxima.

Isso é o que Piaget chamou de "estágio operacional concreto" do desenvolvimento cognitivo. As crianças podem classificar objetos segundo categorias, e aplicar o pensamento lógico ao mundo físico. São capazes de compreender e aplicar regras, sejam de matemática, gramática e futebol, sejam de distribuição de tarefas domésticas. Mas as crianças não costumam pensar em termos abstratos sobre conceitos que vão além de sua experiência.

Na verdade, a elaboração de regras e o respeito a elas aparecem bastante na vida de crianças em idade escolar. Em alguns anos, elas vão filosofar sobre o significado e a ética das regras; contudo, nesse período, elas estão mais interessadas em manter uma pontuação.

Existe algum fundamento para a opinião geral de que gêmeos levam desvantagem intelectualmente? Nessa fase, todas as crianças variam consideravelmente em sua capacidade, e os gêmeos também. Se forem monozigóticos, o desempenho escolar será mais semelhante do que se forem dizigóticos. Casais de gêmeos têm maior probabilidade de diferir na capacidade de leitura e linguagem.

Alguns estudos, mas não todos, mostram gêmeos com menor rendimento em leitura do que as demais crianças; na maioria dos casos, o atraso está ligado ao baixo peso de nascimento e não propriamente ao fato de serem gêmeos.

Contudo, existe uma certa evidência de que irmãos gêmeos têm mais probabilidade, sim, de apresentar menor rendimento em testes de leitura do que irmãs gêmeas ou outras crianças, possivelmente em conseqüência da maior incidência de distúrbio de déficit de atenção e hiperatividade (DDA/H), que ocorre com mais freqüência em meninos do que em meninas, e mais em gêmeos do que em crianças de nascimento único.

Naturalmente, os pais preocupam-se com as diferenças na capacidade acadêmica entre os gêmeos, mas às vezes também é um desafio, quando essa capacidade é muito semelhante. Se eles estiverem na mesma sala de aula, terão as mesmas tarefas, e talvez precisem usar a criatividade para que seu trabalho escolar se destaque. Minhas filhas tomavam o cuidado de ler livros distintos para a elaboração de fichas de leitura. Às vezes, elas faziam questão de escolher tópicos ou perguntas diferentes para monografias; caso contrário, os trabalhos seriam muito semelhantes.

Comparações acadêmicas são difíceis de evitar quando as crianças estão na mesma série ou sala de aula. Quando os gêmeos apresentam capacidades similares, mesmo as diferenças mínimas no desempenho podem lhes parecer altamente significativas. Conheço uma garota monozigótica que obteve 97 pontos em um teste de matemática. Quando ela soube que a irmã gêmea atingiu 98 pontos, ela disse: "Eu sempre soube que era burra em matemática".

Pode ser desconcertante para gêmeos, e sobretudo para monozigóticos, quando um deles entra em um programa especial e o outro não. Geralmente, quando isso acontece, não é o resultado de nenhuma diferença nas habilidades inatas das crianças, mas, sim, o resultado de ter professores diferentes que avaliam os alunos de outra maneira ao recomendá-los para esses programas.

MÚLTIPLOS NA ESCOLA: JUNTOS OU SEPARADOS?

"Nossos gêmeos fraternos parecem muito independentes e brincam separadamente na escola, além de se envolverem em "coisas de gêmeos", mas grande parte dessa independência se baseia na segurança da presença do outro. Por um lado, gostaríamos de separá-los para que a separação não os distraísse da aprendizagem; por outro lado, parece excessivo impor duas tarefas de desenvolvimento ao mesmo tempo. Obviamente, não se trata de uma simples decisão do tipo sim ou não."

A preocupação desse pai é compartilhada por milhares de pais de múltiplos quando os filhos estão prestes a ingressar na escola. Eles sentem, corretamente, que a decisão sobre os filhos ficarem juntos na mesma sala de aula, ou separados de dois em dois ou mais, é fundamental. Na verdade, é o evento mais importante na expansão do ambiente escolar das crianças (depois da pré-escola ou creche), e indica uma grande separação dos pais e do lar. É natural que os pais e administradores escolares dêem tanta importância a esse fato.

Mas a decisão é complicada por um mito persistente por parte do público em geral e de alguns, mas não todos, administradores escolares.

A SABEDORIA POPULAR: "SEPARÁ-LOS PARA O BEM DELES"

Em nenhum outro ponto do caminho da educação de gêmeos a mitologia tem influência mais forte do que na área da colocação escolar. Talvez porque tantos administradores escolares acreditem nele, o mito de que é "bom" para os gêmeos serem colocados em salas de aula distintas, sem levar em conta sua idade ou estágio de desenvolvimento, continua vivo.

Durante as últimas duas décadas, conversei com centenas de administradores escolares sobre a colocação escolar de múltiplos. Várias vezes, eles me disseram que a pesquisa apóia a política de colocar múltiplos em salas de aula separadas, mas ninguém jamais apresentou uma única referência. Nem eu fui capaz de encontrar qualquer prova na literatura de que a separação precoce fosse benéfica.

Contudo, existem pesquisas que apóiam o fato de múltiplos ficarem juntos na escola. Durante o primeiro contato com a escola, e respectivas adaptações, o relacionamento vitalício é um bem importante demais para ser desprezado.

Quando os pais precisam decidir sobre a colocação escolar dos filhos, a meta não é provar que eles podem ser independentes em pouco tempo. Ao contrário, o objetivo é fazer o que for melhor para eles como indivíduos, respeitando seu relacionamento.

A separação forçada de gêmeos, que ficariam mais à vontade juntos, além de ser mais difícil, também transmite uma mensagem negativa. Uma garota com 6 anos de idade, cuja diretora estava empenhada em separá-la da irmã, perguntou: "Nós somos ruins porque somos gêmeas?"

Portanto, por que então essa prática persiste? Na minha opinião, há três razões básicas. Primeira: a escola acredita que a separação dos múltiplos os torna mais parecidos com as outras crianças e, assim, a escola não será incomodada por "problemas de gêmeos", como a competição, o exibicionismo ou a desobediência.

Segunda: a escola acredita que a separação física apóia o crescimento da independência, por isso é melhor realizá-la o mais cedo possível.

Terceira: talvez os administradores de escolas estejam reagindo exageradamente às práticas, comuns algumas gerações atrás, de vestir e tratar os gêmeos da mesma maneira em todas as séries. A separação na escola era considerada necessária para combater o excesso de dependência fomentado em algumas famílias. Na verdade, existem casos de gêmeos, cujo relacionamento tão íntimo chegava a ser patológico, que se beneficiavam com a separação. Mas são casos raros, em que os gêmeos foram educados em famílias problemáticas; não faz sentido aplicar a mesma política a crianças normais.

Além disso, professores podem se recusar a ter gêmeos na sala de aula porque temem ofender os gêmeos se não conseguirem distingui-los.

O QUE CONSIDERAR NA DECISÃO DA COLOCAÇÃO ESCOLAR

É importante lembrar que o relacionamento dos gêmeos não é um "problema", e que os pais não estão criando "problemas" para a escola se insistirem que façam o melhor para seus filhos.

Quando ingressam na escola, múltiplos possuem uma ligação muito bem estabelecida entre si – um vínculo forte que pode lhes dar uma sensação maravilhosa de segurança quando entram no amplo mundo escolar.

A sala de aula *é* um mundo amplo para as crianças. Você se lembra de como a sala do jardim de infância parecia enorme quando você tinha 5 anos de idade? Talvez você e um amiguinho tenham ficado sempre juntos até conhecerem outras crianças.

Que maravilha quando seus múltiplos podem entrar na sala de aula na companhia de bons amigos. Como é assustador quando precisam deixar não apenas os pais e a segurança do lar, mas também o irmão gêmeo ou os trigêmeos. Na verdade, muitos múltiplos ficam traumatizados com a separação forçada dos irmãos no momento em que todas as crianças ficam mais vulneráveis.

Na Twin Services, todo ano recebemos pais cujos gêmeos mostram sinais de estresse quando são separados. Demonstram agressividade física, urinam na cama, regridem na fala, apresentam timidez súbita, ansiedade, e apegam-se a alguém, além de terem dificuldade de aprendizado em sala de aula.

Uma mãe pediu para que os gêmeos ficassem na mesma sala de aula depois que um deles demonstrou sofrimento evidente com a separação. A escola recusou-se a atender ao pedido da mãe, mas encaminhou a criança ao psicólogo.

Em um caso que me lembro, meninos monozigóticos foram separados na primeira série do ensino fundamental por causa da política da escola. Um mês depois, um deles perdeu todos os cabelos. Os médicos não conseguiram encontrar a causa para a perda capilar, mas o estresse pareceu ser um fator provável. Finalmente, um psiquiatra sugeriu colocar os garotos na mesma sala de aula. A escola concordou, e dentro de uma semana os cabelos do menino voltaram a crescer.

Raramente temos notícias de pais cujos filhos sofrem por ficarem juntos nas primeiras séries do ensino fundamental. Ao contrário, gêmeos que ficam juntos parecem se beneficiar da segurança do acesso imediato ao outro. Freqüentemente ficamos sabendo de ajustes bem-sucedidos de gêmeos colocados juntos, em que cada um deles imediatamente se envolve no trabalho e brincadeiras em grupo com outras crianças.

Mesmo gêmeos com personalidade e habilidades distintas parecem se beneficiar quando colocados juntos. Isso também é válido quando os gêmeos são competitivos; a separação como antídoto para a competição extrema nem sempre é a resposta mais adequada.

Aqui está o que recomendamos na Twin Services:

☆ Colocar os gêmeos juntos quando ingressam na escola, a menos que exista evidência exagerada, como o êxito da colocação independente na pré-escola, de que seu relacionamento está preparado para a separação durante o dia todo.

☆ Em caso de dúvida, coloque-os juntos. Se isso não der certo, é mais fácil consertar do que a separação forçada.

✰ Quando gêmeos monozigóticos ficam juntos, tome medidas simples para ajudar o professor e os colegas a distinguirem e chamá-los pelo nome. Geralmente, etiquetas com o nome no início do ano ou cores específicas para cada criança resolvem o problema.

Basicamente, a decisão deve depender das circunstâncias e personalidade das crianças. A mãe de dois casais de gêmeos monozigóticos colocou as filhas em escolinhas separadas porque era a política da escola, e as meninas não fizeram objeção. Estavam muito bem. Dois anos depois, quando os meninos começaram a pré-escola, ela decidiu pedir que eles ficassem juntos.

"Os meninos eram tão ligados naquela época que eu quis que ficassem juntos", disse a mãe. "Eles ficam irritados se não vêem o outro. É como se alguma coisa estivesse faltando. E isso os distrai. Temos que lhes dar o que precisam, de acordo com quem eles são."

LIDANDO COM AUTORIDADES ESCOLARES NÃO SOLIDÁRIAS

Nos Estados Unidos, as políticas escolares sobre a colocação de múltiplos variam de um distrito para outro. Alguns têm uma política de separá-los ou respeitar a preferência dos pais; outros deixam a decisão para o diretor da escola.

Se sua escola quer separar os gêmeos e você os quer juntos, o primeiro passo é simplesmente solicitar seu desejo. Algumas escolas abrem exceções segundo a solicitação dos pais.

A mãe de dois casais de gêmeos, citada há pouco, acredita que a melhor abordagem é ser educada, firme e preparada quando fizer a solicitação. "Se os pais falam com a escola demonstrando confiança – 'É isso que queremos e os motivos são esses' –, haverá menos resistência", ela acretita.

Às vezes, é melhor começar por um professor, orientador, psicólogo ou outro profissional solidário, que permanecerá ao seu lado enquanto você percorre os canais administrativos.

Se a escola insiste em separar os gêmeos, você pode facilitar a adaptação das crianças ao trabalhar junto com ambos os professores para garantir que os irmãos se vejam durante os intervalos. Talvez seja possível eles brincarem juntos no recreio. Contudo, essa solução deve ser temporária; em longo prazo, seus filhos lucram mais se usarem o recreio para expandirem os horizontes sociais e compartilharem atividades com outras crianças.

Como último recurso, considere a possibilidade de matricular seus filhos em uma escola particular mais compreensiva, ou em uma escola pública fora do seu bairro, que esteja dentro de seu orçamento familiar.

Uma consideração final é a questão da prontidão escolar. Nos últimos anos, a tendência é atrasar o ingresso das crianças na primeira série do ensino fundamental se forem imaturas ou apresentarem atraso no desenvolvimento. Sobretudo os meninos geralmente beneficiam-se com mais um ano de maturidade antes de ingressarem na primeira série, assim como crianças com aniversário no segundo semestre, que, na maioria das cidades, são consideradas as mais jovens.

Se um de seus gêmeos parece pronto, mas o outro não, então existe um dilema. Você deve colocar os dois na escola e esperar que um alcance o outro? Deve deixar que um ingresse na primeira série e segurar o outro até o ano seguinte? Ou atrasar os dois mais um ano?

Nessa situação, seus filhos podem se beneficiar com a espera, depois começam juntos no ano seguinte. Um ano extra na pré-escola pode ser enriquecedor e produtivo para a criança mais adiantada. E deixar que os dois comecem quando ambos estiverem prontos reduz o risco de que um fique atrasado depois (analisaremos esta questão posteriormente, neste capítulo).

A IMPORTÂNCIA DE REAVALIAR ANUALMENTE A COLOCAÇÃO ESCOLAR

Assim que os múltiplos se adaptam à escola, torna-se mais claro quando e se eles devem ficar em salas de aula distintas. Anualmente, analise se os gêmeos vão se beneficiar ficando ou não na mesma sala. Essa avaliação deve incluir a recomendação da escola e também levar em consideração os desejos das crianças.

À medida que elas passam pelo ensino fundamental, talvez chegue o momento em que queiram ficar em salas separadas. Trata-se de uma evolução natural do relacionamento dos gêmeos, sobretudo quando lhes foi permitido ingressar na escola com o apoio do irmão na sala de aula.

Às vezes, quando consultados pelos pais, um deles pede para ficar separado do irmão, enquanto o outro não. Nesse caso, é importante investigar as causas da discrepância. Será que um se sente sobrecarregado pela responsabilidade em relação ao outro? Será que está apenas repetindo o que ouviu alguém dizer – que os gêmeos devem ficar separados?

Nessa situação, geralmente é melhor mantê-los juntos. Aquele que solicita a separação talvez mude de idéia. E, embora dentro da mesma sala de aula, um professor experiente é sensível à necessidade que as crianças têm de "espaço" e cuida para que se ocupem com projetos distintos ou sentem-se em mesas separadas.

No caso em que um dos gêmeos é socialmente apto e o outro é imaturo, é importante que recebam ajuda para equilibrarem seu relacionamento. A colocação na mesma sala de aula com um professor sensível pode permitir-lhes que ajustem seu relacionamento, acomodando as diferenças e pontos fortes individuais sem fazer com que um se sinta responsável pelo outro.

Por exemplo, um professor que adota uma abordagem compreensiva e informal em relação às diferenças das crianças pode induzir o mais tímido a falar e conduzi-lo a atividades e amizades viáveis. O gêmeo mais social sente-se livre para fazer amigos sem a responsabilidade pela vida social do irmão.

A separação em um caso assim, ou em outras circunstâncias em que as diferenças são grandes, pode significar que apenas um gêmeo obterá êxito e o fará à custa do outro.

QUANDO A SEPARAÇÃO É A MELHOR OPÇÃO

Embora eu seja forte defensora de que os gêmeos ingressem juntos na escola, talvez existam algumas situações nas quais é evidente que eles levam vantagem se ficarem em salas de aula separadas, mesmo na pré-escola. Aqui estão alguns contextos possíveis:

☆ Quando ambas, ou todas, as crianças tomam a iniciativa e fazem a solicitação.

☆ Quando sua personalidade ou habilidades são muito diferentes e um gêmeo está pagando um preço emocional altíssimo para acompanhar o outro.

☆ Quando existe uma preocupação de que os gêmeos estão ficando presos a papéis distintos que podem limitá-los.

Uma mãe reconta a experiência positiva com o casal de gêmeos. "Acho que funcionou muito bem", ela disse sobre a colocação dos filhos. "Agora eles estão em pré-escolas separadas. O que aconteceu foi que cada um tinha papéis muito bem definidos – um era 'social', e o outro, 'intelectual'. Cada um se sentia intimidado nessas áreas. Em salas de aula separadas, minha filha conseguiu responder a perguntas sem a sensação de que o irmão estava atrás dela, sabendo a resposta certa primeiro. E meu filho, que é menos social, pode sair e fazer suas amizades sozinho."

"Meus filhos são muito ligados, mas completamente diferentes", ela acrescentou. "Era bastante evidente que um tinha o papel de fazer novos amigos e o outro, o papel de aprender. E, agora que estão separados, cada um deles pode desenvolver seu talento individual."

Outro pai cujo casal de gêmeos estava separado na pré-escola constatou que, enquanto a filha adorava a professora e se desenvolvia na sala de aula organizada, o filho estava infeliz e não conseguia aprender muita coisa na sala porque sua professora aceitava uma atmosfera caótica e desordenada.

Os pais analisaram o que fazer na primeira série. Pensaram em colocar os filhos na mesma sala de aula, mas, finalmente, decidiram que as crianças precisavam mesmo de professores diferentes. Eles os mantiveram em salas de aula separadas na primeira série, mas deram atenção especial à interação entre o menino e a professora, que era bondosa e organizada; o garoto destacou-se na liderança em sala de aula e, dentro de um mês, levava para casa prêmios de "o melhor da semana".

O pai de meninos dizigóticos disse que ele e a mulher seguiram o mesmo caminho. "Porque nossos gêmeos são tão diferentes," ele disse, "tentamos escolher um professor que combinasse com cada criança. E deu certo. Colocamos o gêmeo que precisa de uma atmosfera informal com o professor mais tranqüilo e o outro, mais social, com o professor mais exigente."

QUANDO UM PASSA DE ANO E O OUTRO NÃO

Às vezes, a escola recomenda passar um gêmeo de ano, e o outro tem que repetir a série. Esse é um aspecto bastante difícil da questão de colocação escolar. É complicado justificar a aprovação de um que não está acompanhando, mas atrasar o outro é uma imposição grave no relacionamento de gêmeos.

Na maioria das vezes, os gêmeos estão dentro da faixa normal para a idade, mas, porque um está à frente do outro, os professores exageram e acham que o mais lento não é capaz de enfrentar o desafio. Quase sempre o "mais lento" é o menino, quando se trata de um casal. Ele pode estar atrasado em comparação com a irmã, mas é importante perguntar como ele está em relação aos garotos da mesma idade. Ele está dentro da faixa normal? E, mesmo se estiver um pouco atrasado, ele poderá se recuperar em alguns anos, como ocorre com tantos meninos?

Em casos assim, separar os gêmeos por série pode ser uma solução permanente para um problema temporário. É normal os garotos apresentarem um amadurecimento mais lento que o das garotas. Geralmente, eles se recuperam nas últimas séries do ensino fundamental. Assim, seria uma pena dar aos gêmeos rótulos acadêmicos (o inteligente, "o burro") quando a diferença provavelmente se resolveria sozinha.

A reprovação já é difícil para crianças que não são múltiplas (e evidências recentes sugerem que ela é uma política usada em excesso). Com gêmeos, contudo, passar um de ano e segurar o outro é bastante problemático. Uma criança que não tem irmão gêmeo pode se adaptar, e a reprovação será mais ou menos esquecida no decorrer dos anos, mas, com gêmeos, a comparação (e as perguntas e opiniões inevitáveis) é permanente enquanto as crianças progridem nos ensinos fundamental e médio. Apesar do empenho dos pais, o gêmeo reprovado será considerado como "o burro", mesmo quando o atraso no desenvolvimento desaparecer.

Quando a escola sugerir isso, os pais podem se reunir com as autoridades escolares e solicitar motivos específicos. A criança mais "lenta" é apenas menos amadurecida em termos de comportamento e habilidades em sala de aula? A diferença entre os gêmeos é substancial? Os gêmeos estão dentro da faixa normal? Que opção (além da reprovação) é dada ao gêmeo atrasado?

Nós na Twin Services recomendamos fazer todo o possível para manter as crianças na mesma série. Apoio extra, dentro da escola ou com aulas particulares, é aconselhável. Talvez essa seja uma situação em que salas de aula separadas representam a melhor solução.

Como último recurso, considere a possibilidade de colocar as crianças na mesma série em escolas separadas, se for a única maneira de proporcionar a elas a educação necessária na mesma série. Posteriormente, se a diferença no desenvolvimento diminuir, elas poderão voltar a freqüentar a mesma escola.

CAPÍTULO 13

CRESCIMENTO E DESENVOLVIMENTO

Múltiplos na Adolescência

"A primeira coisa que pensei quando eles nasceram, dois meses antes da data prevista, não foi "Será que vão sobreviver?", mas "Como eu vou sobreviver com duas filhas de 13 anos de idade ao mesmo tempo?" Bom, sobrevivi. Agora elas têm 15 anos. Há sempre alguém sem falar comigo!", disse uma mãe.

Outra comentou: "Oh, elas brigam, sim. Às vezes, eu saio um pouco. E, ontem à noite, foi tão feia a briga, que uma de minhas filhas perguntou: 'Mamãe, posso me sentar um pouco no carro, sozinha?'"

E uma terceira disse: "Minha filha está ocupada, desenhando o vestido de formatura e tentando convencer o irmão a ir, porque ela acha que ele ficaria o máximo trajando fraque. Ele ainda não cedeu. Eu estou curtindo muito!"

Durante o período que se estende dos 12 anos de idade ao final da adolescência ou 20 anos de idade, os filhos mudam de maneira tão drástica quanto nos primeiros anos de vida, quando as roupas ficam pequenas demais e eles desenvolvem novas habilidades da noite para o dia.

Mais uma vez nossos filhos metamorfoseiam diante dos nossos olhos – os meninos transformam-se em homens, e as meninas, em mulheres –, espantando, assustando e encantando os pais. Todas as crianças passam por etapas previsíveis nesse processo e esforçam-se para adquirir as mesmas capacidades. Mas o esforço em múltiplos é ainda mais complexo.

Neste capítulo, investigaremos a natureza cada vez mais complicada da relação entre gêmeos durante essa fase do desenvolvimento, e examinaremos como a adolescência altera os relacionamentos sociais, escolares, familiares e entre pais e filhos, assim como a própria relação entre gêmeos. Falaremos sobre como vocês, pais, podem suportar as mudanças e confusões inevitáveis, e como orientar seus múltiplos adolescentes para uma vida adulta saudável.

Recomenda-se iniciar analisando as etapas da adolescência. Embora seus filhos mudem a cada ano (e às vezes a cada semana), estudiosos geralmente concordam que as duas etapas do início e fim da adolescência são bastante distintas para proporcionar uma estrutura útil.

Obviamente as crianças variam, mas, em geral, o período entre 12 e 15 anos de idade é considerado o início da adolescência; o final estende-se de 16 a 21 anos de idade ou mais.

A etapa inicial é definida por mudanças drásticas da puberdade. Geralmente, mas nem sempre, a criança de 11 anos de idade parece e age como uma criança. Contudo, durante os anos seguintes, seu corpo se desenvolve e se transforma em corpo de homem ou mulher.

Esse corpo adulto ainda está ocupado por uma criança – alguém cuja opinião, experiência e autocontrole não estão totalmente desenvolvidos. No entanto, por volta dos 15 ou 16 anos de idade – o início do final da adolescência –, os adolescentes tornam-se mais maduros. Além de terem a aparência de adultos, eles começam a *comportar-se* como adultos.

Quase sempre a etapa inicial da adolescência é marcada por conflitos e isolamento – adolescentes nessa fase têm altos e baixos emocionais e as discussões com os pais são acaloradas, batem portas e desafiam regras e expectativas. À medida que os adolescentes vão ficando mais velhos, eles vão se acalmando, e quase sempre restabelecem uma relação mais madura com os pais.

O RELACIONAMENTO DOS GÊMEOS NA ADOLESCÊNCIA

Se a principal tarefa da adolescência é completar a separação psicológica dos pais e tornar-se um adulto independente, essa tarefa nos múltiplos é dupla: eles precisam separar-se dos pais e um do outro também. Em cada caso, um relacionamento íntimo que foi estimulante e valioso precisa mudar. Não que deva terminar, mas, sim, passar para um nível mais maduro.

Isso significa que os múltiplos têm uma tarefa mais complexa do que as outras crianças durante esse período. Eles precisam ocultar de vocês, pais, sua "esquisitice", como todos os adolescentes fazem. E precisam redefinir seu relacionamento de modo a afirmar essa "esquisitice" em relação ao irmão gêmeo.

Freqüentemente, crianças que se sentem bem juntas, durante as primeiras séries do ensino fundamental, e considerando-se mais os gêmeos, mudam no início da adolescência. Haverá ocasiões em que os gêmeos desejarão estar juntos, e outras não. Haverá ocasiões em que eles se darão muito bem, e outras em que não vão tolerar um ao outro. Às vezes (geralmente no início da adolescência), eles se imitam, e outras, vestem-se e comportam-se da maneira mais diferente possível para anunciar sua tão preciosa individualidade.

Pode ser difícil manter essa distinção no vestuário ou estilo. Uma irmã em um conjunto de trigêmeos adotou um estilo de cabelo moderno para que pudesse se destacar das irmãs, e ficou furiosa quando elas imediatamente aderiram ao mesmo estilo.

Essas variações naturais complicam-se com as expectativas alheias – sobretudo de outros adolescentes. Todos os adolescentes sentem que estão sob intensa avaliação – estão convencidos de que todos na escola notam cada espinha, cada erro constrangedor. Em gêmeos, esse sentimento de ser o centro das atenções é intensificado.

Assim, múltiplos geralmente permitem que as percepções que os colegas têm deles os aproximem ou os separem de uma maneira que nem sempre é lógica. Um menino que precisava de óculos, mas o irmão gêmeo não, se recusou a usá-los. Os pais, perplexos, finalmente descobriram que os amigos do filho concluíram que, porque os gêmeos são "iguais", a necessidade de óculos desse garoto só poderia ser sinal de fraqueza, e o criticaram por isso.

Quase sempre essa sensação de exame minucioso pressiona os gêmeos adolescentes, acentuando suas diferenças. Eles podem escolher atividades separadas apenas para serem diferentes, se recusar a vestir ou cortar o cabelo do mesmo jeito, e, ainda, a ficar na mesma sala ou a mudar o nome ou apelido.

Essa necessidade de ser diferente é intensificada pela sensibilidade típica da adolescência – sobretudo quando um dos gêmeos se sente menos competente ou capaz do que o outro.

"Um de nossos gêmeos faz caratê com o irmão mais novo, e o outro resolveu que ele não pode fazer caratê", disse a mãe dos gêmeos monozigóticos com 16 anos de idade. "Eu ressaltei que, como o irmão tem talento para o esporte, ele talvez também tenha, mas ele se recusou até mesmo a falar sobre o assunto."

Gêmeas monozigóticas que se superavam em ginástica tiraram primeiro e quarto lugares em uma competição. Como os quatro primeiros classificados ocupariam o pódio, a segunda garota disse que gostaria de ter chegado em quinto lugar para que não tivesse que aparecer ao lado da irmã.

Esse equilíbrio delicado entre intimidade e distanciamento, igualdade e diferença, é algo que os gêmeos terão que resolver. Os pais podem ajudá-los, apoiando as decisões por eles tomadas, e também podem lembrá-los de que não há problema algum em ser semelhante ou diferente.

Com o passar do tempo, os gêmeos negociam suas diferenças e similaridades. Às vezes, um deles prefere ser mais independente, e outras vezes é o outro que se sente assim.

Um estudo de gêmeos australianos analisou por meio de questionários a redução no tempo que os gêmeos passavam juntos durante a adolescência. Aos 11 e 12 anos de idade, eles disseram que passavam cerca de

80% do tempo juntos. Esse número caiu para 53% aos 17 anos de idade, e para 35% aos 18 anos.

DESENVOLVIMENTO FÍSICO

As alterações na aparência entre os múltiplos em idade escolar e no final da adolescência são realmente surpreendentes. Durante os primeiros anos, ocorrem as alterações da puberdade. Em meninos, aparecem pêlos púbicos e faciais, a voz muda e depois assume o tom adulto, e os órgãos sexuais desenvolvem-se e tornam-se funcionais. As meninas adquirem corpo de mulher, os pêlos púbicos surgem, e elas passam a menstruar. Tanto os meninos quanto as meninas apresentam maior peso e altura. Na adolescência, os garotos crescem mais de 12 centímetros durante o ano letivo.

As alterações hormonais da puberdade trazem mudanças físicas e emocionais: acne, aumento do interesse em – e confusão sobre – sexo, preocupações com o peso, instabilidade emocional e irritabilidade.

Nos últimos anos, adolescentes acomodam-se no novo corpo. O garoto desengonçado com 14 anos de idade desenvolve músculos. A garota gordinha cresce e torna-se esguia. A pele torna-se mais clara no final do ensino médio e a mudança de humor estabiliza-se.

Gêmeos monozigóticos geralmente passam por essas alterações físicas um após o outro, exceto quando um deles apresenta atraso no desenvolvimento desde o início. Gêmeos dizigóticos divergem mais na idade em que vivenciam a puberdade ou aumento rápido da estatura.

A questão das comparações torna-se mais dolorosa na adolescência. No início desse período, quando o crescimento físico é tão drástico e a percepção do próprio eu atinge o máximo, gêmeos que se desenvolvem em ritmos diferentes podem sofrer. Mesmo o que está "adiantado" acaba se sentindo estranho, seja a garota no casal de gêmeos com 13 anos de idade, o garoto cuja voz mudou mais rapidamente do que a do irmão, seja a garota que desenvolveu corpo de mulher enquanto a irmã ainda permanece infantil e sem seios.

DESENVOLVIMENTO INTELECTUAL

O progresso acadêmico que os múltiplos obtiveram no ensino fundamental continua na adolescência. Mas existe uma mudança qualitativa em sua capacidade de pensar que vai além de sua capacidade de resolver problemas matemáticos que são cada vez mais complexos.

Piaget argumentou que, por volta dos 12 anos de idade, as crianças passam do estágio de operações concretas da infância para o pensamento maduro do adulto – que ele denominou de estágio de operações formais da função intelectual. Como dissemos no Capítulo 12, crianças em idade escolar são capazes de entender conceitos intelectuais relativamente complexos e podem manipular informações e símbolos. Mas na adolescência essas habilidades evoluem ainda mais. Adolescentes tornam-se capazes de maior abstração e objetividade, maior capacidade de analisar questões morais a partir de diversas perspectivas e de se colocarem no lugar do outro. Em outras palavras, eles começam a pensar como o ser humano maduro em que vão se transformar.

Contudo, a capacidade de pensar dessa maneira não significa que eles sempre agirão assim. Os adolescentes mais jovens podem ser capazes de certa lógica, mas nem sempre agem de maneira lógica. Talvez tenham empatia e raciocínio moral, mas às vezes ainda podem agir com crueldade e uso deficiente da capacidade de julgamento porque sua opinião e experiência ainda não estão completamente desenvolvidas.

Uma das principais tarefas do final da adolescência, portanto, é a aplicação dessas novas capacidades intelectuais à sua vida e ações. E, quando adolescentes mais velhos enfrentam essa tarefa, continuam a questionar e desafiar a autoridade e os valores paternos – mas de outra maneira. No início da adolescência, os gêmeos podem ser contestadores e rudes com os pais. Com o passar dos anos, provavelmente eles começam a impor sua posição em algumas questões, e com fortes argumentos.

É interessante que o elemento-chave das operações formais é a empatia, uma característica que os múltiplos desenvolvem muito mais cedo do que as outras crianças. Outros indivíduos com 12 anos de idade estão apenas começando a se acostumar a pensar sobre os sentimentos alheios, enquanto os múltiplos já fazem isso desde bebês. Eles sempre prestaram atenção aos sentimentos do outro – sabem o que está se passando na cabeça do irmão. E agora eles podem acrescentar o argumento racional a essas percepções.

Todas essas percepções e toda essa capacidade intelectual podem ser uma faca de dois gumes. Múltiplos tanto demonstram apoio excepcional entre si quanto magoam um ao outro com seus comentários. Dois ou mais adolescentes que unem forças contra alguém podem ser intimidantes (e barulhentos). Eles talvez façam greve, recusando-se a executar determinadas tarefas. Eles podem apresentar argumentos em favor do outro, defendendo o irmão que desrespeitou o horário de chegar em casa ou alguma outra regra.

E esses aliados podem revoltar-se um contra o outro em questão de segundos, apontando defeitos e fraquezas mútuas. Uma crítica leve sobre o comportamento ou a aparência – "Odeio quando você faz essa cara" ou "Você fica tão estranha com blusa de gola alta" – pesa mais quando é proferida por gêmeos.

DESENVOLVIMENTO EMOCIONAL

Justiça seja feita, adolescentes têm péssima reputação quando o assunto é sua vida emocional. Certamente, jovens adolescentes na maioria das vezes são emocionalmente instáveis e a busca pela independência não é fácil – ela pende entre a contestação e a rebeldia, por um lado, e a dependência e vulnerabilidade, por outro. Mas, de maneira geral, a adolescência pode ser agradável para toda a família, à medida que os filhos desenvolvem novas habilidades e curtem outras experiências. Para múltiplos, tornar-se adolescente pode apresentar determinadas vantagens, como trataremos a seguir.

Geralmente, o período mais agitado da adolescência é o início, quando os humores variam amplamente. Surgem espinhas, floresce o primeiro amor, portas são batidas, o mau humor e a falta de concentração mandam o adolescente para o quarto, para sonhar e ouvir música sozinho.

A pressão dos colegas atinge o máximo nesta etapa, quando as crianças ainda não atingiram independência suficiente para defender opiniões e gostos próprios. Outro ponto de destaque é a percepção de si mesmo – a sensação de que o mundo todo nota e comenta cada falha, cada erro idiota.

No caso de múltiplos adolescentes, essa percepção exagerada de si mesmo tem mais fundamento do que para outros jovens. Após 12 anos sendo comparado um com o outro e recebendo atenção pela condição de múltiplos, eles geralmente se cansam de ser notados como gêmeos.

No final da adolescência, essa volatilidade desaparece, mas surgem outras dificuldades. A questão de privilégios e liberdade torna-se aguda à medida que os adolescentes negociam, ou exigem, privilégios, como dirigir ou namorar. Com a aproximação da formatura no ensino médio, adolescentes enfrentam a separação mais profunda da família já vivenciada – e os múltiplos precisam pensar na separação um do outro.

Apesar da sabedoria popular, a rebeldia adolescente a ponto de rejeitar os pais não é inevitável nem necessária. Certamente, um pouco de desafio e contestação é comum e saudável, mas a maioria dos adolescentes busca a independência com êxito enquanto ainda permanece ligada aos pais. E múltiplos, também, podem tornar-se independentes um do outro sem rejeitar ou destruir totalmente o relacionamento entre si.

O DESAFIO DE SER MÚLTIPLOS ADOLESCENTES

Quando adolescentes estão em seu momento mais difícil, o fato de termos múltiplos certamente multiplica o problema. Uma mãe de trigêmeas monozigóticas lida com toda a instabilidade trazida pela idade de 13 anos multiplicadas por três.

"Atualmente, elas odeiam ser trigêmeas. Elas podem ser grandes amigas, e, em questão de segundos, as maiores inimigas", disse a mãe. Isso é normal. O corpo está mudando, e a cabeça também. Quando minhas filhas ficam rebeldes, é um grande desafio. Elas estão muito mais emotivas do que antes. Nós vamos levando a vida devagar, um dia após o outro."

Brigar, lutar, discutir e magoar fazem parte do contexto de adolescentes, sejam eles múltiplos, irmãos com pequena diferença de idade ou membros de um grupo. Na maioria das vezes, os adolescentes cuja conduta é exemplar criam chifres quando estão em grupo. Múltiplos de ordem superior, portanto, podem testar a paciência dos pais quando brigam – porque geralmente estão em grupo.

"Como pais, precisamos manter o controle", disse, com um suspiro, a mãe de trigêmeas. "Temos que bloquear os acontecimentos. Não gosto de ouvi-las dizer 'Eu te odeio', mas será que vale a pena brigar por isso¿"

O mais tímido de um casal de gêmeos, que talvez tenha usado a condição de gêmeos como proteção, pode ser menos amadurecido socialmente do que o outro ou os colegas. O gêmeo mais extrovertido tem o papel de fazer amigos, e o mais tímido não precisou desenvolver essa habilidade. Uma garota dizigótica com 16 anos, por exemplo, analisa a questão assim: "Minha irmã ficou amiga dos meus amigos, e isso me preocupa. É difícil quando uma pessoa é mais tímida do que a outra. Quero alguém para *me* dizer alguma coisa."

"Na colônia de férias, estávamos caminhando juntas e minha irmã falava o tempo todo por nós duas quando encontrávamos outras pessoas. Às vezes, acho que não deveríamos passar tanto tempo juntas porque ela me controla. Confesso que me sinto mais feliz como passageira, mas, mesmo feliz por ela ser a líder, não gosto de não ser notada."

Pais e os próprios gêmeos correm o risco de vê-los sempre um em relação ao outro, ao passo que veriam qualquer outra criança com mais flexibilidade. Assim, um outro filho pode ser tímido este ano e extrovertido no próximo, à medida que interesses e amizades evoluem, mas, a cada etapa, os gêmeos continuam sendo avaliados um em relação ao outro.

A BOA NOTÍCIA SOBRE MÚLTIPLOS ADOLESCENTES

Em ocasiões em que os adolescentes não procuram os pais para orientações e conselhos, há o irmão gêmeo para os apoiar – e muitos fazem essa opção, sobretudo as meninas.

No redemoinho social da adolescência, ser gêmeo pode ser divertido. Certamente, é uma maneira de quebrar o gelo para muitos adolescentes. De acordo com Marcos, de 16 anos de idade, que tem uma irmã gêmea: "É até divertido contar que somos gêmeos às pessoas que mal acabamos de conhecer – essa informação muda o tópico da conversa e desperta o interesse delas a nosso respeito."

Além disso, gêmeos proporcionam apoio emocional um ao outro, que é valioso na adolescência e quase sempre difícil para adolescentes encontrarem nos pais. O fato de sabermos que temos alguém que está sempre ao nosso lado, que nos entende completamente e que passa pelas mesmas experiências que nós pode ser um enorme consolo.

Os gêmeos freqüentemente orgulham-se muito da força de seu relacionamento. Eles têm idade suficiente para entender que um relacionamento bom e sólido é um bem precioso, e algo que conquistaram com esforço próprio. "Nós nos relacionamos muito bem", disse Jennifer, de16 anos de idade, sobre o relacionamento com a irmã gêmea. "Não era assim quando estávamos na mesma escola. Agora estamos em escolas separadas e não nos consideram mais como gêmeas. Por isso, orgulho-me do desenvolvimento de nosso relacionamento. A maioria das pessoas não tem o tipo de relacionamento que nós temos."

Muitas vezes, pais de múltiplos adolescentes repetem o que observei em minhas filhas: múltiplos geralmente desenvolvem amizades como parte de um círculo social mais amplo do que outros indivíduos. Eles são mais abertos e menos insistentes em relacionamentos individuais. Sua experiência chega à adolescência de forma saudável. Em vez de partirem logo para o namoro, múltiplos quase sempre se socializam em grandes grupos que incluem meninos e meninas.

"No ensino fundamental", disse a mãe de gêmeas com 15 anos de idade, "elas estavam em um grande grupo de meninas e meninos, e todos eram amigos. Isso lhes deu a oportunidade de superar aquela 'loucura' inicial por garotos porque muitos eram seus amigos. Agora, no ensino médio, quando uma delas faz nova amizade, esse amigo passa a fazer parte do amplo grupo social."

Minhas filhas dizem que ter irmã gêmea as manteve em contato com esse grupo social mais amplo. Se uma das irmãs estivesse namorando e passando menos tempo com o grupo, ela ainda ficava em dia com as notícias porque a irmã gêmea continuava ali, participativa. Assim, ela poderia retornar ao grupo mais facilmente do que alguém que não tivesse esse vínculo.

CELEBRIDADE DOS GÊMEOS – UMA FACA DE DOIS GUMES

Gostando ou não, os gêmeos chamam a atenção, e trigêmeos e outros múltiplos ainda mais. Essa visibilidade social é uma faca de dois gumes, como dissemos. Alguns gêmeos adolescentes gostam de tirar proveito de sua condição, enquanto outros odeiam ser examinados e comparados. Eles podem se queixar, como muitos já se queixaram a mim, sobre ter que responder às mesmas perguntas várias vezes, ano após ano.

Quase sempre, gêmeos adolescentes desenvolvem respostas afiadas e espirituosas a essas perguntas. Aqui estão algumas que ouvi:

Quando lhe perguntam como é ser gêmeo, um responde: "Não sei. Sempre fui gêmeo. Como é *não ser* gêmeo?"

Outra pergunta comum é: "Qual dos dois é mais velho?" (Geralmente, o "mais novo" ressente-se com a pergunta.) Um garoto da oitava série explica: "As pessoas sempre desejam saber quem é mais velho e qual é a diferença. O que você diz? Daniel é um minuto mais velho. Sempre acham que sou mais velho, e surpreendem-se com a revelação. Não entendo por quê. Não sei como é possível distinguir."

Muitas pessoas perguntam: "Vocês têm ESP[1]? Você consegue ler os pensamentos da sua irmã?" Uma garota dizigótica, de 16 anos de idade,

1 Percepção extra-sensorial. (N. do T.)

disse: "Eu viro os olhos. Se for um amigo, lhe pergunto se *ele* tem ESP com os irmãos. Às vezes, brincamos e respondemos que sim. Não creio que alguém tenha essa capacidade. As pessoas perguntam: 'Vocês são parecidas e pensam da mesma maneira. Vocês trocam de lugar para confundir os outros¿'"

Outra pergunta que os gêmeos ouvem é se são idênticos. (Casais de gêmeos acham essa pergunta extremamente idiota.) Um garoto monozigótico disse que ele e o irmão sempre gostaram de brincar com aqueles que fazem perguntas tolas. "Se alguém disser: 'Vocês são gêmeos¿', eu digo: 'Sou, mas ele não', Se perguntam: 'Quem é quem¿', e respondo: 'Eu sou ele e ele sou eu', perguntam também: 'Como suas namoradas conseguem distingui-los¿', e dizemos: 'Elas não conseguem – apenas pegam o que estiver mais perto.'"

Alguns múltiplos, quando estão de bom humor, vêem as perguntas como oportunidade de ensinar os amigos sobre a condição de gêmeos – o que é mito e o que é verdade.

"Se a gente perder a paciência com perguntas idiotas", disse uma garota, "vamos passar a vida toda perdendo a paciência. Não vale a pena."

COMO DAR APOIO AOS MÚLTIPLOS ADOLESCENTES

Apesar da crescente independência e comentários negativos ocasionais, múltiplos adolescentes têm enorme necessidade do apoio dos pais. Aqui estão algumas maneiras para que esse apoio lhes seja dado:

☆ *Reconheça seu papel mutável.* Com o passar dos anos, os pais atuam cada vez menos como treinadores e juízes. Ao contrário, passam a ser um recurso, um mentor. Eles lançam as idéias, levantam questões sobre alternativas, depois saem de cena e aceitam as escolhas dos filhos. Mas entenda que, apesar da mudança em sua função, você ainda precisa estabelecer limites e continuar conversando com seus múltiplos.

☆ *Reconheça que os sentimentos de seus filhos estão mudando.* Isso é sobretudo importante se você curtiu a celebridade e o "glamour" de ter múltiplos, e o mesmo aconteceu aos seus filhos. É bem provável que eles queiram se apresentar publicamente com maior independência.

☆ *Reconheça a necessidade que eles têm de privacidade.* Todos os adolescentes precisam de um pouco de tempo e espaço longe dos pais; múltiplos também, além de precisarem distanciar-se uns dos outros. Às vezes, eles variam na quantidade de privacidade desejada. Um talvez queira socializar-se ou acampar sozinho. Quando isso ocorre, ajude seus filhos a usarem positivamente a notável empatia que possuem, e lembre-os de levarem em consideração os sentimentos uns dos outros enquanto satisfazem o próprio direito de decidir o que desejam. Você pode dizer: "É normal você querer ficar sozinho na colônia de férias, mas também é normal o seu irmão ficar triste com isso. Por que vocês dois não conversam sobre o assunto?"

☆ *Ajude-os a lidarem com as diferenças na maturidade física e social.* À medida que seus interesses e habilidades se desenvolvem, esforce-se para apoiar ambos – sejam essas habilidades iguais ou diferentes. A mãe de um casal de gêmeos disse que sempre tentou não definir os filhos em termos de suas diferenças, porque não queria que eles sentissem que suas funções os limitavam. Agora, como adolescentes, os filhos são drasticamente diferentes em termos de interesses e grau de maturidade, e ela e o marido aceitavam a situação. "Meu filho é o clássico antiescola, antiautoridade e antipais", ela disse. "Ele tem uma banda de rock e compõe músicas. Minha filha é mais madura e estudiosa. Eles assumem posições completamente diferentes – mas nós nos esforçamos para dar aos dois nosso apoio incondicional."

☆ *Continue a observar e monitorar o desenvolvimento deles.* Interfira adequadamente quando um, por exemplo, assume a liderança à custa do outro. Se um dos gêmeos está tentando comandar a vida do outro, exponha os seus sentimentos. Diga: "Não me sinto à vontade quando vejo você tomando decisões sobre a vida social de sua irmã. Você sabe muito bem que não é justo."

Na adolescência, geralmente, não resolve dar ordens e querer solucionar problemas da mesma maneira usada quando seus filhos eram pequenos. É melhor ajudá-los a encontrar sozinhos as estratégias para a mudança. Você pode convocar uma reunião e falar sobre suas preocupações com ambos, e depois conversar com cada um deles em particular.

☆ *Estabeleça regras importantes (aquelas relacionadas à segurança e ao bem-estar) individualmente, de acordo com a maturidade de cada um.* Se um dos gêmeos tem maturidade suficiente para chegar mais tarde em casa e o outro não, eles terão que lidar com as conseqüências. O mais imaturo poderá acusá-la de favoritismo ou injustiça quando as regras forem desiguais. Mas o filho mais imaturo deve esperar demonstrar maturidade como condição para maior liberdade.

☆ *Não brigue à toa.* Mantenha-se firme em questões importante e seja mais flexível no que for irrelevante, como, por exemplo, preferências de vestuário.

SAIR DE CASA

Se existe um momento em que os múltiplos precisam ouvir o coração é na questão de sua transição do lar e da família para o mundo. Se a decisão de sair de casa relaciona-se à faculdade, emprego ou casamento, múltiplos adolescentes precisam de permissão para fazer a escolha.

Uma adolescente que não tem irmã gêmea, ao escolher determinada faculdade fora de sua cidade ou estado, não pensa apenas no que deseja estudar, no que tem capacidade de fazer e no tipo de escola que gostaria de freqüentar. Ela também considera até que ponto gostaria de ficar perto ou longe da família. Trata-se de uma decisão delicada para uma jovem que ainda não é completamente independente dos pais.

Múltiplos também tomam as mesmas decisões, mas precisam ainda levar em consideração se permanecem fisicamente próximos aos irmãos ou se ficam sozinhos.

Muitos gêmeos, nesse momento, optam por ficar sozinhos. Geralmente, é porque seus interesses distintos os levam em direções acadêmicas opostas. É importante para os gêmeos estarem cientes de que a decisão de freqüentar faculdades separadas pode ser adequada, mas não necessária. Essa decisão deve ser tomada se for aquilo que eles realmente desejam, e não porque isso é o esperado. Minhas filhas, que freqüentaram a mesma faculdade, diziam que conheceram gêmeos ali que escolheram escolas separadas porque "pensavam que era isso que esperavam deles".

O mais importante é que os gêmeos prestes a ingressar na faculdade expressem seus sentimentos. É melhor se os múltiplos puderem ser honestos em relação às decisões de trabalho e estudo, discutindo-as abertamente entre eles e com os pais.

"Acho que evitamos a questão", contou-me um gêmeo dizigótico universitário. "Ele disse que estudaria música e eu, administração. Supusemos que iríamos para escolas separadas, qualquer que fosse a carreira escolhida. Não conversamos sobre o assunto e nunca soubemos o motivo. Eu gostaria que o Gil tivesse ido para a mesma escola que eu." E acrescentou, com a voz trêmula: "Teria sido diferente, sabe?"

Falei com uma jovem que não freqüentou a mesma faculdade que a gêmea monozigótica, e ela acha que, de certa forma, a experiência as uniu. As garotas cresceram no Havaí, e ambas freqüentaram escolas separadas em Los Angeles.

"Ninguém falou sobre o assunto", ela recorda. "Queríamos ficar juntas. Nunca dissemos que iríamos para faculdades separadas; simplesmente prestamos vestibular para áreas distintas." As duas jovens seguiram carreiras diferentes – uma cursou medicina e a outra, direito – e os estudos as separaram. O fato de ficarem longe um bom tempo uma da outra as fez apreciarem mais os momentos que passavam juntas. "Valorizamos mais nossa amizade. Cada visita era uma ocasião especial", ela disse.

Certamente é um momento complicado para os pais quando os filhos adolescentes batem asas e abandonam o ninho. Porém, se os múltiplos têm um relacionamento estável e saudável entre si, os pais podem ter certeza de que sua intimidade e seu apoio os sustentarão a vida toda.

CAPÍTULO 14

REFLEXÕES SOBRE A CONDIÇÃO DE GÊMEOS

O Que Pensam os Gêmeos Adultos

"Nossos gêmeos, uma filha e um filho, estão com 20 anos agora. Foi maravilhoso criá-los. Como o relacionamento deles mudará na vida adulta? O que devemos esperar deles como adultos? São unidos e incluem um ao outro em quase todos os aspectos da vida. Nossa filha está saindo para passar as férias de verão fora e já apresenta sintomas de ansiedade pela separação."

Essa carta para a Twin Services ilustra a preocupação de pais de gêmeos adultos. Como é a vida adulta para gêmeos e múltiplos? Que problemas eles enfrentam? Os pais podem ajudar?

Desde antes do nascimento, a relação entre gêmeos evolui. Na infância, os gêmeos variam entre a proximidade e o distanciamento, entre comemorar suas semelhanças e defender as diferenças.

A vida adulta não conclui esse processo. Embora a maioria dos gêmeos construa a vida como indivíduo, sua ligação ao outro exerce uma atração que é mais forte durante certas fases da vida.

Os pesquisadores sabem muito bem que a ligação entre gêmeos gera mais respostas entre o sexo feminino do que masculino. Talvez seja porque as mulheres como grupo têm maior probabilidade de desfrutar os benefícios da condição de gêmeos. O vínculo sólido que essa condição oferece é compatível com nossa expectativa de que garotas e mulheres são interativas e sociáveis. Essa intimidade apresenta uma estrutura um tanto constrangedora para o desenvolvimento da independência tempestuosa que tradicionalmente valorizamos no sexo masculino.

Portanto, não nos surpreende descobrir que o grau de intimidade entre múltiplos adultos é máximo entre irmãs monozigóticas, seguido por irmãos monozigóticos, irmãs dizigóticas, irmãos dizigóticos e, finalmente, casais de gêmeos.

Neste capítulo, analisaremos as perspectivas que gêmeos adultos ganham sobre seu relacionamento ao olharem para trás, em sua infância, e para o futuro, na velhice.

A ZONA DE TRANSIÇÃO: INÍCIO DA VIDA ADULTA

Como dissemos no capítulo anterior, com o fim da adolescência os gêmeos sofrem um processo às vezes difícil e delicado, de enfrentar o mundo como indivíduos, e ainda tem que manter o relacionamento como irmãos gêmeos.

Kay Cassill, autora, gêmea e fundadora da Twins Foundation, diz que a necessidade de separação pode não ocorrer ao mesmo tempo para ambos. "Geralmente acontece para um e depois para o outro. A pressão é encontrar o próprio caminho sem magoar o irmão – isso acontece com todos os tipos de gêmeos. Um homem me disse: 'Ah, minha irmã resolveu se casar e, de repente, fiquei sozinho'."

"Qualquer indivíduo sofre pressões, mas gêmeos contam com uma a mais – enquanto tentam deixar a família, eles precisam encontrar uma maneira de adaptar o irmão ao novo contexto. Estão formando um novo posicionamento."

ESCOLHAS PROFISSIONAIS

Enquanto se adaptam à evolução no relacionamento, jovens gêmeos adultos também precisam realizar outras tarefas, incluindo a escolha de uma carreira. Deve ser a mesma carreira ou não? Se os dois gostam de teatro, os dois podem ser atores ou um deles tem preferência? Decisões sobre a carreira são mais complexas para gêmeos, em parte porque obviamente direcionam jovens adultos para caminhos que bifurcarão ou permanecerão paralelos.

Uma jovem advogada, gêmea monozigótica, analisa como ela e a irmã, pediatra, resolveram a separação e as escolhas profissionais. Freqüentaram faculdades separadas, mas fizeram cursos semelhantes. Posteriormente, a irmã interessou-se por medicina, enquanto Pâmela seguiu o caminho inicial.

"Nós duas queríamos fazer faculdade, e prestamos vestibular ao mesmo tempo, mas para profissões distintas. Acho que, se tivéssemos escolhido a mesma área, acabaríamos competindo, e a competição teria nos entristecido e nos afastado. Penso que a competição seria intensa entre nós – e eu me sentiria culpada por isso.

"Acho interessante quando gêmeos escolhem áreas diferentes e levam vida própria. Estou interessada na área e na profissão dela, e ela na minha. Nunca nos entediamos."

Kay Cassill escreve sobre certa dificuldade de gêmeos que seguem a mesma carreira: ser confundido um com o outro, em conseqüência da semelhança dos nomes ou da aparência. Ela descreve atrizes que aprenderam a disfarçar sua semelhança para que fossem vistas e contratadas individualmente, e um psiquiatra que temia que seus pacientes encontrassem seu irmão gêmeo monozigótico e inadvertidamente revelassem seus problemas a ele.

Decisões relacionadas à carreira e ao trabalho também envolvem decisões sobre onde morar. Assim como acontece com adultos que não são gêmeos, o primeiro emprego pode oferecer a primeira experiência de viver sozinho, longe de casa. Para os gêmeos, essa separação pode ser dolorosa. Uma mulher na faixa dos 40 anos lembra-se do abandono que sentiu quando a irmã gêmea dizigótica saiu de casa pela primeira vez. "Ela foi trabalhar em uma fazenda. Foi estranho. Não nos dávamos muito bem, não passávamos muito tempo juntas, mas chorei. Eu senti muito a falta dela."

NAMORO E CASAMENTO

Gêmeos adultos quase sempre recordam com prazer determinados aspectos da vida romântica. Duas garotas dizigóticas não eram parecidas, mas tinham voz idêntica. Elas contam que, quando uma estava conversando com o namorado ao telefone e queria descansar, colocava a irmã em seu lugar até retornar.

Uma jovem gêmea conta que na faculdade os rapazes às vezes mostravam interesse em namorar as duas.

Mas a chegada de ligações românticas sérias, seja no ensino médio, seja na faculdade, traz outro contexto, em que os gêmeos precisam enfrentar a separação. Essa situação pode ser complicada pela ansiedade e ciúme, pois a pergunta de-quem-é-o-amigo se transforma em "De quem é o namorado/namorada?"

Porém, na maioria dos casos, os gêmeos conseguem resolver o problema. Um homem na faixa dos 50 anos, gêmeo monozigótico, casou-se com uma gêmea dizigótica. Ele descreve o primeiro encontro – ele e um amigo saíram com duas irmãs, que eram muito parecidas.

"Eu e minha esposa não nos conhecíamos ainda", ele conta. "Fiquei com a irmã dela, mas no meio do passeio troquei de irmã com meu amigo para ficar com minha futura esposa, e ele nem mesmo percebeu a troca, até que eu lhe contei no dia seguinte. Ele disse: 'Por que você trocou? São idênticas.' Eu respondi: 'Ah, não! Elas não são, não!'"

Gêmeos monozigóticos têm muitos atributos em comum, é claro, mas, quando chegam à vida adulta e estabelecem relacionamentos, geralmente apresentam suas preferências.

"Temos gostos diferentes para mulheres", disse um gêmeo monozigótico. "Prefiro o tipo clássico, calado – estou há sete anos com minha garota. Meu irmão prefere tipos mais agitados, e já se casou e se divorciou algumas vezes."

O casamento representa uma separação especialmente aguda para os múltiplos. Ao contrário de ir para a faculdade ou mudar de cidade, o casamento marca o início de um novo relacionamento extremamente íntimo – que inevitavelmente exclui o irmão.

E essa experiência pode levantar perguntas dolorosas, diz Kay Cassill. "O cônjuge aceita o gêmeo? O gêmeo que fica sozinho *sente-se* assim? Às vezes, todos eles continuam bons amigos, mas há outros que dizem: 'Minha irmã gêmea e eu éramos grandes amigas, mas agora seu marido não a deixa vir me visitar'." Isso pode ser bastante doloroso. Uma mulher recorda que no dia do casamento, enquanto colocava o vestido de noiva, a irmã gêmea sentou-se no chão ao lado dela, chorando.

A sensação de perda pode ser ampliada pelas comparações inevitáveis às quais os gêmeos foram submetidos a vida toda. Uma gêmea com 20 e poucos anos de idade, cuja irmã casou-se, achava irritante os amigos demonstrarem tanta preocupação em relação a ela. As pessoas perguntavam como ela se sentia com o casamento da irmã e pareciam aliviados quando descobriam que ela tinha um namorado.

DIMINUINDO A DISTÂNCIA

Não é raro gêmeos se afastarem e depois se reaproximarem na vida acadêmica, nas escolhas profissionais e no local de residência. Obviamente, isso não é apenas um aspecto entre gêmeos; mudar de carreira ou de área de estudo, transferir-se para outras instituições e voltar à cidade natal são ocorrências cotidianas.

Com múltiplos, contudo, isso faz parte do jogo. Eles ingressam na mesma faculdade, depois se separam, e, posteriormente, descobrem que estão seguindo a mesma profissão. Outros irmãos fazem o mesmo, mas despertam menos interesse.

Uma gêmea monozigótica de 29 anos de idade disse que, ao trocar de cidade, sentiu falta da irmã. Com o passar do tempo, porém, criou a própria identidade e fez amizades no novo lugar, e, mais tarde, a irmã se mudou para lá.

"Senti-me confusa com a situação", ela disse. "E minha irmã sabia que eu me senti invadida. Por exemplo, eu tinha um grande amigo chamado Jimi. Se Jimi convidasse Maura para almoçar, eu pensava: 'Oh, estão roubando meu amigo de mim'. Às vezes a síndrome dos gêmeos complica tudo. E penso: 'Estou agindo como criança novamente'."

Recentemente, falei com um rapaz de 28 anos de idade que descreve o relacionamento com o gêmeo dizigótico da seguinte maneira: "Sim, somos ligados, mas somos muito competitivos. Chega a ser mesquinho. Somos ótimos amigos e, às vezes, os maiores inimigos. Desde a puberdade, assim que chegamos à adolescência, cada um seguiu seu caminho – querendo dominar."

Ele acrescentou: "Nós nos divertimos muito, e *somos* muito amigos, mas já brigamos antes, e ficamos sem conversar durante meses".

É importante notar que esse ciclo entre proximidade e afastamento, embora intenso em gêmeos, faz parte da vida. Como Amram Scheinfeld escreve em seu livro *Twins and Supertwins*, o conflito entre o desejo de aproximação e de separação não é exclusivo dos gêmeos. Todos nós vivenciamos esse conflito com os pais, amigos e no casamento.

"Uma pessoa madura pode adaptar-se a ambos os extremos, independência e ligação, em qualquer situação", ele escreve. "E o gêmeo que recebeu ajuda para alcançar a maturidade acaba se adaptando completa e alegremente não apenas ao irmão, mas também a todas as outras pessoas."

DEFINIR A CONDIÇÃO DE GÊMEOS PARA O MUNDO

Em um dos capítulos anteriores, falamos sobre como vocês, pais, talvez precisem instruir o mundo sobre a condição de gêmeos e questões relacionadas a eles. Agora seus filhos, já adultos, precisam fazer a mesma coisa sozinhos. Eles decidem como se descrever, e seu relacionamento, aos outros. É um processo que se torna natural com o tempo.

"As pessoas tentam nos encaixar em um nicho no qual gêmeos não existem, e às vezes gostaríamos de nos adaptar ali, mas não conseguimos", Cassill me disse. "É aí que o senso de humor entra em cena – a maioria dos gêmeos que eu conheço tem senso de humor!"

Quando gêmeos se reúnem, chamam a atenção, e eles precisam conviver com esse fato. Se passaram algum tempo separados, eles às vezes se esquecem do que acontece sempre que aparecem juntos em público.

Minhas filhas, que são arqueólogas e estavam trabalhando em estados separados, participaram de uma conferência profissional. Certa manhã, ao entrarem no hotel, Kelda passou pela porta giratória e Krista, pela porta lateral. Quando passaram pelo saguão, um estranho que as observava comentou com o companheiro: "Elas não devem ser muito dependentes. Não passaram pela mesma porta."

"Eu me esqueci de como era ser constantemente avaliada e julgada", Krista me disse. "Aqueles que não são múltiplos supõem que, quando gêmeos fazem coisas parecidas, é porque têm uma dependência 'doentia'. E eles supõem que, se os gêmeos fazem coisas diferentes, são 'saudáveis'. Esse é um padrão muito estranho – eles não o aplicam a si mesmos. As pessoas sempre nos criticam porque temos a mesma graduação. Eu lhes digo que minhas irmãs mais velhas, que não são gêmeas, são biólogas – alguém *as* criticou? Ao mesmo tempo, as pessoas romantizam a condição de gêmeos. Falam sobre isso como se fosse algum estado idílico. Eu respondo que é legal ter uma irmã gêmea e que existem vantagens, mas não garante uma vida maravilhosa."

ENCONTRAR EQUILÍBRIO: OS ANOS INTERMEDIÁRIOS

Após o período de transição do início da vida adulta, vem um período de consolidação. Embora nem todos "cresçam" ao mesmo tempo, a maioria das pessoas acomoda-se aos 30 anos de idade, depois de terem provavelmente vivenciado um período de inquietação na faculdade, nos primeiros anos de profissão e nos relacionamentos. Estudos mostram que gêmeos e múltiplos também encontram equilíbrio durante esses anos e sofrem as mesmas dificuldades na vida que os demais indivíduos.

A maioria dos gêmeos adultos tem uma visão positiva de sua condição e permanece próxima, até certo ponto, após o casamento. Assim que eles negociam um grau de separação e estabelecem sozinhos suas carreiras e parcerias, os gêmeos geralmente curtem retomar a proximidade de modo mais maduro.

A maioria dos estudos mostra pequena ou nenhuma diferença entre as histórias conjugais de gêmeos e outros adultos. E não há diferença entre a saúde mental geral dos múltiplos e a de outros adultos – não há diferença na incidência de problemas psicológicos ou suicídio.

Em um estudo de gêmeos adultos e outros indivíduos, a psicoterapeuta Eileen Pearlman não constatou nada que comprovasse as noções freqüentemente descritas de que gêmeos têm mais dificuldade em desenvolver a auto-estima e manter relacionamentos, ou menor probabilidade de se casar.

Todos os participantes do estudo, gêmeos ou não, tinham histórias conjugais semelhantes. A maioria estava no primeiro casamento. Os solteiros, gêmeos ou não, viviam ao menos com uma pessoa. Não existiam diferenças significativas no grau de diferenciação e auto-estima entre gêmeos e os outros.

Pearlman destaca que o relacionamento entre gêmeos adultos muda quando um atinge um novo nível de desenvolvimento antes do outro. Se um se casa e o outro é solteiro, um tem filhos e o outro não, ou um alcança mais sucesso na carreira, essas diferenças pesam no relacionamento. Às vezes, essas fases difíceis podem unir os gêmeos, mas também podem separá-los.

CRIAR FAMÍLIA

Gêmeos geralmente anseiam em ter filhos mais ou menos na mesma época, e educar os primos como amigos e companheiros. "Minha irmã e eu queríamos ter filhos ao mesmo tempo", disse uma gêmea monozigótica. "Engravidamos, e, aos três meses, eu estava muito maior. Na verdade, eu tive gêmeos, e ela, apenas um bebê. Os três nasceram com três semanas e meia de diferença. Isso foi muito bom!"

"Casei-me primeiro", disse outra gêmea adulta, "e minha irmã teve filhos antes de mim. Ela teve um menino, e depois foi minha vez. Aí, Cris teve uma menina e eu, também. Ela me telefonou no hospital e disse: 'Susan, você não consegue fazer nada original?'"

"Eu queria muito ter gêmeos, mas, quando meu primogênito nasceu, pensei: 'Sou muito mais feliz *sendo* gêmea do que seria se fosse mãe de gêmeos'. Nossa madrasta era um anjo – ela teve que agüentar tantas coisas que fazíamos."

Os prazeres do relacionamento de gêmeos adultos estende-se aos seus filhos. Se moram perto ou se vêem com freqüência, os primos também serão amigos. Filhos de gêmeos têm mais em comum do que a maioria dos primos em conseqüência dos antecedentes genéticos compartilhados. Portanto, gêmeos adultos geralmente curtem mais os sobrinhos. E aqueles que não têm filhos se sentem felizes com os filhos dos irmãos gêmeos.

O VÍNCULO DOS GÊMEOS NA MEIA-IDADE

Mesmo quando gêmeos adultos estabelecem vidas separadas – casamento, família, carreira –, o relacionamento entre eles continua.

Uma mulher de 48 anos de idade comenta sobre a irmã gêmea dizigótica: "Ela me deixa maluca, mas existe o vínculo. É tão diferente de tudo que sinto com qualquer outra pessoa. Se eu hesitar ao falar, ela imediatamente entra na conversa e sabe o que estou tentando dizer. Sem dúvida, existe um tipo de telepatia. Durante algum tempo, ela ficou sem telefone em casa, e como eu não podia lhe telefonar, me preocupava com ela. Então, minha irmã ligava e dizia: 'Já está tudo *bem*! Já cheguei!', como se ela soubesse o que eu sentia."

Outra gêmea disse: "Nós telefonamos uma para outra diariamente, quase sempre ao mesmo tempo, e então a linha fica ocupada porque ambas estão discando".

Pelo fato de gêmeos monozigóticos serem tão parecidos, um é o espelho do outro – e as próprias falhas também podem ser vistas nitidamente no outro. É impossível evitá-las. Pode ser difícil quando um gêmeo não está a fim de ver as suas falhas ampliadas no outro – sobretudo à medida que envelhecem. Contudo, um "espelho gêmeo" também pode ser uma vantagem – afinal de contas, você poderá constatar como um novo corte de cabelos ficará em você ao vê-lo no irmão gêmeo.

Como um homem disse brincando a Cassill: "Podemos verificar se a gravata está correta antes de sairmos".

Alguns gêmeos, contudo, vêem além das semelhanças físicas. "Não sou fisicamente parecida com minha irmã gêmea", disse uma mulher à pesquisadora Jean Kozlak. "Quando conhecemos alguém tão bem, é difícil vê-lo apenas fisicamente. Não olhamos a superfície. Quando olho para minha irmã, vejo alguém tão diferente de mim, que nossa semelhança física simplesmente não aparece."

A TERCEIRA IDADE

O relacionamento entre gêmeos é para a vida toda. Se ele for respeitado e os gêmeos tiverem a oportunidade de renová-lo e atualizá-lo a seu modo, pode ser um recurso vitalício que pouquíssimos têm a sorte de possuir.

Falei com um homem de 80 anos de idade, casado há 50 anos. Ele e a esposa são gêmeos monozigóticos. A irmã gêmea dela, casada, mora no mesmo quarteirão, e as famílias são amigas há anos.

Ele relembra sua infância com alegria. "Acho que crescer com um irmão gêmeo é ótimo", ele me disse, "porque os gêmeos sempre têm alguém na mesma idade de desenvolvimento e, assim, sempre contam com um companheiro, e isso é maravilhoso – inventar histórias, brincar de esconde-esconde, brincar no balanço, ou fazer caminhadas."

Uma gêmea monozigótica na faixa dos 60 anos disse: "Quando nos reunimos, é um choque para mim. É como se eu estivesse olhando no espelho quando ela desce do avião – sou eu. Nós vestimos roupas similares porque gostamos do mesmo estilo. Vejo-a falando com as mãos e penso: 'Oh, estou gesticulando demais, ou falando muito rápido!' – coisas assim."

Conheço uma gêmea monozigótica, agora com mais de 80 anos de idade, que conta como sofreu quando jovem porque foi persuadida de que ela e a irmã deveriam escolher carreiras diferentes. A irmã entrou para o convento assim que concluiu o ensino médio. Essa mulher estava ansiosa para fazer a mesma coisa, mas achava que não podia porque aquela opção fora "feita" pela irmã. Ela concluiu a faculdade e os estudos de pós-graduação antes de também se tornar freira.

À medida que múltiplos envelhecem, começam a se preocupar com o abandono final da morte.

"Quando nós envelhecemos, começamos a temer a perda do irmão gêmeo cada vez mais", disse Cassill. "Mesmo se não estivermos morando perto um do outro, não conseguimos nos livrar do sentimento de 'O que vou fazer quando o perder¿' Quando perdemos um irmão gêmeo, é muito difícil. Não há respostas para essa situação."

Há talvez um certo conforto, entretanto, ao saber que os gêmeos provavelmente terão um ao outro durante a maior parte de suas vidas. Gêmeos monozigóticos geralmente têm duração de vida bastante semelhante se morrerem de causas naturais. Mesmo gêmeos dizigóticos têm maior probabilidade de estarem juntos na velhice do que irmãos que não têm a mesma idade.

Como uma mãe de gêmeos disse: "Minha avó tinha um irmão gêmeo. Eles sempre foram muito ligados. Quando ambos perderam os cônjuges, passaram a viajar juntos. Os dois morreram com diferença de um mês um do outro, aos 96 anos. Sempre considerei a relação deles muito especial. Eles tiveram vidas independentes, mas, no fim, quando perderam os cônjuges e a maioria dos amigos, tinham um ao outro.

CAPÍTULO 15

LIDANDO COM A CRISE

Gêmeos são, de fato, um tipo de milagre. As circunstâncias especiais de sua criação, a excitação e a emoção de sua chegada e os esforços heróicos necessários durante os primeiros anos de vida podem fazer com que os pais se sintam abençoados e testados ao mesmo tempo.

E, mesmo assim, gêmeos nascem em todos os tipos de famílias. Algumas são fortes, resilientes, prósperas, felizes. Outras são menos sólidas, dispõem de menos recursos ou simplesmente vivenciam uma crise como conflito conjugal, divórcio ou a doença grave ou morte de um gêmeo. Também existem problemas relacionados aos próprios gêmeos.

Neste capítulo, analisaremos alguns dos desafios que dificultam a educação de gêmeos, as diversas pressões impostas à família pelo nascimento de múltiplos e como a dinâmica familiar muda em época de crise. Além disso, analisaremos o que os pais podem fazer para lidar da melhor maneira possível com uma situação difícil.

CRISE FINANCEIRA

A chegada de múltiplos não pode evitar o impacto dramático sobre o orçamento familiar. Mais bebês significam mais despesas – contas hospitalares, despesas com fraldas, leite em pó, babá, roupas e cuidados médicos.

Porém, o aumento nas responsabilidades financeiras trazidas pelos múltiplos quase sempre ocorre quando a renda familiar diminui. Mães geralmente precisam estender o afastamento do trabalho; talvez elas fiquem incapazes de retornar quando haviam planejado. O aumento no custo dos cuidados infantis para dois ou mais bebês pode transformar o emprego em uma opção pouco econômica.

Para famílias que já estão com o orçamento limitado, a chegada de múltiplos pode ser simplesmente devastadora. Se o resultado for apertar ainda mais o cinto ou uma verdadeira crise financeira na família, os adultos e até mesmo os irmãos mais velhos certamente ligarão a chegada dos bebês ao racionamento. Nessas ocasiões, é importante para o bem-estar e a saúde mental de todos evitar acusar ou culpar os bebês que, afinal de contas, são inocentes.

Existem dois elementos a ser enfrentados nesse tipo de crise familiar. Há o elemento prático – o arrocho financeiro –, mas também existe um elemento emocional. Essa crise está relacionada aos bebês recém-nascidos, os novos membros da família. É preciso considerar os sentimentos e o bem-estar emocional de todos.

COMO LIDAR EMOCIONALMENTE COM A SITUAÇÃO

A questão mais importante aqui é o bem-estar da família, o relacionamento dos adultos e os bebês. A família precisa permanecer unida, apoiando-se mutuamente durante os tempos difíceis, oferecendo recursos bilaterais – sem partir para acusações, rancores, exaustão ou abandono.

Converse abertamente com seu parceiro sobre a situação e seus sentimentos. É natural sentir uma certa amargura e ressentimento pelas circunstâncias que colocaram você em dificuldade. Isso é sobretudo válido se os dois não estavam igualmente entusiasmados com o nascimento de múltiplos. O ressentimento, obviamente, pode resultar em sentimentos de culpa, reconhecidos ou não.

Procure ajuda externa, se necessário. Se suas preocupações normais se tornarem extremas – se acha que está com depressão, raiva extrema ou ansiedade incapacitante –, procure ajuda. Não deixe que as preocupações financeiras a impeçam de cuidar de suas necessidades emocionais; se o seu plano de saúde não cobre esses serviços, procure assistência em grupos beneficentes ou centro de saúde mental de atendimento gratuito.

Converse com os filhos mais velhos usando argumentos adequados à idade deles. Admita sua preocupação, e deixe que saibam que você está lidando com o problema. Quando apertar os cintos se torna um projeto familiar, as crianças se sentem menos ameaçadas ou ressentidas. "Mamãe vai parar de trabalhar para poder ficar com os bebês", você pode dizer aos mais velhos. "Isso significa que teremos menos dinheiro, e juntos precisaremos encontrar maneiras de economizar."

Lembre-se de que os problemas financeiros podem ser superados com o tempo. Por mais difícil que possa parecer viver com menos dinheiro, a união dos familiares possibilita enfrentar com êxito os tempos difíceis.

COMO LIDAR COM OS PROBLEMAS FINANCEIROS

Este é o momento de solicitar ajuda da família, se possível. Talvez vocês tenham algum parente que possa subsidiá-los, mesmo modestamente, até que os bebês estejam maiores e vocês possam retomar o equilíbrio. Além disso, amigos e familiares podem contribuir com doações de alimentos, leite em pó, fraldas ou equipamentos. Uma família que conheço recebeu ajuda quando o avô conseguiu produtos infantis com desconto onde ele trabalhava.

Com uma família maior e situação profissional complicada, você talvez seja merecedora de assistência municipal ou estadual. Um bom lugar para começar se você desconhece serviços em sua região é o departamento de serviço social no hospital em que os bebês nasceram. Se você acabou de ter múltiplos e encontra-se em crise financeira, esse não é o momento de ter orgulho para aceitar ajuda.

Algumas famílias podem até pensar em se mudar para uma região onde o custo de vida seja menor. Além disso, orçamento básico, corte de despesas e pesquisa de preços são essenciais. Feiras, lojas de roupas usadas e sebos são excelentes fontes de itens domésticos e roupas em perfeitas condições. Troque cupons, compre em grandes quantidades e informe-se sobre tornar-se associado de atacadistas, lojas onde é possível comprar alimentos e outros itens domésticos com desconto. Informe-se sempre sobre a existência de descontos para múltiplos ou gêmeos em lojas infantis ou de departamentos. Além disso, pediatras e escolinhas infantis às vezes oferecem descontos para múltiplos. Perguntar não ofende.

Entre em contato com organizações de nascimentos múltiplos para informações sobre a compra com descontos. Quase sempre elas têm feiras com descontos e itens de segunda mão, colocando anúncios classificados em seus boletins informativos. Esses são excelentes locais para você encontrar carrinhos usados e outros equipamentos.

Por fim, pondere cuidadosamente os custos e benefícios do emprego. As vantagens dos dois trabalharem podem desaparecer rapidamente quando os custos com os cuidados infantis para gêmeos, trigêmeos ou mais são computados.

Por exemplo: suponha que seu salário, após a dedução dos impostos, seja R$ 750,00 ao mês. Se uma escola infantil custa R$ 350,00 mensal por criança, então financeiramente você não ganha nada trabalhando. Na verdade, você perde, porque ainda precisa pagar o transporte, as refeições, e as roupas.

Nessa situação, faz mais sentido, financeiramente falando, permanecer em casa enquanto os gêmeos são tão pequeninos. Você pode reavaliar os custos após alguns anos, porque os cuidados com recém-nascidos são mais onerosos do que para crianças entre 12 e 36 meses de vida ou na pré-escola, e o valor pode diminuir com o passar do tempo.

Se, contudo, você recebe R$ 1.000,00 por mês, depois de deduzidos os impostos, e pode contratar profissionais para cuidar dos gêmeos em casa por R$ 600,00 ao mês, o que sobra não é muito, mas se justifica financeiramente, sobretudo quando considerarmos o valor do plano de saúde e outros benefícios recebidos no trabalho.

Claro que essa decisão não é estritamente econômica. Se os números dizem que você deve trabalhar, mas você teme deixar os bebês e constata que o trabalho vai deixá-la emocional e fisicamente exausta, os benefícios econômicos não compensarão em longo prazo. Ou, se a continuação no emprego significa que você terá que gastar seu salário nos cuidados infantis, talvez ainda valha a pena, se é isso que a deixará feliz. Pais geralmente me contam que retornam ao trabalho para descansar – cuidar de gêmeos em período integral pode ser tão exaustivo que o emprego se torna o único descanso disponível. Na medida do possível, tome a decisão que tornará você e sua família mais felizes.

PAIS E MÃES SOLTEIROS

Como mostramos neste livro, educar e cuidar de múltiplos não é tarefa para uma pessoa só. Casados ou não, pais precisam de toda ajuda possível. Mas, certamente, os desafios de manter todas essas bocas alimentadas, as nádegas limpas e os espíritos acalentados são ainda maiores quando o pai ou a mãe está sozinho.

Seja por opção, divórcio ou viuvez, muitos pais e mães solteiros estão educando e cuidando de múltiplos sozinhos. Alguns são adolescentes. Outros precisam enfrentar a situação sozinhos, se o trabalho ou o serviço militar mantém o par afastado por longos períodos.

Na Twin Services, perguntamos a várias mães solteiras como elas conseguiam alimentar, vestir, amar e apoiar sozinhas seus múltiplos.

Uma mulher com a qual conversamos tornou-se mãe solteira quando o marido, incapaz de aceitar a idéia da chegada de trigêmeos, a abandonou durante a gravidez. Outra mãe era solteira, com adolescentes em casa, quando engravidou. Elas descreveram muitas das mesmas preocupações vivenciadas por todos os pais de múltiplos – como fazer para que os bebês durmam a noite toda, encontrar tempo suficiente para ambos ou todos os bebês, e mantê-los em segurança quando começam a andar. Mas suas principais preocupações eram três:

✰ *Fadiga.* Este é um tema conhecido de todos os pais de múltiplos, sobretudo no primeiro ano. Mas, quando o pai ou a mãe não tem parceiros, o problema é consideravelmente mais grave. E com a fadiga vem a doença – uma calamidade em uma família com múltiplos com apenas o pai ou a mãe. O que acontece aos bebês quando a mamãe está gripada?

✰ *Desafios financeiros.* Os fatores mencionados anteriormente são ainda mais significativos para pais e mães solteiros. Quando um deles tem que ser tanto o prestador de cuidados quanto o arrimo da família, o desafio multiplica-se.

✰ *Isolamento.* Pais e mães solteiros têm grande dificuldade em manter contato com o mundo externo, sobretudo se estão em casa com os bebês. Sua vida social como solteiros também é um pouco restrita. E, quando solteiros não saem e não se interagem socialmente, é mais difícil conhecer outras pessoas, fazer amizades e iniciar relacionamentos românticos – e assim o isolamento pode ser auto-sustentável.

Além disso, o adulto solitário precisa lidar com todos os estresses emocionais de ser pai ou mãe, sem um parceiro em casa para dividir os problemas. Isso é ainda mais difícil nos primeiros anos, quando os bebês são pequeninos demais para serem verdadeiros companheiros.

Como essas mães lidaram com a situação? Elas reconheceram que a saúde e sobrevivência da família dependiam de como elas conseguiriam mobilizar um sistema de apoio e pedir (e aceitar) ajuda. Como dissemos neste livro, é praticamente impossível educar e cuidar de múltiplos sem ajuda externa, e duas ou três vezes pior para pais e mães solteiros.

Se você está cuidando de seus múltiplos sozinha, precisa fazer o possível para descansar o suficiente e evitar doenças. A privação do sono é um risco real para pais de múltiplos, sobretudo nos primeiros meses. É um risco especial para mães solteiras. Quando não conseguimos dormir o mínimo necessário, ficamos mais susceptíveis à doença, menos atentos e menos eficientes como pais. E nós ainda ficamos com o chamado pavio curto, desenvolvendo maior probabilidade de explodirmos com as crianças ou puni-las duramente.

Faça do sono e do repouso uma prioridade. Quando os bebês dormirem, durma também – não limpe a casa nem faça nenhuma outra tarefa "construtiva". Peça aos amigos e familiares para olharem os bebês enquanto você descansa. Doença rotineira é uma coisa – mães enfrentam bravamente resfriados e gripes desde que o mundo é mundo. Mas doença grave – mental ou física – é algo que você precisa evitar, se possível, ou procurar ajuda imediata se ela ocorrer. Os bebês precisam de você em casa, não no hospital.

Tente reduzir a sensação de isolamento convidando amigos e ajudantes para visitá-la ou olhar os bebês, para que você possa sair de vez em quando. Às vezes, o elemento-chave é alguma coisa tão simples quanto um carrinho para gêmeos, ou um carrinho mais um canguru, para que você possa sair de casa com os bebês.

Você pode pedir a uma amiga ou vizinha para que olhe as crianças enquanto você toma um banho relaxante. Você pode trocar massagens com uma amiga, ou arrumar os cabelos uma da outra para que você sinta que está retribuindo a ajuda. Convide outra mãe e crianças para um churrasco em sua casa ou apenas alugue um filme para assistirem juntos. Leve uma amiga quando for ao parquinho de diversões ou ao parque com as crianças.

Telefone e correio eletrônico também são recursos maravilhosos para combater o isolamento. Procure na Internet – ou em organizações indicadas por amigos, pelo seu obstetra ou pediatra, se não houver computador em casa – outros pais na mesma situação. Use a palavra "gêmeos" para fazer a busca na Internet.

Além do sistema de apoio, talvez seja necessário procurar organizações que ajudem os pais a manter suas atividades normais. Dependendo de onde você mora, isso pode incluir organizações comunitárias e não-governamentais, programas municipais ou organizações religiosas. Algumas dão apoio para crises financeiras, serviços de amamentação, orientação e apoio por telefone. A lista telefônica é um bom lugar para começar a procura. Mães adolescentes poderão encontrar ajuda adicional nos programas municipais para jovens.

ACIMA DE TUDO, APRENDA A SENTIR-SE À VONTADE PARA PEDIR AJUDA

Recentemente, conversei com uma mãe solteira, grávida de seis meses e meio de trigêmeos. Ela tem um filho de 8 anos de idade que está muito entusiasmado com os bebês. Os bebês estão se desenvolvendo bem, mas a preocupação dela é sobre como conseguirá sair e comprar todas as roupinhas e equipamentos necessários – e como pagará por 30 fraldas por dia, que calcula serem necessárias. Ela também se preocupa em como a família caberá no apartamento de apenas um quarto.

Quando lhe perguntei se já estava desenvolvendo um sistema de apoio, com amigos e familiares, ela disse: "Acho difícil pensar em pedir ajuda. Já sou independente. Essa é uma enorme mudança para mim."

Eu lhe disse que a maioria de nós reluta em solicitar ajuda, sobretudo quando somos independentes há muito tempo. Eu lhe implorei que começasse os preparativos imediatamente, antes de os bebês nascerem, para que os amigos ajudassem durante as primeiras semanas.

Essa mãe começou a aceitar a idéia quando sugeri que, se ela fosse amiga de alguém naquela situação, com certeza adoraria ajudar – principalmente se soubesse que tipo de ajuda era necessária.

Nossa conversa também a ajudou a perceber que pode pedir favores específicos, durante um curto período de tempo, ver o que funciona, e renegociar se necessário. Ela poderia, por exemplo, pedir à irmã que fosse para a casa dela às segundas e quartas-feiras, após o trabalho, levasse comida pronta e olhasse os bebês enquanto ela dormiria durante três ou quatro horas.

Ela resolveu entrar em contato com sua igreja para ver que tipo de ajuda voluntária era oferecida. Você também poderá contratar um adolescente na vizinhança para ajudá-la por algumas horas após a escola.

Lembro-me de receber um telefonema de uma mãe de trigêmeos, entre 12 e 36 meses de idade, no Canadá. O trabalho do marido como piloto de helicóptero afastava-o de casa durante dez dias todo mês, deixando-a sozinha para lidar com as crianças. O inverno era rigoroso e ela não podia sair com os filhos.

Todo dia essa mãe mal podia esperar pelo cochilo da tarde, quando os bebês e ela dormiam. No dia em que me telefonou, ela dormiu – mas os trigêmeos, não. Silenciosamente, eles removeram o papel de parede do quarto deles, tiraram as penas dos travesseiros e derramaram talco por toda parte.

Quando ela abriu a porta do quarto das crianças, o vento soprou as penas e o talco como uma tempestade de neve. Ao ver o caos, ela teve medo de perder a paciência. Fechou a porta e telefonou à Twin Services. Enquanto conversávamos, ela começou a relaxar, e logo previa o dia – provavelmente anos depois – em que se lembraria da cena e daria boas gargalhadas.

A maioria das crises que os pais de múltiplos enfrentam é como a dessa mulher – elas não colocam a vida em risco, e não envolvem danos graves às crianças. São apenas infinitamente frustrantes e exaustivas. Mas mesmo assim conseguimos sobreviver.

UM POUQUINHO DE VALIDAÇÃO TEM GRANDES EFEITOS

A Twin Services patrocinou um programa temporário para famílias com múltiplos em crise há anos. Muitas dessas famílias eram lideradas por pais ou mães solteiros, e fiquei impressionadíssima com sua capacidade de reunir coragem e força interior para dar um lar harmonioso aos filhos diante de tanta adversidade.

Os fundos temporários fornecidos pela Twin Services eram mínimos, mas os pais ampliaram o impacto de pequenas doações com energia e criatividade, usadas para aplicá-las e melhorar sua situação. Geralmente, um fundo temporário era de no máximo 200 dólares, alocados durante três meses para pagar a ajuda doméstica ou os cuidados infantis.

Nossos arquivos inundaram-se de cartas de pais e mães solteiros, cujos pequenos fundos temporários lhes permitiram lidar com os problemas. Embora o programa não esteja mais em vigor, suas lições ainda permanecem: pais e mães solteiros precisam de acesso imediato a recursos, mas também de validação – a sensação de que seus esforços são reconhecidos e apoiados.

Afinal de contas, pais e mães solteiros podem educar e cuidar de múltiplos com êxito. Em alguns casos, dizem que a vida familiar é mais satisfatória do que se tivessem que compartilhar os recursos emocionais limitados com outro adulto.

DIVÓRCIO

É evidente, a partir da discussão anterior, que educar gêmeos e cuidar deles é uma tarefa mais simples quando pai e mãe dedicados compõem a família. Porém, pais de múltiplos separam-se e divorciam-se, e isso apresenta não apenas dificuldades logísticas para os pais, mas também questões emocionais que precisam ser enfrentadas por todos, pais e filhos.

Embora na maioria das vezes a separação seja o resultado de questões que nada têm a ver com os gêmeos, a chegada – ou chegada prevista – de múltiplos pode transformar-se em uma incrível pressão para o casamento que já está passando por dificuldades.

Em diversas ocasiões, a notícia de que gêmeos estavam a caminho foi tão perturbadora que desfez famílias, sobretudo quando um dos futuros pais não queria filhos, ou mais filhos.

Às vezes, a separação é precipitada por violência familiar, ou por extremo estresse em conseqüência das dificuldades de cuidar de gêmeos prematuros. O choro interminável, o ciclo ininterrupto de cuidados, a privação do sono e a falta de tempo para que os adultos se dediquem um ao outro podem ser problemas insuperáveis para o casamento. A mesma situação às vezes ocorre quando os múltiplos têm incapacidades que exigem cuidados intensivos.

Ocasionalmente, a perda de um ou mais bebês leva o casal a vivenciar a angústia, e os dois não conseguem se comunicar ou se consolar.

Durante uma semana inesquecível, recebi telefonemas de dois pais cujas esposas sobrecarregadas os abandonaram com gêmeos na idade de 1 ano a 3 anos. Embora não pudéssemos fazer muito em relação à crise familiar imediata, conseguimos colocá-los em contato para apoio mútuo por telefone.

Em casos de divórcio ou separação:

☆ Converse com os filhos sobre o que está acontecendo, de acordo com a idade deles. Crianças muito pequenas não precisam saber os detalhes das dificuldades emocionais dos adultos, mas precisam saber que há um problema, que vocês estão tentando solucioná-lo e que continuarão a cuidar delas. Deixe bem claro para seus filhos que eles não tiveram nada a ver com o divórcio. Essa é a orientação padronizada em situações de divórcio porque as crianças podem se preocupar, achando que causaram a separação. Mas, em famílias com múltiplos, crianças com idade suficiente são capazes de entender que sua chegada trouxe estresse e pressões para a família. Elas correm o risco de se sentir responsáveis.

☆ Procure outros adultos para ajudarem a manter o apoio e a continuidade para seus filhos: avós, padrinhos, tias, tios, amigos, professores – qualquer um em quem as crianças confiam e com quem possam contar durante os momentos difíceis.

☆ Procure orientação familiar sensível à dinâmica dos gêmeos e capaz de ajudar as crianças a expressarem seus medos e recobrar a confiança de que nem todos os casais se separam. Os gêmeos percebem que o seu relacionamento é de um casal e que, de alguma maneira, assemelha-se ao seu e do seu parceiro. Eles talvez fiquem preocupados porque, se sua ligação termina, a deles também pode acabar. Neste livro, falamos sobre respeitar o relacionamento dos gêmeos e, por isso, é importante sermos sensíveis em nossas conversas e decisões sobre custódia e visitas.

A QUESTÃO DA CUSTÓDIA EM FAMÍLIAS COM MÚLTIPLOS

Quem fica com as crianças? Essa é uma questão essencial quando casamentos acabam, e é especialmente difícil quando os pais não chegam a um acordo sobre o que é melhor para os filhos. No passado, a custódia de gêmeos era às vezes dividida entre os pais sob a suposição de que os gêmeos podiam ser divididos como a prataria da família, mantendo todos felizes.

Mas, na maioria dos casos, é melhor para os gêmeos ficarem juntos, se possível. Felizmente, nossos registros indicam que essa é a prática mais usada.

Uma família que conheço passou por um divórcio doloroso quando as filhas monozigóticas tinham cerca de 8 anos de idade. Os pais analisaram o impacto sobre as meninas e encontraram uma solução para a custódia, em que cada um deles ficaria com uma filha durante três dias, e então negociaram.

No início, ambos, pai e mãe, comentavam como era bom passar aqueles momentos especiais a sós com cada uma das filhas. Mas, após algum tempo, o esquema tornou-se impraticável. A logística de trocar de casa a cada três dias era complicada para todos, mas sobretudo para as filhas. Elas quase nunca ficavam juntas, e começaram a sentir muita falta uma da outra. Aos poucos, a família aprimorou o esquema, até que as filhas iam juntas para a casa do pai ou da mãe e ali ficavam por períodos mais longos. Isso deu às crianças maior segurança, e os pais conseguiram ter um pouco de tempo a sós para se adaptarem à nova vida de solteiro.

O melhor caminho é conversar com as crianças (claro, de acordo com a idade delas) para confortá-las, e trabalhar juntos para o desenvolvimento de esquemas flexíveis de custódia adequados às necessidades delas e que possam ser alterados à medida que essas necessidades mudarem.

Quando os gêmeos ficam juntos em esquemas de custódia, eles têm a oportunidade de usar o próprio relacionamento como apoio. Esse relacionamento pode, na verdade, proporcionar um certo grau de proteção contra a dor do divórcio dos pais.

Lembro-me de um caso extremo de gêmeos "cuidando" um do outro quando a agitação do divórcio fez com que fossem abandonados completamente. De acordo com um artigo no *San Francisco Examiner,* gêmeos monozigóticos com 13 anos de idade foram deixados pelo pai, em San Bernardino, Califórnia, quando ele retornou ao México. Os pais divorciaram-se quando os meninos tinham 9 anos de idade, e a mãe retornou ao México na época.

Os garotos conseguiram ganhar dinheiro suficiente com empregos de meio período para manter o trailer onde moravam e concluir o ensino médio sem serem descobertos pelas autoridades. Eles conseguiram isso cuidando um do outro. Segundo os irmãos, os momentos mais difíceis eram as festas de fim de ano e outros grandes eventos como a formatura, quando não tiveram ninguém para os apoiar ou os elogiar.

"Às vezes, brigávamos", um dos garotos disse. "Como bons amigos. Sempre estamos prontos para ajudar um ao outro. Gostamos de nos ver obtendo êxito ao mesmo tempo."

A PERDA DO IRMÃO GÊMEO

Nada é mais doloroso do que a perda de um filho. Não importa se a perda ocorre no início da gravidez, no parto ou quando ele é mais velho, esse é talvez o golpe mais doloroso da vida. Na gestação múltipla, em que o nascimento prematuro é tão comum, existe um risco maior de perda de um ou mais bebês. A situação pode envolver aborto, redução seletiva de um feto ou mais, a perda de um feto durante a gestação e a sobrevivência dos outros, ou a perda de todos os bebês. Um ou mais bebês podem morrer no hospital, ou posteriormente pela síndrome da morte súbita infantil (SIDS).

Pais que vivenciaram a perda nessas situações não nos deixam esquecer que a dor de perder um filho é forte e extremamente individual – ninguém pode lhe dizer quanta dor você deve sentir, que deveria "ser grata por ter um bebê saudável", ou quanto tempo o processo de dor deve durar.

Gestações múltiplas inevitavelmente levam a situações em que a dor e a culpa se misturam mais do que em gestações simples. A gravidez simples pode ser interrompida por razões médicas ou acabar em aborto, mas a múltipla significa que os pais precisam decidir quantos embriões serão poupados. Um ou mais bebês talvez sejam saudáveis; outro pode sofrer incapacidade vitalícia.

A redução seletiva levanta questões complexas para os pais. Geralmente, ela é sugerida para salvar um ou mais embriões quando o número de múltiplos é elevado, trigêmeos ou mais. Quase sempre esse dilema complexo surge em conseqüência de tratamento de infertilidade, no qual bebês múltiplos são concebidos ou implantados após a fecundação *in vitro*.

Recentemente, recebi um telefonema de um futuro pai ansioso perguntando sobre os riscos relativos de saúde de gêmeos e trigêmeos. Descobri que ele e a mulher tinham perdido uma gestação antes, e conceberam novamente por meio de fecundação *in vitro*.

Três óvulos fertilizados foram implantados, e o pai contou-me que teve que brigar com o médico e com a esposa para manter em três o número de implantes. Ele está tentando aprender tudo que puder para tomar uma decisão consciente sobre a redução, caso seja recomendada. "Sei que é possível fazer maravilhas para bebezinhos atualmente, mas estou preocupado, pois se forem trigêmeos, acabaremos com três bebês doentes."

Às vezes, os pais mantêm em segredo do restante da família esse doloroso processo de tomada de decisão, e isso os isola emocionalmente, aumentando ainda mais as dificuldades. É realmente uma pena que a sofisticada tecnologia médica leve os pais a esse ponto, deixando-os às vezes sem saída, forçados a tomar essas decisões sem apoio emocional adequado.

A perda de gêmeos é também complicada pelo fato de que talvez haja um ou mais bebês sobreviventes em meio à dor – cuja existência merece ser comemorada. Não consigo imaginar uma situação mais emocionalmente complexa do que quando pais lamentam a perda de um ou mais bebês e, ao mesmo tempo, precisam cuidar e alegrar-se com os sobreviventes.

Aprendi muito sobre essa situação dolorosa com um casal que perdeu um dos gêmeos na hora do nascimento. O pai concentrou a dor da família para apoiar o bebê sobrevivente, dando-lhe carinho extra, e incentivando os filhos mais velhos a segurá-lo sempre, dizendo-lhes: "Ele sente falta do irmão gêmeo".

A mãe contou-me que usava as horas em que os filhos mais velhos estavam na escola para chorar a perda do bebê, enxugando as lágrimas ao ouvir o ônibus escolar trazendo-os para casa à tarde.

PERDA DE UM GÊMEO DURANTE A INFÂNCIA OU ADOLESCÊNCIA

Posteriormente, na infância, a perda de um gêmeo é dolorosa para toda a família. Para o irmão sobrevivente, contudo, há a perda adicional de um parceiro especial. O sobrevivente pode ter ressentimentos não resolvidos sobre o falecido, e a respectiva culpa. E, juntamente com a dor, vêm as lembranças dos tempos bons e ruins.

Recentemente, contaram-me sobre gêmeas que, aos 12 anos de idade, estavam atravessando a rua de mãos dadas quando uma foi morta por um carro. Hoje, dois anos depois, a família e a sobrevivente ainda precisam de orientação profissional e apoio para a situação devastadora.

Embora seja difícil encontrar orientadores sensíveis, recomendo fazer o que for necessário para ajudar toda a família. Aprendemos muito nos últimos 20 anos sobre a natureza do processo da dor. Você e os filhos sobreviventes poderão se beneficiar bastante ao aprenderem sobre o processo e as maneiras pelas quais outras famílias continuam a lembrar e a comemorar a vida do filho perdido.

Na biografia *Angela's Ashes*, Frank McCourt descreve a morte de seus irmãos gêmeos aos 3 anos de idade. O primeiro, Oliver, morreu de fome, e o irmão gêmeo, Eugene, morreu seis meses depois, após esperar em vão, olhando pela janela, pela volta de Oliver. Embora o sofrimento dessa família fosse incomum por sua extrema pobreza, essa história ilustra a forte ligação vivenciada pelos gêmeos – que precisa ser enfrentada quando há uma perda.

A maioria dos gêmeos que perde o irmão sobrevive, é claro, mas eles vivenciam grande pesar e correm o risco de dor emocional por toda vida se suas necessidades não forem atendidas.

Um estudo de gêmeos sobreviventes constatou que a intensidade da dor pela perda do irmão era maior em monozigóticos do que em dizigóticos, e maior do que para a perda da mãe, pai ou qualquer outro parente próximo.

O desafio para os pais é dobrado: lidar com a própria dor e, ao mesmo tempo, ajudar o bebê ou a criança sobrevivente. É particularmente doloroso quando, no caso de gêmeos monozigóticos, o filho perdido é para sempre lembrado no rosto do que ficou.

Durante tudo isso, pais precisam enfrentar as condolências bem-intencionadas, mas inadequadas. Até mesmo os funcionários do hospital podem desconsiderar a perda do filho e a necessidade dos pais de falar sobre o assunto.

LIDAR COM A DOR

Jean Kollantai, fundadora e diretora do Center for Loss in Multiple Birth (CLIMB), encontrou uma maneira de dar conforto aos pais ao ligar famílias com perdas similares. O boletim informativo do CLIMB proporciona aos pais a oportunidade de contarem suas histórias e homenagearem os filhos perdidos.

Ela disse: "O objetivo é curar-se de uma perda difícil e lidar com isso. O seu bebê morreu. Encontre o significado que isso tem para você. Procure apoio em diversos lugares. Talvez repentinamente os bons amigos não sejam mais bons amigos – eles simplesmente não entendem o que você está vivenciado. Procure pessoas e um lugar onde possa falar sobre isso e vivenciar essa situação e o que ela significa para você. Com o tempo, você conseguirá superar a perda e será capaz de olhar o filho sobrevivente sem impor seus sentimentos sobre ele."

Ao enfrentar a própria dor, considere essas sugestões:

☆ Admita que sente pesar e vivencie a dor pelo tempo que for necessário.

☆ Se a morte ocorre quando os bebês são recém-nascidos, dê nome a eles. Faça o possível para ver e segurar os bebês após a morte. Peça (exija, se necessário) todas as informações médicas sobre a morte.

☆ Informe-se sobre o processo da dor. Tente entender que as pessoas não lamentam a perda da mesma maneira, nem no mesmo ritmo. Para muitos, um período de afastamento e contemplação é necessário; para outros, conversar é a atividade mais reconfortante. Para alguns, retornar à rotina familiar e vida cotidiana é a melhor maneira de lidar com o problema; para outros, o retorno à normalidade é impossível por algum tempo.

☆ Reconheça e aceite que você e seu parceiro talvez não lidem com a dor da mesma maneira. Às vezes, um acha que o outro não entende, ou sente-se injustamente criticado quando vivencia a dor à sua maneira. É importante não permitir que essas diferenças separem o casal.

☆ Resista às pressões de amigos e familiares bem-intencionados que imploram para que você retome a sua vida normalmente antes que você já se sinta capaz. Além disso, entenda que talvez eles não saibam o que dizer, e não dizem nada. Isso a pode deixar em uma ilha de silêncio sobre o bebê e sua perda. Todos se beneficiam quando você entender que essa reação se origina da preocupação deles com a sua dor, e a maioria reage carinhosamente se você lhes disser do que precisa em termos de apoio.

AJUDANDO O SOBREVIVENTE

Se seu filho sobrevivente é um bebê ou uma criança maior, ele sofrerá com a perda. Na sua dor, você terá que aliviar a dor de outro o máximo que puder.

☆ Se seu filho perdeu o irmão gêmeo quando bebê, a necessidade que ele tem de proximidade física e conforto será ainda maior do que para outros bebês, porque ele perdeu a presença física do gêmeo. À medida que ele cresce, deixe-o saber sua história. A maioria das crianças aprecia esse conhecimento.

☆ Em qualquer idade, deixe bem claro que, apesar de sua tristeza, você ainda considera maravilhoso o filho sobrevivente como ele é – não como parte de um conjunto "desfeito".

☆ Se a perda ocorre quando as crianças são maiores, é importante ajudar o sobrevivente a lembrar-se do outro. Mantenha fotos e pertences do filho perdido, e converse sobre suas lembranças.

☆ Resista à tentação de superproteger o sobrevivente. A morte infantil não é mais provável em gêmeos do que nas outras crianças. A exceção é a síndrome da morte súbita infantil (SIDS), que pode ser um fator de risco para a criança cujo gêmeo sucumbiu à síndrome (já analisamos as precauções no Capítulo 6). É comum para os pais superprotegerem o sobrevivente, temendo perder o filho de vista. Ou, às vezes, o pai ou a mãe rejeita-o porque é uma lembrança vívida demais da dor.

☆ Saiba que o sentimento de superproteção é normal e desaparece com o tempo. À medida que os filhos sobreviventes crescem, a ansiedade diminui.

☆ Prepare-se, e também seus filhos, para perguntas sobre o filho perdido. Há muitas crianças que, sob todas as circunstâncias, são gêmeos ou trigêmeos, mas na verdade são os sobreviventes de nascimentos trigêmeos, quadrigêmeos ou quíntuplos. São constantemente lembrados disso quando lhe perguntam: "Vocês são gêmeos?" É vantajoso para eles que estejam preparados e saibam como desejam responder a essas perguntas. É improvável que eles, ou qualquer pessoa, se sintam à vontade revelando os detalhes mais dolorosos em encontros casuais. Mas talvez queiram falar aos amigos íntimos sobre os irmãos falecidos.

☆ Tente não impor o seu processo doloroso ao filho sobrevivente. Equilibre seus sentimentos com as necessidades dele. As crianças gostam de saber sobre o múltiplo perdido, mas não devem sentir a responsabilidade de cultuar a memória dele.

OLHANDO PARA O FUTURO EM DIREÇÃO À SUPERAÇÃO DA DOR

A dor de perder um filho nunca desaparece completamente, mas o processo de vivenciar essa dor – se permitirmos que siga seu curso natural – a transforma em algo diferente. Aos poucos, a dor aguda amortece. A angústia evolui para lembranças dolorosas que passam a fazer parte do tecido de alegrias e tristezas da vida.

Segundo Kollantai: "Quando o filho sobrevivente comemora o terceiro ou quarto aniversário, você fica triste, mas já se acostumou e sabe como lidar com o sentimento. Não é que tenha acabado. Você sabe que seus sentimentos são normais e faz o melhor que pode. Você se adapta ao complicado processo da dor."

Pais relatam que existem maneiras de lembrar a perda com ternura, e maneiras que também permitem aos sobreviventes continuar vivendo.

Uma mãe, ao escrever em um boletim informativo sobre nascimentos múltiplos, conta como a família lembrava-se da filha gêmea vítima de SIDS. "No terceiro aniversário, um amigo comprou um livro em francês sobre duas garotinhas e depois o doou à biblioteca local em memória de minha filha. Foi um presente lindo, e eu fiz o mesmo para outro amigo. Minha irmã mais velha... faz uma doação todo ano para a SIDS Foundation e me telefona. Provavelmente, são essas coisas que mais me comovem. Pessoas que nunca conheceram minha filha e me mostram que se lembram dela, além de ajudarem a manter viva sua memória."

Outra mãe comenta: "Fico feliz em saber que faz cinco anos, pois lembro-me da dor do primeiro ano, tentando ter outro bebê. Mas também sinto-me triste porque fico imaginando como minha vida teria sido. Sou atarefada. Tenho um filho muito ativo em idade pré-escolar, e estou esperando outro bebê para o primeiro dia do ano, mas fico imaginando como teria sido o desafio de educar trigêmeos e cuidar deles."

GÊMEOS COM NECESSIDADES ESPECIAIS

O risco de incapacidade é, como dissemos, significativamente maior – na verdade, duas vezes maior – para múltiplos. Em parte, esse risco é conseqüência da freqüência de prematuridade, mas às vezes também dos estresses de compartilhar o ambiente pré-natal.

Mais uma vez, a dor sofrida pelos pais quando o filho apresenta necessidades especiais é complicada pelo relacionamento entre os gêmeos: todos ou ambos os bebês podem ter a mesma incapacidade, diversos graus da mesma incapacidade ou incapacidades distintas. Ou um gêmeo pode ser saudável e o outro, não.

Qualquer que seja a situação, os pais têm o desafio de lidar com sua tristeza e culpa, ao mesmo tempo em que fazem o melhor pelos filhos, cujas necessidades podem ser bem diversas.

Embora muitas incapacidades sejam evidentes no nascimento, algumas surgem apenas mais tarde, na infância. Sempre que o diagnóstico ocorrer, saber que um dos bebês talvez tenha dificuldades para o resto da vida é devastador.

Há muitas informações existentes sobre incapacidades específicas e os desafios de educar seus portadores e cuidar deles. Os pais precisam encontrar recursos e fontes de apoio, e fazer planos em longo prazo para os filhos. Uma boa fonte de informações e orientação é alguma organização ou hospital para a incapacidade específica de seu filho, os quais podem direcioná-los às informações e a outros pais em circunstâncias semelhantes.

Aqui estão alguns pontos a serem considerados:

☆ Pais de bebês incapacitados podem sofrer com o isolamento se evitarem aceitar a situação ou se outras pessoas os evitarem.

☆ O diagnóstico dos problemas pode ocorrer no nascimento dos bebês ou posteriormente, com seu desenvolvimento. É importante para os pais seguirem quaisquer intuições de que alguma coisa não está certa, questionando o pediatra.

☆ Novamente, a superproteção é uma reação natural que os pais precisam perceber e limitar.

☆ Mesmo quando o bebê sobrevive, os pais precisam vivenciar a dor da perda do filho "perfeito".

☆ A criança com necessidades especiais precisa de informações sobre sua incapacidade e de incentivo para desfrutar suas habilidades.

AJUDANDO O GÊMEO SAUDÁVEL

Lembro-me de ouvir uma mãe de gêmeos com 3 anos de idade, uma garota saudável e um garoto com incapacidades graves. Seu problema foi diagnosticado aos 5 meses de vida, e, por dois anos, o garoto sofreu diversas hospitalizações, causando perturbação na irmã saudável. Ela chorava mais e tinha acessos de mau humor durante os períodos de hospitalização do irmão.

A avó das crianças comentou como a separação era difícil para a garotinha. A partir dessa observação, os pais começaram a dar mais atenção às necessidades dela. "Ao primeiro sinal de aborrecimento, conversávamos sobre os pertences do irmão, brinquedos, cama; dizíamos que o amávamos e que logo o traríamos para casa. Cada palavra a acalmava."

O gêmeo saudável precisa de garantia contínua que evolui à medida que ele amadurece. Ele precisa saber que não é responsável pelos problemas do irmão, que a incapacidade não é "contagiosa", e que a família continuará a cuidar dos dois, aconteça o que acontecer.

Aqui estão algumas sugestões da assistente social Rachel Biale:

☆ Reconheça a natureza cíclica do ajuste que sua família precisa fazer sempre que o filho sadio atingir nova fase de maturidade física – como caminhar, por exemplo.

☆ Ajude seu filho com necessidades especiais a entender a natureza da incapacidade. Ajude-o a vivenciar a dor e a enfrentar suas limitações.

☆ Encontre o equilíbrio entre incentivar seu filho a dar o máximo de si, por um lado, e reconhecer suas limitações por outro. Se as limitações forem minimizadas ou ignoradas, as duas crianças poderão considerar a incapacidade como algum tipo de punição.

☆ Estimule seu filho saudável a ser compassivo e bondoso, mas lembrando-o sempre de que bondade não significa que ele deva reduzir as expectativas em relação às próprias conquistas para a capacidade do irmão com necessidades especiais.

☆ Reconheça o potencial de apoio mútuo quando ambos apresentarem necessidades especiais.

Um psicoterapeuta explica que em famílias com um gêmeo saudável e o outro com necessidades especiais, às vezes o gêmeo saudável tem menos contato com a mãe e, conseqüentemente, aproxima-se mais do irmão. Nesses casos, a mãe pode reforçar a situação, esperando que o filho saudável cuide do outro. Esse terapeuta recomenda que os pais que têm um filho com necessidades especiais expressem a dor pelo filho perfeito que essa criança poderia ter sido, e trabalhem para reduzir a pressão sobre a criança saudável para que ela seja responsável pelo outro.

Na maioria das vezes, mesmo nas circunstâncias mais difíceis, as famílias enfrentam a adversidade de uma forma que permite aos filhos prosperarem e se desenvolverem. Lembro-me de visitar uma família em que um dos garotos monozigóticos era saudável, e o outro, portador de grave incapacidade. Sentei-me na sala de estar com as crianças de 3 anos de idade e a mãe, enquanto os dois meninos brincavam felizes. O garoto saudável empurrava o caminhãozinho sobre o irmão, que acabara de sair do hospital após uma cirurgia, mas, embora a mãe estivesse atenta, não demonstrava tristeza nem superproteção. Ela estava à vontade com os dois filhos, com necessidades especiais ou não.

E, enquanto os garotos rolavam alegremente no chão como ursinhos, eles também pareciam estar à vontade consigo mesmos e um com o outro.

CAPÍTULO 16

UMA HOMENAGEM À EXISTÊNCIA DE GÊMEOS

Da concepção em diante, o cuidado com os gêmeos e múltiplos de ordem superior desafia nossos recursos materiais e espirituais e exige uma reação criativa às suas necessidades excepcionais. Espero que este livro ajude você a lidar bem com os estresses e as alegrias que surgem quando temos gêmeos.

O objetivo deste livro é fazer com que as informações contidas nele sirvam como um guia, não como uma diretriz. Você e sua família não vivem a vida como estatística, mas como pessoas reais. Espero que todos tenham aprendido alguma coisa que possam aplicar à sua realidade e aos seus filhos. Essa é a arte de educar gêmeos e cuidar deles.

Se vocês são pais de primeira viagem, aprendendo o básico sobre a UTI Neonatal e cuidando dos recém-nascidos prematuros, pais ou mães solteiros buscando recursos, observadores intrigados com o faz-de-conta de seus filhos com 6 anos de idade, ou juízes de crianças briguentas, com 13 anos de idade, então todos fazem parte de um grupo corajoso. Nós, pais de múltiplos, recebemos muitas bênçãos. Além disso, precisamos abrir caminho por um território desconhecido durante a gestação, infância e adolescência.

É complicado submeter-se ao tratamento de infertilidade na esperança de conceber um bebê saudável e, em vez disso, acabar com os braços repletos de bebês prematuros; ter uma gestação a termo e dar à luz múltiplos saudáveis sob os cuidados de um sistema médico que parece favorecer a intervenção técnica e o tratamento emergencial, e não a prevenção; amamentar múltiplos mesmo quando enfermeiras e médicos recomendam o contrário; abrigar e alimentar tantos sem perder a sanidade e o emprego; dar a cada um dos filhos o que ele necessita, no momento exato; apoiar o relacionamento dos gêmeos segundo sua faixa etária; ou combinar a colocação das crianças na sala de aula com suas necessidades individuais.

Mas isso pode ser feito. E *está* sendo feito pelas 52 mil famílias que dão à luz múltiplos, anualmente, nos Estados Unidos. Às vezes, tudo é feito com dificuldade, mas quase sempre com humor e alegria, e a esperança de que a vida dos gêmeos será para sempre enriquecida por sua amizade especial.

Segundo a mãe de dois casais de gêmeos: "Eles não são apenas gêmeos – são mais do que isso. Eles têm incríveis almas individuais e podem fazer tudo o que desejam."

E a mãe de um casal de gêmeos, uma menina e um menino, de 6 anos de idade, disse: "Quero muito que eles mantenham alguma parte de seu relacionamento, não para impedir que vivam sua vida, mas eles têm um vínculo, algo muito especial. O que espero é que os dois possam manter esse vínculo a vida toda."

E o pai de gêmeos com 16 anos de idade acrescentou: "No fundo, espero que eles escolham a mesma faculdade".

Minha esperança é que, algum dia, pais de gêmeos tenham tantas informações quanto todos os outros pais sobre como nutrir o desenvolvimento psicológico e físico saudável dos filhos. Prevejo que algum dia a população formada por não múltiplos e por aqueles que se denominam "pesquisadores de gêmeos" entendam quanto temos que aprender sobre nós mesmos a partir da vida dos gêmeos. Os gêmeos vivenciam uma dualidade que o restante de nós desconhece; seu relacionamento é uma dança, da qual eles são parceiros do berço ao túmulo. A maioria de nós entra na dança do relacionamento e intimidade após duas ou mais décadas de vida solitária. Será que não podemos nos beneficiar com a experiência dos gêmeos, cujo nascimento os coloca em um relacionamento de casal desde o início?

Espero que você também faça o possível para aprimorar o entendimento e a percepção das questões que afetam os múltiplos e as suas famílias. Espero que você promova recursos comunitários e oportunidades para eles. Muitos pais oferecem, como voluntários, tempo e recursos para grupos e organizações de apoio para pais, escrevem boletins, ou coletam roupas e equipamentos para feiras e bazares de caridade.

Eu o convido a participar do Council of Multiple Birth Organizations, do qual sou ex-presidente. Trata-se de um comitê da International Society for Twin Studies, que promove a saúde e bem-estar de múltiplos em todo o mundo. Em 1995, nós publicamos uma Declaração de Direitos e de Necessidades de Gêmeos e Múltiplos de Ordem Superior, que foi ratificada por cientistas e organizações de nascimentos múltiplos em cinco continentes (Veja Apêndice para o texto da Declaração e recursos específicos para nascimentos múltiplos).

Acima de tudo, à medida que você enfrenta seus dias e noites atarefados como pai ou mãe de gêmeos, espero que se lembre de curtir seus filhos e as bênçãos que representam um para o outro e para você.

Conversei com uma mãe cujas palavras resumem tudo para mim. Mãe de gêmeos com 18 anos de idade, ela se baseia em sua origem chinesa enquanto analisa o relacionamento entre o filho e a filha:

"Espero que eles vivenciem a enorme criatividade e o prazer que vêm com o conhecimento de como o outro gênero funciona – afinal de contas, eles vivem um com o outro. E outras pessoas precisam trabalhar muito para superar as diferenças entre os sexos nesta sociedade. Os chineses possuem esse símbolo do bem que incorpora o feminino e o masculino, e nossa família sempre viu a condição dos gêmeos sob essa perspectiva – como boa sorte."

DECLARAÇÃO DE DIREITOS E DE NECESSIDADES DE GÊMEOS E MÚLTIPLOS DE ORDEM SUPERIOR

Introdução: O objetivo do Council of Multiple Birth Organizations (COMBO) da International Society for Twin Studies é promover a conscientização das necessidades especiais de bebês, crianças e adultos múltiplos. Os participantes multinacionais do COMBO desenvolveram esta Declaração de Direitos e de Necessidades de Gêmeos e Múltiplos de Ordem Superior como padrões de avaliação e estímulo do desenvolvimento de recursos para atender às suas necessidades especiais.

DECLARAÇÃO DE DIREITOS

CONSIDERANDO que mitos e superstições sobre as origens de múltiplos tenham resultado na expulsão culturalmente sancionada e/ou no infanticídio de múltiplos em alguns países:

I. Múltiplos e suas famílias têm o direito à proteção total, legal, e isenção de discriminação de qualquer tipo.

CONSIDERANDO que a concepção e o cuidado de múltiplos aumentem os riscos psicossociais e de saúde de suas famílias, e, embora se saiba que fatores genéticos, drogas de fertilidade e técnicas de fecundação in vitro promovem gestações múltiplas:

II. Casais planejando uma família e/ou procurando tratamento de infertilidade têm o direito às informações e aos esclarecimentos sobre os fatores que influenciam a concepção de múltiplos, os riscos e tratamentos

associados à gestação e fatos referentes à educação e aos cuidados de múltiplos.

CONSIDERANDO que a zigosidade de múltiplos de mesmo sexo não possa ser exatamente determinada por sua aparência; e considerando 1) a hereditariedade de gêmeos dizigóticos (dois óvulos) aumente o índice de concepção de múltiplos; 2) a hereditariedade e a biologia similares de múltiplos monozigóticos (um óvulo) afetem profundamente similaridades em seu desenvolvimento; 3) múltiplos monozigóticos sejam os doadores preferidos de órgãos e de sangue para seus irmãos; e 4) a disponibilidade da placenta e condições ideais para determinação da zigosidade estejam presentes no nascimento:

III. a) Pais têm o direito de esperar o registro exato da placenta e o diagnóstico da zigosidade de múltiplos de mesmo sexo no nascimento.

b) Múltiplos de mesmo sexo, mais velhos, com zigosidade indefinida têm o direito ao teste para defini-la.

CONSIDERANDO que durante a Segunda Guerra Mundial gêmeos tenham sido prisioneiros nos campos de concentração nazistas e submetidos, à força, a experimentos que causaram doenças ou sua morte:

IV. Qualquer pesquisa incorporando múltiplos precisa ser subordinada ao consentimento consciente dos múltiplos e/ou seus pais e precisa obedecer aos códigos internacionais de ética que governam experimentos com seres humanos.

CONSIDERANDO que a documentação inadequada, a ignorância e os conceitos errôneos relacionados aos múltiplos e seu nascimento aumentem o risco de erro no diagnóstico e/ou tratamento adequado de múltiplos:

V. a) Nascimentos múltiplos e óbitos precisam ser minuciosamente registrados.

b) **Pais e múltiplos têm o direito aos cuidados proporcionados por profissionais competentes referentes ao controle da gestação múltipla e/ou necessidades especiais vitalícias de múltiplos.**

CONSIDERANDO que o vínculo entre múltiplos seja um aspecto vital de seu desenvolvimento normal:

VI. Múltiplos têm o direito de ficarem juntos em um orfanato, famílias adotivas e acordos de custódia.

DECLARAÇÃO DE NECESSIDADES

Resumo: Gêmeos e múltiplos de ordem superior têm excepcionais: concepção, gestação, processos de nascimento, riscos de saúde, impactos sobre o sistema familiar, ambiente de desenvolvimento e individualidade. Portanto, para assegurar seu ótimo desenvolvimento, múltiplos e suas famílias precisam ter acesso aos serviços de saúde, serviços sociais e educação que respeitem e levem em consideração suas diferenças em relação às outras crianças.

CONSIDERANDO que o nascimento de gêmeos e múltiplos de ordem superior apresente alto risco de baixo peso dos bebês (menos que 2.500 gramas), e baixíssimo peso (menos que 1.500 gramas), incapacidade e morte infantil:

I. Mulheres esperando múltiplos necessitam de:

a) **educação referente à prevenção e sintomas do parto prematuro; e**

b) **recursos e cuidados pré-natais para evitar o nascimento prematuro de múltiplos, incluindo:**

1. **diagnóstico de uma gestação múltipla, de preferência até o quinto mês, que é informado adequadamente, respeitando a privacidade dos pais;**
2. **orientação nutricional e recursos dietéticos para assegurar o ganho de peso de 18–27 kg;**

3. cuidados obstétricos que seguem protocolos de melhor prática para nascimentos múltiplos;

e quando a saúde da mãe ou circunstâncias familiares justificarem:

4. licença-maternidade mais longa;

5. apoio para o repouso absoluto; e

6. cuidados infantis para os irmãos.

CONSIDERANDO que a amamentação proporcione a nutrição ideal para múltiplos prematuros e a termo; e considerando que o processo de amamentação e/ou alimentação por mamadeira de múltiplos seja complexo e exigente:

II. Famílias esperando e cuidando de múltiplos precisam de:

a) instruções sobre os benefícios nutricionais, psicológicos e financeiros da amamentação para prematuros e bebês a termo;

b) incentivo e orientação em técnicas de amamentação;

c) instruções e prática orientada na amamentação simultânea com mamadeira para múltiplos; e

d) recursos adequados, sistemas de apoio e licença familiar de trabalho para facilitar a amamentação e/ou processo de nutrição por mamadeira.

CONSIDERANDO que 60% dos múltiplos nasçam antes de 37 semanas de gestação e/ou com baixo peso, e apresentem alto índice de hospitalização que coloca em risco o processo de amamentação e formação de vínculo; e, considerando que múltiplos recém-nascidos sintam conforto juntos na posição fetal:

III. Famílias com múltiplos clinicamente frágeis precisam de assistência e instruções especializadas para promover e incentivar a criação do vínculo e da amamentação. A hospitalização de múltiplos fisicamente frágeis e proto-

colos hospitalares devem facilitar o acesso da família, incluindo o acesso dos múltiplos entre si.

CONSIDERANDO que bebês múltiplos sofram índices elevados de mortalidade infantil e defeitos congênitos:

IV. Famílias vivenciando a incapacidade e/ou morte de múltiplos precisam de:

a) tratamento e orientação de profissionais sensíveis à dinâmica da dor associada à incapacidade e/ou morte em múltiplos; e

b) políticas que facilitem a vivência adequada da dor de um ou mais múltiplos falecidos.

CONSIDERANDO que os cuidados inadequados de múltiplos recém-nascidos ou não aumentem o risco, em suas famílias, de doença, abuso de substâncias, abuso infantil, abuso conjugal e divórcio:

V. Famílias cuidando de múltiplos precisam de acesso imediato a recursos e serviços adequados para:

a) garantir acesso às quantidades necessárias de equipamentos e roupas infantis;

b) permitir o repouso adequado dos pais;

c) facilitar a nutrição saudável;

d) facilitar o cuidado dos irmãos;

e) facilitar a segurança infantil;

f) facilitar o transporte; e

g) facilitar os cuidados pediátricos.

CONSIDERANDO que famílias com múltiplos tenham o desafio excepcional de promover o processo saudável da individualidade de cada um e de incentivar e apoiar o relacionamento saudável entre eles; e, embora as circunstâncias do nascimento múltiplo influenciem os padrões de desenvolvimento:

VI. Famílias vivenciando e cuidando de múltiplos precisam de:

a) acesso a informações e orientação em práticas ideais para cuidar dos filhos e educá-los, referentes aos aspectos excepcionais do desenvolvimento de múltiplos, incluindo os processos de: socialização, individualidade e aquisição da linguagem; e

b) acesso ao teste, avaliação e educação apropriados para múltiplos com atrasos de desenvolvimento e/ou problemas comportamentais.

CONSIDERANDO que gêmeos e múltiplos de ordem superior sejam assuntos de mitos e lendas e exploração da mídia, que os apresenta como estereótipos despersonalizados:

VII. É necessário o esclarecimento do público, com ênfase no treinamento de provedores profissionais de serviços familiares e de saúde, e educadores, para desfazer os mitos e disseminar os fatos do nascimento múltiplo e os processos de desenvolvimento em gêmeos e múltiplos de ordem superior.

CONSIDERANDO que gêmeos e múltiplos de ordem superior sofram discriminação em conseqüência da ignorância pública sobre sua formação biológica e políticas inflexíveis que não conseguem atender às suas necessidades especiais:

VIII. Gêmeos e múltiplos de ordem superior precisam de:

a) informações e instruções sobre a biologia da formação de gêmeos;

b) serviços de saúde, educação, orientação e políticas públicas flexíveis que levem em consideração suas normas excepcionais de desenvolvimento, individualidade e relacionamento. Por exemplo, ao permitir e/ou apoiar:

1. o tratamento de múltiplos fisicamente frágeis no mesmo hospital;

2. colocação neonatal conjunta de múltiplos em isoletes e berços para ampliar os benefícios da posição fetal em conjunto;

3. avaliação educacional, médica e de desenvolvimento e tratamentos que respeitem o relacionamento entre múltiplos;

4. a revisão anual da colocação em sala de aula dos múltiplos, facilitando sua mudança de acordo com as necessidades específicas de cada um;

5. a participação simultânea de múltiplos em equipes esportivas e outras atividades em grupo;

6. orientação especializada para múltiplos diante da morte de um dos irmãos; e

7. serviços de orientação referentes às necessidades especiais de múltiplos adultos.

CONSIDERANDO que a participação de bebês, crianças e adultos múltiplos como sujeitos de pesquisas tenha resultado em contribuições importantes para o entendimento científico da hereditariedade de doenças, variáveis da personalidade e influência relativa de natureza e nutrição sobre o desenvolvimento humano; e, considerando que saibamos relativamente pouco sobre o controle ideal de gestações múltiplas e padrões excepcionais de desenvolvimento de múltiplos:

IX. É preciso incentivar cientistas para investigarem:

a) o controle ideal de gestações múltiplas;

b) normas para os processos de desenvolvimento que são influenciados pelo nascimento múltiplo, como: individualidade, socialização e aquisição da linguagem; e

c) **padrões para o desenvolvimento psicológico saudável, e intervenções terapêuticas relevantes para múltiplos de todas as idades e diante da morte de um dos múltiplos.**

Adotada pelo Council of Multiple Birth Organizations e endossada pelo Board of Directors of the International Society for Twin Studies no Eighth International Twin Congress, em Richmond, Virgínia, maio 1995.

Patricia Malmstrom, presidente
Council of Multiple
Birth Organizations

Lindon Eaves, presidente
International Society
for Twin Studies

BIBLIOGRAFIA

ADLER, T. *Seeing Double¿* APA Monito. 1991.

AINSLIE, R. *The Psychology of Twinship*. Northvale, New Jersey: Jason Aronson Inc., 1997.

AMAU, Y., TAKUMA, T., SATO, T. *A study on human relations among adolescent twins*. Trabalho apresentado durante o 7th International Congress on Twin Studies, Tóquio, Japão, 1992.

AMES, L. B. *Your ten-to-fourteen-year-old*. Nova York: Dell, 1998.

ARABIN, B., GEMBRUCH, U., VAN EYCK, J. *Intrauterine behavior*. Multiple Pregnancy. Pearl River, Nova York: Parthenon Publishing Group, 1995.

AZAR, B. *Nature, nurture:* Not mutually excl*usive*. APA Monitor, 1997.

BAKKER, P. *Autonomous language of twins*. Acta. Genet. Med. Gemellol, 1987.

BIALE, R. *Twins have unique developmental aspects*. The Brown University Child Behavior and Development Letter, 1989.

_______. *Counseling families of disabled twins*. Social Work 34, 1989.

_______. *When teachers recommend holding one twin back in school*. The Twin Services Reporter 3, verão, 1988.

BOKLAGE, C. E. *The embryology of human* twinning: "It is well known that..." Acta Genet. Med. Gemellol 38, 1989.

_______.*The frequency and survival probability of natural twin conceptions*. Multiple Pregnancy. Pearl River, Nova York: Parthenon Publishing Group, Inc., 1995.

BOURCHARD JR, T.J. et al. *Sources of human psychological difference:* The Minnesota study of twins reared apart. Science 250, 1990.

BOMSEL-HELMREICH, O., ALMUFTI, W. *The mechanism of monozygosity and double ovulation. Multiple Pregnancy*. Pearl River, Nova York: Parthenon Publishing Group, 1995.

BRYAN, E. *Individuality in twins – a painful quest¿* Multiple Births Foundation Newsletter 34, primavera, 1997.

_______. *Twins in the family. Londres: Constable*, 1983.

BROWN, J. E., SCHLOESSER, P. T. *Prepregnancy weight status, prenatal weight gain, and the outcome of term twin gestations*. Am. J. Obstet. Gyneco, 1990.

BROTHERTON, J. *Five years "down the road"*. Our newsletter: A Multiple Birth Loss Support Network XI, 1997.

BULFINCH, T. *Bulfinch's Mythology*. Nova York: Thomas Y. Crowell Company, 1947.

CALIFORNIA REPORTS REDUCTION IN SIDS DEATHS. Horizons: A semi-annual publication for the California SIDS Community 2, 2.outono/inverno, 1997.

CAPLAN, F., CAPLAN, T. *The second twelve months of life*. Nova York: Grosset & Dunlap, 1977.

CASSILL, K. *Twins:* Nature's amazing mystery. Nova York: Atheneum, 1982.

DAVIS, D. *Empty cradle, broken heart*. Citado em panfleto distribuído pelo Center for Loss In Multiple Birth (CLIMB), Palmer, AK, 1996.

DIMPERIO, D. L. *Nutritional management of multiple pregnancy*. The Perinatal Nutrition Report 1, 1994.

DRAPER, E. D., BARON, V. (eds.). *Twins*. *Parabola*, The Magazine of Myth and Tradition, 1994.

DUBOIS, S., et al. *Twin pregnancy:* the impact of the Higgins Nutrition Intervention Program on maternal and neonatal outcomes. Am. J. Clin. Nutr., 1991.

FABER, A., MAZLISH, E. *Siblings without rivalry*. Nova York: Avon Books, 1987.

FALKNER, F., MATHENY, A. *The long-term development of twins: Anthropometric factors and cognition*. Multiple Pregnancy, Pearl River, Nova York: Parthenon Publishing Group, Inc., 1995.

FERRIS, J. *Preventing adverse outcomes of twin gestation*. Manuscrito não publicado, University of California, Berkeley, 1995.

GLEESON, C. et al. *"Twins in School," an Australian-wide program*. Acta. Genet. Med. Gemellol, 1990.

GOLDSMITH, H. *A zygosity questionnaire for young twins: A research note*. Behavior Genetics 21, 1991.

GOSHEN-GOTTSTEIN, E. R. *The mothering of twins, triplets and quadruplets*. Psychiatry, 1980.

GRETHER, J. K.; SCHULMAN, J. Sudden infant death syndrome and birth weight. The Journal of Pediatrics, 1989.

GROMADA, K. K. *Mothering multiples:* Breastfeeding and caring for tw*ins*. Franklin Park, Illinois: La Leche League International, 1985.

GROOTHIUS, J. R. et al. *Increased child abuse in families with twins*. Pediatrics, 1982.

HARRISON, H. *The premature baby book*. Nova York: St. Martin's Press, 1983.

HAY, D. A. *Adolescence and twins-comfort or conflict¿* Reimpressão de Australian NH & MRC Twin Registry Newsletter, 1998.

_______. *What information should the multiple birth family receive before, during and after the birth¿* Acta. Genet. Med. - Gemmellol, 1990.

_______. et al. *Predictors of change in ADHD symptomatology in twins and their siblings:* Perspectives from the Australian. Twin ADHD Project. Trabalho apresentado durante o 9th International Congress on Twin Studies, Helsinki, Finlândia, junho, 1998.

_______. et al. *The high incidence of reading disability in twin boys and its implications for genetic analysis*. Acta. Genet. Med. Gemellol, 1984.

_______. et al. *Speech and language development in preschool twins*. Acta. Genet. Med. Gemellol. 1987.

HAY, D. A., TAYLOR, K. *A family-focused approach to language intervention with multiples: Who benefits and why¿* Trabalho apresentado durante o 9th International Congress on Twin Studies, Helsinki, Finlândia, 1998.

HENIG, R. H. *Your premature baby:* The complete guide to premie care during that crucial first year. Nova York: Rawson Associates, 1983.

HIRUTA, K., HIRANO, K. *Survey on human relationship seen in a twin pair during and after adolescence*. Resumos: Seventh International Congress on Twin Studies, 145.

Tóquio: Japan Society for Twin Studies and Japan Intractable Diseases Research Foundation, 1992.

HOBEL, C. J., Day, C. *Preventing preterm birth:* Preventing and recognizing preterm labor. Citrus Heights, Califórnia: Perinatal Health, Inc., 1993.

HOPPER, J. et al. *Alcohol use, smoking habits and the Junior Eysenck Personality Questionnaire in adolescent Australian twins*. Acta. Genet. Med. Gemellol, 1992.

KAGEN, J. *Galen's prophecy*: Temperament in human nature. Nova York: Basic Books, 1994.

KOCH, H.L. *Twins and twin relations*. Chicago: University of Chicago Press, 1966.

KOPP, C. B., FREEMAN, W. H. *Baby steps:* The why's of your child's behavior in the first two years. Nova York: Freeman and Co., 1994.

KOZLAK, J. *Identical twins:* Perceptions of the effects of twinship. Humboldt Journal of Social Relations 5, verão, 1978.

LAM, F., GILL, P. J. *Ambulatory tocolysis. Multiple Pregnancy*. Pearl River, Nova York: Parthenon Publishing Group, Inc., 1995.

LETENDRE, P. *Factors contributing to stress in families with twins*. Manuscrito não publicado, University of California em Berkeley, 1988.

LUKE, B. *Maternal characteristics and prenatal nutrition*. L. Keith, E., Papiernik, D., Keith, B. Luke. (eds.). Multiple Pregnancy. Pearl River, Nova York: Parthenon Publishing Group, Inc., 1995.

______. *The changing pattern of multiple births in the characteristics, 1973 and 1990*. Maternal-Fetal Medicine, 1994.

______. *Obstetrics and Gynecology*, 1982.

LUTES, L. *Co-bedding of multiples in NICU*. The Twin Services Reporter 12, primavera/verão, 1996.

LYKKEN, D., TELLEGEN, A. *Happiness is a stochastic phenomenon*. Psychological Science 7, 1996.

LYNCH, L., BERKOWITZ, R. L. *The natural history of grand multifetal pregnancies and the effect of pregnancy reduction*. L. Keith, E. Papiernik, D. Keith, B. Luke (eds.), Multiple Pregnancy. Pearl River, Nova York: Parthenon Publishing Group, Inc., 1995.

LYTTON, H. *Parent-child interaction-the socialization process observed in twin and singleton families*. Nova York & Londres: Plenum Press, 1980.

MACHIN, G. *The alphabet soup of twin biology*. Twin Services Reporter, verão, 1997.

______. *The twin-twin transfusion syndrome:* Vascular anatomy of monochorionic placentas and their clinical outcome. Pearl River, Nova York: Parthenon Publishing Group, Inc., 1995.

______. Some selected clinical topics in twins and twinning. Trabalho apresentado durante a Neonatal Horizons Conference of the Northern California Region of Kaiser Permanente, San Francisco, Califórnia, março, 1997.

______. et al. *An Atlas of Multiple Pregnancy:* Biology and Pathology (Encyclopedia of Visual Medicine Series). Pearl River, Nova York: Parthenon Publishing Group, Inc., 1998.

MCCOURT, F. *Angela's Ashes*. Nova York: Scribner, 1996.

MCMAHON, S. *Communication skills of multiple birth children*. [Sumário da Speech Pathology Association da teleconferência da Austrália.] Twin Talk-Northern Territory Multiple Birth Club, 156, setembro, 1997.

MALMSTROM, P. M. et al. *An agenda for meeting the needs of multiple birth families*. Acta Genet. Med. Gemellol, 1990.

______. *Appraisal of parental bias in twin studies, ascribed zygosity and IQ differences in twins*. Acta. Genet. Med. Gemellol, 1979.

______. *Developmental behavior genetics:* Contributions from the Louisville Twin Study. M. E., Hahn, J. K., Hewitt, N. D., Henderson, R. H. Benno, (eds.), Developmental behavior genetics: neural, biometrical, and evolutionary approaches. Nova York: Oxford University Press, 1990.

______. et al. *Essential nonmedical perinatal services for multiple birth families*. Acta Genet. Med. Gemello, 1988.

______. et al. *Maternal Recognition of Twin Pregnancy*. Acta. Genet. Med. Gemellol, 1988.

______. *Measuring the psychosocial impact of twin birth*. Trabalho apresentado durante o 6th International Congress on Twin Studies, Roma, Itália, agosto, 1989.

______. *Outrageous questions, wonderful replies*. Twins Magazine, maio/junho, 1996.

______. *Preparing to make life choices*. Twins Magazine, março/abril, 1996.

______. et al. *Respite care, a lifeline for low-income multiple birth families*. Trabalho apresentado durante o 5th International Congress on Twin Studies, Amsterdã, Holanda, setembro, 1986.

______. *Time for attachment*. Twins Magazine, setembro/outubro, 1996.

______. (e.). *Twin care handout collection*, ed. rev. Berkeley, 1997.

______. *Twins in school:* apart or together? Berkeley, Califórnia: Twin Services, Inc., 1997.

______. *Twin myths. Twin Services' Resource Series 500: #501*. Berkeley, Califórnia: Twin Services, Inc., 1993.

______. et al.*Twin talk:* Manifestations of twinship in the speech of toddlers. Journal of Child Language, 1986.

MATHENY, A. P. *Twin similarity in the developmental transformations of infant temperament as measured in a multi-method, longitudinal study*. Acta. Genet. Med. Gemellol, 1984.

______. et al. *Twins with academic learning problems:* Antecedent characteristics. Amer. J. Orthopsychiat.1976.

MANGINELLO, F. *Your Premature Baby*. (ed. rev.) John Wiley & Sons, 1998.

MITTLER, P. *Language development in young twins:* Biological, genetic and social aspects. Acta. Genet. Med. Gemellol,1976.

______.*The study of twins*. Baltimore, Maryland: Penguin Books Inc., 1971.

MOILANEN, I. *Twins in adolescence*. Multiple Births Foundation Newsletter 31, 1996.

MOILANEN, I., RANTAKALLIO, P. *Living habits and personality development in adolescent twins*. Acta. Genet. Med. Gemellol, 1990.

NEILSON, L. *Adolescent psychology:* A contemporary view. Nova York: Holt, Rinehart & Winston, 1987.

NELSON, H., MARTIN, C. *Increased Child Abuse in Twins*. Um relatório do Departamento de Psiquiatria. University of Kentucky Medical Center, Lexington, Kentucky, 1985.

PAPIERNIK, E. *Reducing the risk of preterm delivery*. L. Keith, E. Papiernik, D., Keith, B. Luke (eds.), Multiple Pregnancy. Peral River, New York: Parthenon Publishing Group, Inc., 1997.

PEARLMAN, E. M. *Separation-individuation, self-concept, and object relations in fraternal twins, identical twins, and singletons*. The Journal of Psychology, 1990.

PEARLMAN, E., SEGAL, N. *Twin myths*. Pearlman, "Demystifying the twin experience," simpósio realizado pela Extension Division da University of California em Los Angeles, novembro, 1993.

PERGAMENT, E. *Postnatal zygosity determination*. L. Keith, E. Papiernik, D. Keith, B. Luke. (eds.)., Multiple Pregnancy. Pearl River, Nova York: Parthenon Publishing Group, Inc., 1995.

PIAGET, E., GRUBER, H., VONECHE, J. (eds). *The essential Piaget*. Nova York: Basic Books, Inc., 1977.

POWERS, W. F., KIELY, J. L., FOWLER, M. G. *The role of birth weight, gestational age, race and other infant characteristics in twin intrauterine growth and infant mortality*. L. Keith, E. Papiernik, D. Keith, B. Luke. (eds.), Multiple Pregnancy. Pearl River, Nova York: Parthenon Publishing Group, Inc., 1995.

POINTELLI, A. *Twins before and after birth*. Multiple Births Foundation Newsletter 35, 1997.

POLAND, J. R. *Surviving your two-year-old*. Nova York: St. Martin's Press, 1995.

______. *Making friends with your three-year-old*. Nova York: St. Martin's Press, 1995.

PREEDY, P., TYMMS, P. *Do multiples start school at a lower point than singletons? Do they make less progress?* Trabalho apresentado durante o 9th International Congress on Twin Studies, Helsinki, Finlândia, junho, 1998.

REPORT OF FINAL NATIVITY STATISTICS, 1996. Hyattsville, Maryland: National Center for Health Statistics, 1998. vol. 46

RIESE, M. L. *Neonatal temperament in monozygotic and dizygotic twin pairs*. Child Development, 1990.

______. *Temperament prediction for neonate twins*. Acta. Genet. Med. Gemellol, 41, 1992.

ROBIN, M., KHEROUA, H., CASATI, I. *Effects of early mother-twin relationships from birth to age 3 on twin bonding*. Acta. Genet. Med. Gemellol, 1992.

ROTHBART, B. *Multiple Blessings*. Nova York: William Morrow and Company, Inc., 1994.

REPORT OF FINAL NATIVITY STATISTICS. Hyattsville, Maryland: National Center for Health Statistics, 1998.

ROBARGE, J. P., REYNOLDS, Z. B., GROOTHIUS, J. R. Research in Nursing and Health, 1982.

ROBIN, M. et al. *Maternal reactions to the birth of triplets*. Acta. Genet. Med. Gemello, 1991.

ROBIN, M., JOSSE, D., TOURRETTE, C. *Forms of family reorganization following the birth of twins*. Acta. Genet. Med. Gemello, 1991.

RENZULLI, J. S., MCGREEVY, A. M. *Twins included and not included in special programs for the gifted*. Roeper Review, 1986.

TWINS IN SCHOOL. La Trobe Twin Study, Departamento de Psicologia, La Trobe University, Melbourne & Australian Multiple Birth Association Inc., 1991.

TEENAGE TWINS MAKE IT ON THEIR OWN. San Francisco Examiner, junho, 1988.

SAVIC, S. *How twins learn to talk*. Nova York: Academic Press, Inc., 1980.

SEGAL, N. L. *Cooperation, competition and altruism within twin sets:* A reappraisal. Ethology and Sociobiology, 1984.

SEGAL, N. L., BOUCHARD JR, T. J. *Grief intensity following the loss of a twin and other relatives:* Test of kinship genetic hypotheses. Human Biology, 1993.

STERN, D. *The interpersonal world of the infant*. Nova York: Basic Books, 1985.

SCHEINFELD, A. *Twins and supertwins*. Baltimore, Maryland: Penguin Books, Inc., 1967.

SIM, C. *The "healthy" twin*. Multiple Births Foundation Newsletter, primavera, 1997.

THORPE, K. et al. *Comparison of prevalence of depression in mothers of twins and mothers of singletons*. British Medical Journal, abril, 1991.

TURNBALL, P. *Long ago*. New Zealand Multiple Birth Association Newsletter, fevereiro/abril, 1998.

TAFFEL, S. M. *Demographic trends in twin births:* USA. L. Keith, E. Papiernik, D. Keith, B. Luke. (eds.), Multiple Pregnancy. Pearl River, Nova York: Parthenon Publishing Group, Inc., 1995.

THOMAS, A., Chess, S. *Temperament and development*. Nova York: Brunner/Mazel, 1977.

VOLLMAR, A. *Understanding the world of postpartum depression*. Twins Magazine, março/abril, 1996.

WILSON, K. M. *Attitudes towards twins from an ecological perspective*. Manuscrito não publicado, Idaho State University em Pocatello, 1997.

WILSON, R. *Concordance in physical growth for monozygotic and dizygotic twins*. Annals of Human Biology, 1976.

______ *The Louisville Twin Study:* Developmental synchronies in behavior. Child Development, 1983.

______. *Twins*: Mental development in the preschool years. Developmental Psychology, 1974.

ÍNDICE REMISSIVO

NOTA DO EDITOR

Agradecemos à Fernanda Jancso, mãe de Isabella, Marcela e Júlia e à MaJoy Antabi, mãe de Maia, Henri e Laila, por terem cedido as fotos de seus filhos para publicação na quarta capa do livro.

Elas participam do site www.multiplos.com.br, onde as mães de múltiplos poderão encontrar muitas informações úteis.

Agradecemos também ao Roberto Pedroso, pai de Cibele e Amanda; Sidney Cordes e Ana Alberta, pais de Maria Eduarda, Maria Gabriela e Maria Fernanda, pelas fotos cedidas para a publicação na quarta capa deste livro.

Série PARENTING

Pais Muito Especiais

ISBN 85-89384-24-1
80 páginas

"Pais Muito Especiais" de Milton M. de Assumpção Filho e Natalia C. Mira de Assumpção apresenta 180 sugestões de ações que expressam amor e carinho e podem ser usadas no dia-a-dia. O livro reúne depoimentos e ricas histórias de vida de amigos que abriram seus corações e dividiram com os autores momentos inesquecíveis entre filhos e pais, bem como lembranças da infância. Como não obedecem a nenhuma regra ou ordem, as frases, dispostas aleatoriamente, permitem que o livro seja lido a partir de qualquer página.

Amar sem Mimar

ISBN 85-89384-11-x
256 páginas

Este livro oferece 100 dicas para que os pais, livres de culpa e de maneira prática, possam criar seus filhos, estabelecendo limites com amor e carinho, porém sem mimar ou ser indulgente. Com estilo prático e divertido, a escritora Nancy Samalin compartilha suas 100 melhores dicas para criar filhos maravilhosos com amor incondicional sem ser um pai ou uma mãe que não sai "do pé" deles.

A Resposta é Não

ISBN 85-89384-10-1
256 páginas

Se você tem dificuldade para dizer "não" aos seus filhos, pode contar agora com uma nova ajuda. O livro, de Cynthia Whitham, trata de 26 situações que afetam pais de crianças de 2 a 12 anos.

Neste livro, a autora fornece as ferramentas para os pais que têm dificuldades de dizer "não". Da hora de dormir aos animais de estimação, da maquiagem à música, da lição de casa às roupas de grife, e tudo aquilo que os filhos acham que precisam.

Livro de Referência para a Depressão Infantil

ISBN 85-89384-09-8
280 páginas

Escrito pelo professor dr. Jeffrey A. Miller, este livro mostra como os pais podem diagnosticar os sintomas da depressão infantil e as conseqüências deste problema, como ansiedade e uso de drogas ilegais. A obra também aborda os métodos de tratamento, incluindo psicoterapia, remédios e mudanças de comportamento, além de estratégias para ajudar os pais a lidar com a questão.

A Vida Secreta da Criança com Dislexia

ISBN 85-89384-12-8
232 páginas

Este livro, do psicólogo educacional Robert Frank, que é portador de dislexia, é um manual para os pais identificarem e aprenderem como a criança portadora desse distúrbio de aprendizagem pensa e sente e o que podem fazer para ajudar os filhos a se tornarem adultos bem-sucedidos. Hoje, casado e pai de dois filhos, argumenta que a criança com dislexia muitas vezes é confundida como uma criança pouco inteligente, preguiçosa e que finge não entender.

Soluções para Noites Sem Choro
ISBN 85-89384-10-1
224 páginas
Desenvolvido pela orientadora educacional Elizabeth Pantley, este livro mostra ser perfeitamente possível acabar com o desespero dos pais que não dormem porque o bebê não pára de chorar. O livro apresenta programa inédito de 10 passos para os pais atingirem a meta de garantir uma boa noite de sono para toda a família. A autora mostra que é possível ajudar o bebê a adormecer e dormir tranqüilamente.

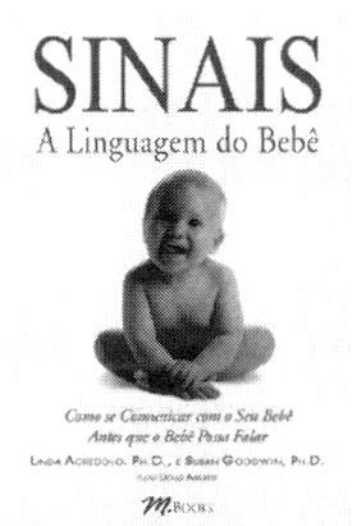

Sinais - A Linguagem do Bebê
ISBN 85-89384-18-7
194 páginas
Você sabia que os bebês sabem muito mais sobre linguagem do que pensamos? E que muito antes de serem capazes de falar, eles podem comunicar-se por meios de sinais e gestos? Os Sinais Infantis são fáceis de aprender e ajudam muito a entender a mente do bebê. Segundo as especialistas,Linda Acredolo e Susan Goodwyn, todos os bebês têm potencial para aprender Sinais Infantis simples e fáceis de lembrar. Com isso, os pais não precisam mais ficar ansiosos, esperando o dia em que seu bebê possa lhes dizer o que sente, precisa e pensa.

Como Educar Crianças de Temperamento Forte
ISBN 85-89384-17-9
280 páginas
Um verdadeiro passo a passo, este livro de Rex Forehand e Nicholas Long é destinado a ajudar pais que têm dificuldade em lidar com os problemas de teimosia, desobediência, irritação e hiperatividade dos filhos que estão sempre exigindo atenção.
O livro inclui, ainda, um capítulo sobre TDAH –Transtorno de Déficit de Atenção / Hiperatividade, conhecido também como DDA – Distúrbio do Déficit de Atenção.

8 Regras Simples para Marcar um Encontro com Sua Filha Adolescente
ISBN 85-89384-21-7
236 páginas
Este livro vai ensinar aos pais de filhas adolescentes, de maneira leve e engraçada, como conversar com sua filha – quando isto parece impossível – mesmo que seja através da porta do quarto dela, como impor uma certa autoridade – mesmo que às vezes não funcione e, ainda, como ter acesso ao banheiro, ao chuveiro e, principalmente, ao telefone de sua casa. Aprenda a sair de frases como "Todo mundo vai, menos eu", "Um minuto depois de fazer 18 anos, vou embora desta casa!"

Filhas são Filhas - Criando filhas confiantes e corajosas
ISBN 85-98384-25-x
292 páginas
Em um texto importante e abrangente, a autora JoAnn Deak identifica e mostra os caminhos para grande parte dos problemas que envolvem a criação e a educação das meninas. *Filhas são Filhas* apresenta um guia compreensível dos vários desafios emocionais e físicos que as garotas de 6 a 16 anos enfrentam no mundo conturbado e mutante de hoje.

Conversando sobre Divórcio
ISBN 85-89384-20-9
202 páginas
Este livro, de Vicki Lansky, não é um livro de conselhos, mas um guia cheio de situações, exemplos, e idéias, com o objetivo de tornar o processo de separação menos doloroso. Dividido em sete capítulos, aborda a decisão de separar-se, questões de dinheiro, problemas legais, guarda dos filhos, como os filhos vão encarar a situação, até quando você se casa de novo.

Eliminando Provocações - Fortalecendo e ajudando seu filho a resolver problemas de provocações, gozações e apelidos ridículos
ISBN 85-89384-28-4
292 páginas
Este livro, de Judy Freedman, foi elaborado com o substrato fornecido por dezessete anos de experiência como coordenadora educacional. Seu programa ensina crianças e pais a efetivamente lidar com o problema da provocação e a desenvolver técnicas de defesa que duram a vida toda.

Cuidando do Bebê até que sua Mulher Chegue em Casa
ISBN 85-89384-23-3
152 páginas
Walter Roark garante que, sempre que a mãe não está em casa, os bebês reagem de maneira estranha, choram, esperneiam, fazem cocô, mudam de cor e espremem-se. Inspirado em sua filha, Meghan, escreveu este livro para ajudar os pais a cuidar adequadamente de seu filho e mantê-lo a salvo até que sua mulher chegue em casa.

Conversando com Meninos
ISBN 85-89384-26-8
266 páginas
O livro, de Mary Polce-Lynch, fornece dados e instruções objetivas de como criar meninos emocionalmente expressivos, competentes, fortes e ao mesmo tempo sensíveis, em uma cultura maluca que teima em transformá-los em pessoas desprovidas de sentimentos.

O Livro da Valorização da Família

ISBN 85-89384-32-2
190 páginas

Este livro, de Linda e Richard Eyre, contém nove "leis naturais" simples, porém poderosas, sobre o cuidado; leis que podem proteger e melhorar as famílias e dar aos filhos sentimentos de valor e de estima. Elas são os princípios fundamentais por meio dos quais podemos efetivamente cuidar de nossos filhos e transformar nossas casas em lares.

Diários da Anorexia

ISBN 85-89384-33-0
234 páginas

Este livro, de Tara Rio, Linda Rio, com conselhos de Craig Johnson, leva você para dentro do mundo intrigante de transtornos alimentares entre adolescentes. Testemunhe a história real nos diários íntimos que revelam os momentos mais sombrios da família Rio - e as maiores vitórias.

Como Estabelecer Limites

ISBN 85-89384-30-6
278 páginas

Em *Como Estabelecer Limites*, de Elizabeth C. Vinton, os pais podem examinar como devem guiar e dirigir o comportamento de suas crianças e ainda deixar espaço para que elas façam as próprias escolhas e tomem suas decisões. Todos os pais sabem que não são perfeitos, errar é humano. Muitos erros serão cometidos, mas é necessário se ajustar e ser humilde o suficiente para mudar rumos e promover acertos.

Criando Filhos Seguros e Confiantes

ISBN: 85-89384-39-X
336 páginas

Dois terapeutas renomados, Robert Brooks e Sam Goldstein, sintetizam um grande volume de informações científicas sobre o conceito da segurança e da confiança neste livro, tornando-o de fácil entendimento. Explicam como muitos pais, apesar das melhores intenções, minam a capacidade de segurança e confiança de seus filhos, e oferecem estratégias efetivas para identificar e eliminar esses problemas.

Guia Prático da Mamãe de Primeira Vez
ISBN: 85-89384-40-3
298 páginas
Debra Gilbert Rosenberg e Mary Susan Miller apresentam neste livro soluções para facilitar a transição para a maternidade, abordando o nascimento e os vínculos afetivos, a volta ao trabalho, a dor na amamentação, o relacionamento com o marido. Você terá respostas para essas dúvidas e muito mais neste excelente guia para a mamãe de primeira viagem.

As Regras da Amizade – Como Ajudar seu Filho a Fazer Amigos
ISBN: 85-89384-43-8
300 páginas
"Ninguém quer brincar comigo" e "Ninguém gosta de mim" são frases que doem quando os filhos dizem ao chegar da escola ou de algum outro lugar. Neste livro, as autoras Natalie Madorsky Elman, Ph.D e Eileen Kennedy-Moore, Ph.D, se baseiam em pesquisas e estudos clínicos para descrever nove protótipos de crianças com problemas de amizade: a Criança Tímida, a Alma Sensível, Vulnerável, Sonhadora, Pequena Adulta, Líder e assim por diante.

Pais de Crianças Especiais
ISBN: 85-89384-49-7
212 páginas
Este livro, editado por Donald J. Meyer, é uma corajosa coleção de textos de pais que foram convidados a falar sobre a experiência de ter um filho especial e quanto isso mudou a vida deles. Dezenove pais olharam com introspecção e honestidade para este assunto profundamente emotivo, e ofereceram uma perspectiva raramente ouvida sobre a criação de filhos com necessidades especiais.

Visite Nosso Site
www.mbooks.com.br

GRÁFICA PAYM
Tel. (011) 4392-3344
paym@terra.com.br